RO Willaschek • Der Mann in Rot

Der Autor

RO Willaschek, geb. 1946 in Potsdam, kam über Berlin 1951 nach Köln, wo er aufwuchs und mit kurzer Unterbrechung bis 1981 lebte. Nach einer Ausbildung zum Reproduktionsfotografen studierte er 1972-1976 an der Kölner Fachhochschule für Kunst und Design bei Pravoslav Sovak und Jürgen Klauke und war in der damals führenden Kunst- und Musikszene Kölns aktiv. Danach arbeitete er an einer Weiterbildungseinrichtung in Siegburg im Fachbereich Literatur, Kunst und Gestaltung. Zahlreiche künstlerische Aktivitäten, Ausstellungen, Performances, Crossover-Projekte, Lesungen.
Der Autor lebt heute in der Nähe von Recklinghausen und schreibt außer Kriminalromanen Lyrik, Erzählungen und Autobiografisches.

Informationen über den Autor und Künstler sowie Kontaktdaten für Interessierte finden sich auf seiner Website
www.ro-willaschek.de

RO Willaschek

Der Mann in Rot

Ein rheinischer Kunst-Krimi

CHORA

Handlung und Figuren des Romans sind frei erfunden. Ähnlichkeiten mit lebenden Personen sind rein zufällig und vom Autor nicht beabsichtigt.

Erstveröffentlichung 2017

Lektorat: Thomas Frahm
Buchgestaltung und Satz: CHORA Verlag

ISBN 978-3-929634-73-0

Printed in Germany

Inhalt

Donnerstag

»Du bist und bleibst ein unfähiges Arschloch! Meine Mutter hatte vollkommen Recht: Sie hat mich von Anfang an vor dir gewarnt!«

Wie in einem schlechten Film, registrierte Fabian beiläufig und gähnte ausgiebig und völlig teilnahmslos. Silvia, seine Frau, rollte gefährlich die Augen, rannte mit hochrotem Gesicht und dem wilden Haar einer Meduse durchs Wohnzimmer und schrie:

»Wie konnte ich nur so dämlich sein, einen Verlierer wie dich zu heiraten? Oh Mann! Jahrelang haben wir von ›Stütze‹ gelebt, jetzt von Hartz IV und meiner scheiß Putzstelle ... und was tut der gnädige Herr? Liegt den lieben langen Tag stinkfaul auf'm Sofa, döst vor sich hin, säuft Bier, pafft die Bude mit seinem stinkenden Kraut voll und starrt in die Glotze! Ich werd' bei diesem Anblick noch kirre, ich ... werd' zum Tier!«

Sie fuchtelte wild und unkoordiniert mit den Armen in der Luft herum, als kämpfe sie gegen einen unsichtbaren Dämon. Ihre Stimme überschlug sich.

»Du kriegst doch eh nicht mit, was in dem Kasten da läuft«, keifte sie weiter. »Hast dir dein Gehirn längst weggesoffen! Dein IQ dürfte inzwischen gerade noch so bei dem eines verwitterten Grabsteins liegen!«

Silvias Lamento schwoll gefährlich an zu, ähnelte immer mehr einer verstimmten Schiffssirene.

»Weißt du, was du bist? Ein Versager bist du, eine miese Null, ein unverbesserlicher Spinner!«

Ihr Gesicht verzerrte sich zu einer Fratze, die nichts mehr von der Anmut erahnen ließ, die es sonst auszeichnete. Dunkles Rot zog sich fast übergangslos von ihrem Haaransatz über das Gesicht und den schlanken Hals bis in ihr rubinrotes Lieblingskleid!

Das Ziel ihrer Vorwürfe, Fabian Görtz, lag stoisch auf der Couch, paffte Roth-Händle, nuckelte lustlos dänisches Bier aus der Büchse und dachte nur: *Ein Fest in Rot! Gleich wird sie zum Pumuckl …* Wie so oft in seinem Leben verdrängte er, was ihn nervte, von der Ursache angefangen bis zu den möglichen Konsequenzen. Ja, im Verdrängen war er einsamer Weltmeister.

So sinnierte er vor sich hin, als befände er sich kilometerweit von seinem zeternden Eheweib entfernt. Stets ungeordnet, lieferte er sich bereitwillig und vorbehaltlos den Bildern und Gedanken aus, die sein Hirn ohne erkennbaren Zusammenhang im Zeitraffer produzierte. Kurioserweise stand die Grübelei in seltenstem Fall in direktem Zusammenhang mit dem Geschehen um ihn herum oder mit etwas, das ihn persönlich hätte angehen müssen.

»Wenn ich mir vorstelle, wen ich alles hätte heiraten können«, keifte Silvia weiter. »Anwälte, Ärzte, liquide Unternehmer standen Schlange vor der Haustür meiner Mutter! Sogar mein Professor wollte für mich seine Alte plus Kinder in die Wüste schicken! Ja, für mich, du Flachpfeife! Das waren alles erfolgreiche Männer mit Verstand – und mit Mumm in den Knochen, und keine sich selbst bemitleidenden Warmduscher wie du, du verpennter Traumtänzer!«

Fabian fuhr sich fahrig mit der freien Hand übers Gesicht, als könne er damit das Chaos um sich herum und in seinem Kopf wegwischen, und gähnte ausgiebig. Dann ließ er den Rest des schal gewordenen Tuborg die Kehle passieren.

Pfui Teufel! Schmeckt wie Pisse …

Er stellte die leere Dose auf den Boden zu den bereits geleerten und verfiel, während Silvia unentwegt weiter zeterte, in einen inneren Monolog.

In regelmäßigen Abständen sollte man eine Zwischenbilanz ziehen, dachte er, *es zumindest mal versuchen …*

»Hörst du mir überhaupt zu, du Schlappschwanz? Willst du nicht endlich deinen faulen Hintern von der Couch bewegen und was tun – ausnahmsweise?!«

Anstelle einer Antwort gähnte er aufreizend und ließ sein Leben mit der um zwei Jahre jüngeren Silvia im Schnelldurchlauf Revue passieren.

Seit nun fast fünfundzwanzig Jahren bewohnten sie eine fast feudal zu nennende Parterre-Wohnung, die sich über die Grundfläche einer zweistöckigen, gepflegten Nachkriegsvilla erstreckte. Über ihnen wohnte nur der Hausbesitzer, ein liebenswerter, pensionierter Schuldirektor, den beide aber selten zu Gesicht bekamen. Die Miete war für Klettenberg, eines der gediegeneren Viertel von Köln, spottbillig, und sie fühlten sich wohl. Vis à vis lag in einer Senke der Klettenberger Park, eine der romantischsten Parkanlagen der Domstadt. In ihm hatten sie viele glückliche Stunden am Teich unter den ausladenden Trauerweiden gesessen und den lustigen Enten und mondänen Schwänen zugesehen.

Die Illusion vom ewigen Eheglück war irgendwann erloschen, in dumpfe Gewöhnung übergegangen und schließlich in gegenseitiger Abneigung geendet. Fabian war gerade fünfzig geworden und hatte eine für seine Generation nicht ungewöhnliche Lebensgeschichte.

Er stammte aus Darmstadt, wo er 1968 aus reiner Lustlosigkeit das Gymnasium schmiss und 1970 auf Drängen der Eltern eine Lehre als Chemigraph in einer alten Klischeefabrik begann, die er aber nach kaum zwei Jahren zum Entsetzen seiner geplagten Eltern abbrach. Fabian wollte unbedingt Künstler werden, und seine Begabung war auch offensichtlich. So zog er im Frühjahr 1973 – nach einem heftigen Disput mit seinem Vater – voller Hoffnung nach Köln, dem damals ultimativen Mekka für moderne Kunst.

»Hörst du mir endlich zu, du unfähige Niete?«, kreischte die Frau, die er vor langer Zeit einmal bedingungslos geliebt hatte. Aber er wollte sich nicht aus seinen Erinnerungen reißen lassen.

Geld brauchte man damals nicht viel, und Fabian Görtz hielt sich mit gelegentlichen Aufträgen aus der Werbung und Zuarbeiten für Publikationen über Wasser. Ein halbes Jahr nach seiner Ankunft in der Domstadt vergeigte er die Aufnahmeprüfung zur damals berühmten Fachhochschule für Kunst und Design, jener Künstlerschmiede, in die jeder drängte, der sicher sein wollte, später als gefeierter Künstler in die Annalen einzugehen.

Die merkwürdige Ablehnung seitens der Schule, die keiner, der Fabians Arbeiten kannte, recht verstand, wurde von ihm in keiner Weise hinterfragt. Er fühlte sich in seiner Eitelkeit nicht im Geringsten verletzt, als sei es ihm irgendwie schnuppe. Er präsentierte sich damals als eigenwilliger Zeitgenosse, war sich selbst und den Anderen oftmals ein Rätsel und genoss sich in dieser Rolle. Fabian wusste damals noch, was er wert war, zumindest glaubte er es, und kroch keinem in den Hintern, was er gern und oft laut betonte. Aus dem Grund verzichtete er auch gelassen auf eine spätere Wiederholung der Aufnahmeprüfung.

Er lebte in den Tag hinein und erfreute sich durch seine »spezielle« Fantasie, seine Redegewandtheit, seinen skurrilen Humor und legendären Charme allgemeiner Wertschätzung. Bei gleichaltrigen Künstlern, Musikern, Dichtern und solchen, die es werden wollten, genoss er fast Guru-Status in der damals so prallbunten Szene. Frauen jeglichen Alters lagen ihm kritiklos bewundernd zu Füßen. Sie liebten ihn und teilten höchst bereitwillig mit ihm die verrückten Nächte und das Bett.

Bei diesem Gedanken musste Fabian grinsen. Silvia quiekte gefährlich: »Da grinst der Spinner auch noch!« Aber das bekam er nicht mit. Er verstand seinen damaligen Erfolg bei den Frauen noch heute nicht, denn er hielt sich, was sein Aussehen betraf, für unteren Durchschnitt. Sein viel zu dünnes Haar fiel ihm stets ungeordnet ins Dutzendgesicht, er war untergewichtig und nur 1,75 Meter groß. Ja, sogar sein bestes Stück lag, laut einer Erhebung, knapp unter dem westeuropäischen Durchschnitt.

Nach etwa einem Jahr begann sich Fabian zu langweilen und setzte – in Anrechnung seiner Lehrzeit in Darmstadt –

seine Ausbildung in einer Chemigraphischen Kunstanstalt am Thürmchenswall fort. Da er fachlich begabt war, sehr akribisch und dabei schnell arbeitete und überdies ein untrügliches Auge für die Materie besaß, machte er bereits 1975 seine Prüfung mit der Bestnote und bezog danach sofort ein ordentliches Gehalt.

Dann passierte ihm Silvia. Sie begegneten sich zum ersten Mal auf einer stinklangweiligen Party mit politisierendem Jungvolk, wie damals üblich. Fabian konnte sich noch genau erinnern: Es war die legendäre Liebe auf den ersten Blick. Knapp eine Stunde später lagen sie bereits im Bett seiner chaotischen Bude und gaben sich gegenseitig, wie Verdurstende, das Letzte.

Silvia Bretschneider studierte im zweiten Semester Theater-, Film- und Fernsehwissenschaften, ohne recht zu wissen weshalb, denn sie interessierte sich weder für ihr Haupt- noch für die Nebenfächer. Sie war eine Klasse für sich – eine Diva. Rothaarig, mit hellgrauen Augen in einem außergewöhnlich ebenmäßigen Gesicht und einer Figur wie ein Model. Dazu war sie hochintelligent und belesen. So wie Fabian lag auch ihr das andere Geschlecht zu Füßen.

Fabian musste wieder grinsen, drehte kurz seinen Kopf zu Silvia herüber und sah verwundert, dass seine Frau noch immer als rote Furie den Raum durchmaß. Dann blickte er – nur einen Moment kurz irritiert – wie zuvor durch den laufenden Fernseher hindurch.

Ein Jahr später, im August 1976, heirateten sie, bezogen die ruhig gelegene Wohnung in Klettenberg und richteten sich ausgesucht und stilsicher ein. Silvia wurde schwanger und beide freuten sich auf den Nachwuchs. Sie exmatrikulierte sich von der Uni, denn sie hatte eh keinen Bock auf den »Hirnverbiegungs-Betrieb«, wie sie stets betonte. Silvias Fehlgeburt stürzte beide in ein tiefes Loch. Darüber kamen sie aber, wie es schien, relativ unbeschadet hinweg.

1977 wechselte Fabian die Firma und übernahm bald die Produktionsleitung in Kölns damals größter Litho-Anstalt.

Entsprechend war auch seine Entlohnung. »Man« konnte sich nun einige Lebensträume erfüllen: Ausgedehnte Reisen, ein Motorrad für Fabian – und für Silvia einen 1950 gebauten, aufwändig restaurierten, wunderschönen Citroën 2CV.

Im Winter 1978 erlitt Silvia Görtz die zweite Fehlgeburt und die schlimme Diagnose, nie mehr ein eigenes Kind bekommen zu können. Silvia und Fabian überlebten scheinbar ohne allzu große Nachtrauer auch dieses Drama und lebten weiter das Spiel einer funktionierenden Zweisamkeit. Sie gingen ihren Tagesgeschäften nach, als wäre nichts geschehen. Silvia las nur noch viel mehr als bisher und versuchte sich zwischendurch mit einigem Erfolg im Schreiben von Essays und Short-Stories für alternative Publikationen, während Fabian Görtz sich in seiner knapp bemessenen Freizeit mit Kunstproduktion und dem Motorrad beschäftigte. Über Veränderungen beim anderen oder bei sich selber sprachen sie nicht. Entweder registrierten sie sie nicht, oder sie wollten sie um des lieben, scheinbaren Friedens willen nicht thematisieren.

Was anderen aber unangenehm aufstieß, war Fabians zunehmender Hang zu exzessiven Besäufnissen. Bei Silvia entwickelte sich – erst schleichend, dann immer auffälliger – eine Verschlossenheit, die in völliger Teilnahmslosigkeit und schließlich im Fernbleiben von den selten gewordenen Treffs und Diskussionen mit Freunden endete. Sie verkroch sich in ihren vier Wänden hinter ihrer Schreibmaschine und ihren Büchern.

Dann brach eine zwar vorhersehbare, aber von den Beteiligten zu Beginn nicht sonderlich ernst genommene technische Revolution über das graphische Gewerbe herein und löschte es praktisch aus. Firmen machten dicht, Fachleute wurden über Nacht arbeitslos. Nahezu unbemerkt von der Welt außerhalb des fast fünfhundert Jahre alten Druckgewerbes brach die Digitalisierung über sie herein: Man brauchte keine Pinsel mehr und auch nicht das trainierte gute Auge; keine Chemie, keine Spezial-Filme oder auch Reprokameras, groß wie Automobile. Alles wurde entsorgt. Die Menschen mit ihrem speziellen Wissen und Können waren keinen Pfifferling mehr wert. Ihnen blieb nur der Gang zum Arbeitsamt oder die Umschulung an Scanner und Computer – die aber, wie Fabian glaubte, mathematisch begabte junge Gehirne voraussetzte. Er wechselte innerhalb der Firma in die Abteilung Kundenbetreuung und Akquise. 1992 ging seine Firma in Konkurs und er, der Mittvierziger, war urplötzlich und zum ersten Mal in seinem Leben arbeitslos – laut Arbeitsamt nicht vermittelbar, zu alt und amen.

Mit Arbeitslosengeld und den obligatorischen Umschulungen fing sein Niedergang an. Depressionen folgten, Psychiaterbesuche, Therapien, Tagesklinik. Er dämmerte dahin am Rande eines tiefen Lochs, gehalten zuerst durch Melleril, dann Tavor, später Fluoxetin und zusätzlich abends noch Opipramol. Mit den Medikamenten konnte er trotz anhaltender Lustlosigkeit wenigstens wieder einigermaßen denken – und er galt schließlich, sehr viel später, als erfolgreich therapiert. Die »kleinen Helferlein« wurden erst allmählich reduziert und schließlich ganz abgesetzt. Aber Fabian war nicht mehr der, der er einmal gewesen war.

Er starrte durch den laufenden Fernseher hindurch, hinein in seine Vergangenheit voller Energie und Träume. Die Verkettung von zerschlagenen Vorstellungen und Gewohnheiten, die für ihn im Nachhinein nicht die Spur von Sinn ergaben, nahmen in den letzten Jahren sein komplettes Denken und Grübeln ein. Dieses Grübeln war ein lähmendes Gift, das ihn langsam von innen her zersetzte. *Alles ist in Auflösung,* dachte Fabian, und einer seiner früh erfüllten Träume hatte sich aufgelöst wie Brausepulver im Wasserglas: Silvia. Sie, die rothaarige Schönheit mit den ungewöhnlich hellgrauen Augen, hinter der die halbe Stadt her gewesen war und die ausgerechnet er bekam. Er – Fabian! Er liebte sie damals abgöttisch und war nicht wenig stolz darauf, auserwähltes Objekt ihres Begehrens zu sein. Er konstatierte: *Nichts ist so tödlich für einen Traum wie die Erfüllung,* drückte die Zigarette aus und steckte sich eine neue zwischen die Zähne, ohne sie anzumachen.

»Wo andere Hirn haben …« – Silvia unterbrach ihr Gekeife nur kurz, um Luft zu holen, bevor sie erstickte – »… hast du nur abgestandene Luft! Mein Gott, wie ich dich verabscheue!«

Die laufenden Bilder im TV mit ihrem endlosen und meist ba-nalen Gequatsche, von fader Musik unterlegt, hatten für Fabian jede Bedeutung verloren, auch den des Widerstandes und der Ablehnung. Die gesendeten Szenen schoben sich, ohne sein Bewusstsein zu erreichen, zwischen ihn und eine Welt, die nicht mehr die seine war – wie leicht flirrender, fehlfarbiger Nebel.

»Sogar zum Kindermachen warst du zu blöd!«, schrie sie. »Unfähig wie zu allem! Zwei Fehlgeburten! Das durfte ich natürlich auch, wie überhaupt alles, was dem gnädigen Herrn zu unbequem war, allein, völlig allein durchstehen! Wo war er denn, der Herr Görtz, der Schwätzer vor dem Herrn, der Supermann, als ich ihn tatsächlich mal brauchte? In seinen geheiligten Pseudo-Szene-Kneipen hat er sich 'rumgelümmelt, der Oberpenner, um mit anderen Pennern über Schrott zu labern, zu kiffen, zu saufen und sich von dussligen Hühnern mit Titten bewundern zu lassen! Oh mein Gott: widerlich … e-kel-haft!«

Die nicht endenwollende Eruption Silvias nahm er wie durch einen Verzerrungsfilter aus großer Entfernung wahr. Es ging ihn alles schon seit einer Ewigkeit – wie er annahm – nichts mehr an.

»Ich habe meine Koffer bereits gestern gepackt! Ich hau ab! Und frag mich bitte nicht wohin – so viel Anteilnahme deinerseits könnte mir sonst einen Schock versetzen! Ich hau ab! Ich verlasse dich, du Weltmeister aller Klassen! Du erzfaule Socke kannst sehr gut ohne mich verkommen …«

»Hervorragend, mein lieber Schatz, ich wünsche dir eine gute Reise … aus tiefstem Herzen«, nuschelte er vor sich hin, die kalte Zigarette noch immer zwischen den Lippen.

Während Silvia ihre Hasstirade in die höchste Oktave verlegte, gehetzter und noch schriller als zuvor, bemerkte Fabian Görtz etwas Unstimmiges, was ihm seltsamerweise noch nie vorher aufgefallen war: Es stank im Zimmer entsetzlich nach abgestandenem Bier, dem beißenden Rauch schwarzen Tabaks, nach alten Menschen und einem Mittelklasse-Parfüm. Das passte so gar nicht zur perfekt durchgestylten Kühle des peinlich sauberen Wohnraums. Der Gestank war so unangenehm und unvereinbar mit dieser Umgebung wie er selber – er, der irgendwann schleichend zum ausgemachten Proll mutiert war: unrasiert, schlotterig, müffelnd und Tuborg aus der Büchse nuckelnd, stillos hingefläzt auf das türkisfarbene Designer-Sofa.

Fabian hakte seine Eindrücke ab, sein Blick begann wie zufällig über die Einrichtung zu wandern. Alles elendig teuer gewesen – und fast alles norditalienisches Design! *Alles durch meine Maloche finanziert …* Er spürte, wie sich das Selbstmitleid wieder anschlich. Er hasste es, ließ es aber zu.

»In die mickrigen zwei Koffer passt alles, was mir die elenden fünfundzwanzig Jahre Ehe mit dir eingebracht haben! Der Gerichtsvollzieher wird dann die dämlichen Möbel, deine geliebte Musikanlage und so weiter abholen! Grüß ihn schön von mir! Super! Kolossale Leistung, Herr Görtz. Fabian Görtz – der große Fabiator! Was für ein passender Name für einen Weltmeisterspinner – der kolossalsten Niete Europas! Du Großkotz! Du Versager, Versager … elendiger Versager!«

»Gleich platzt sie«, nuschelte Fabian in Richtung des Fernsehgerätes und stellte fest, je öfter sie den Begriff »Versager« gegen ihn benutzte, desto mehr wurde er tatsächlich zu einem.

»Du Missgeburt! Setz dich doch auf deine heißgeliebte blöde Kiste und fahr gegen die Wand … aber selbst dazu dürftest du zu dämlich sein!«

Der Punkt war erreicht. Fabians Stimmung schlug jäh um. Er verließ ächzend die Liege und schlug kommentarlos zu. Mitten hinein in Silvias verdutztes Gesicht. Sie flog gegen die Wand. Ihr Genick knackte, als es gegen die Längskante eines einzeln angebrachten Regalbretts prallte.

Unendlich langsam rutschte Silvia Görtz die Wand herab und hinterließ auf der belgischen Luxustapete eine blutige, vertikale Strieme. Die Beine gespreizt, die Arme seitlich ausgestreckt, die Handteller wie Schalen zur Decke hin geöffnet, als wollte sie einen imaginären Segen oder ein Geschenk empfangen, saß sie mit seitlich angewinkeltem, blutenden Kopf, den Rücken an die Wand gelehnt, auf dem Holzboden. Eine Marionette, der jemand die Schnüre durchgeschnitten hatte. In ihren aufgerissenen, erstarrten Augen stand ungläubige Erkenntnis.

Fabian schaltete wie ferngelenkt den Fernseher aus, registrierte die unwirkliche Stille im Raum. Er betrachtete, die Stirn ungläubig in Falten ziehend, für wenige, aber lang gefühlte Sekunden die Tote – ohne nennenswerte Gefühlsregung. Nur eine Art leichtes Bedauern war da.

Er riss sich abrupt, fast widerwillig von dem makabren Stillleben los, denn es beschlich ihn Unbehagen bei der Erkenntnis, dass der Anblick der Leblosen mit ihrer markanten Blutspur an der Wand ihn zu fesseln begann. Ja, er begann den Anblick als ästhetisches Phänomen zu registrieren.

Vielleicht hat Silvia Recht und ich bin wirklich nicht mehr ganz dicht?

Görtz war mit einem Mal irritiert. Das passierte ihm selten. Er bekam Angst – nicht davor, als Totschläger entdeckt zu werden; er dachte keine Sekunde an mögliche Auswirkungen seiner Tat. Er bekam Angst vor sich selbst: Angst davor, nicht ganz dicht im Kopf zu sein. Er zündete sich jetzt endlich die Zigarette an, die immer noch kalt zwischen seinen Lippen hing und zog kräftig mehrmals kurz hintereinander daran. Er blies nach jedem Zug den Qualm in Richtung der Toten, als wolle er sie in der Wolke verschwinden lassen. Er blickte auf seine Armbanduhr und wusste nicht warum. Punkt elf Uhr.

Schließlich schüttelte er die seltsame Mischung aus aufkeimender Angst, Beklemmung und einer sich anschleichenden, im Widerspruch dazu stehenden unkontrollierten Euphorie von sich ab und schmiss die halb gerauchte Zigarette in den überfüllten Aschenbecher, wo sie weiter vor sich hin qualmte. Er atmete wie nach einem Dauerlauf tief und regelmäßig durch. Ihm war, als atmete er zum ersten Mal seit Jahren. Still lachte er in sich hinein.

Irgendwann schüttelte er den Kopf, als wolle er resignierend seine Reaktionen auf die Tat in sich abschließen und begab sich ohne Eile in sein Zimmer am Ende der »Galerie«, wie sie beide, Silvia und er, den fast zehn Meter langen Flur liebevoll und voller Stolz nannten. An den Wänden hingen zu beiden Seiten in Augenhöhe über dreißig Handzeichnungen, Fotografiken und Radierungen – vornehmlich von Kölner Künstlern wie C. O. Paeffgen, Jürgen Klauke, Buthe, Wewerka, Charly Banana und anderen damaligen »Größen«.

Fabians Refugium war das kleinste Zimmer in der sonst großzügig geschnittenen Wohnung, die bis an die Decke angefüllt war mit Erinnerungen aus seiner Kindheit und Jugend: Seine enorme Schallplattensammlung voller Raritäten, die geliebten Bücher, die voller Optimismus, Radikalität und stupender Naivität bessere Gesellschafts- und Lebensmodelle postulierten, schließlich die vielen von ihm selbst virtuos gezeichneten Bilder und Fotografien, die liebevoll gerahmt und dicht aneinander gedrängt die Wände bedeckten. Die Mehrzahl der Schwarz-Weiß-Fotos zeigten Fabian Görtz als kraftstrotzenden und verwegen dreinschauenden Rock'n'Roller mit speckiger Elvis-Tolle und seiner Kreidler Florett; später als langhaarigen Undergrounder mit Bart und ausgeliehener Harley Davidson. Einige zeigten ihn mit seiner ersten E-Gitarre, einer »spermaweißen« Fender Stratocaster: Auf anderen, farbigen Fotos neueren Datums posierte er, ultrakurzhaarig mit Dreitagebart im modischsten Zwirn stolz mit der schönen Ehefrau, glücklich, lachend und sichtbar angefüllt mit dem Optimismus aus einer anderen Zeit.

Mehr als eine Viertelstunde sah er sich die Bilder ungläubig an, als würde die Leiche seiner Frau ein paar Meter entfernt nicht existieren und er die Bilder zum ersten Mal sehen. Sie waren ihm fremd geworden.

Görtz, mit vollem Namen Fabian Eduard Kurt Görtz, riss sich kurz entschlossen die miefigen Klamotten vom Leib und verließ nackt den Raum. Er ging ins Badezimmer, stieg in die Dusche, wusch sich lang und gründlich – fast im Zeitlupentempo. Anschließend suchte er im Schlafzimmer, im Wäscheschrank, nach frischer Unterwäsche. Er war versucht, einen Blick über die Schulter auf das Ehebett zu riskieren – unterließ es aber vorsichtshalber. Nach längerem Wühlen in der unglaublichen Menge an Unterwäsche, die ausschließlich Silvia gehörte, die sie aber seltsamerweise nicht eingepackt hatte, wie er leicht verwirrt feststellte, fand er endlich auch ein Unterhemd und eine altmodische, ehemals weiße Feinripp-Unterhose, die ihm zuzuordnen waren, und zog sie umständlich an. Dann verließ er das Schlafzimmer und ging zurück auf sein Zimmer. Er holte seine alte Lederkluft hervor und den arg verschrammten Police-Helm, zwängte sich in das Leder, stieg in die verschrammten Cowboy-Stiefel, nahm den Helm unter den Arm und verließ den Raum. Er angelte sich die Schlüssel von der Anrichte und verließ, die Türe sorgsam verschließend, die Wohnung.

In der Garage blickte er lange auf seine Maschine, die neben Silvias schneeweißem Citroën 2CV stand, einer »Ente« namens Donald, Baujahr 1954. Gedankenverloren streichelte er den Tank seiner schwarzen Royal Enfield Bullet 500, einem einzylindrigen, in Indien gebauten Motorrad altenglischer Bauart – von ihm liebevoll gepflegt und aufwändig »umfrisiert« zu einer Rennmaschine.

Fabian verfiel wieder ins Grübeln und vergaß völlig den Tod seiner Frau, als wäre nichts passiert. Er war ganz bei seiner Maschine, die er lange nicht benutzt hatte. Görtz ging in der Garage herum, griff in die offene Werkzeugkiste, holte einen Schraubenschlüssel hervor, nur um ihn sogleich wieder zurück zu schmeißen, als hätte er sich daran verbrannt. Er hustete kurz und geräuschvoll und spuckte den teerigen Lungenauswurf auf den Betonboden. Seine Gedanken schweiften ab und führten ihn hin zum Abbruch seiner Karriere.

Meine so genannten Umschulungen haben einen Scheiß gebracht! Der Computermist ging mir einfach nicht in die Birne. Mein Kopf war zu alt und schien sich zu verweigern … Hab die Kurse hingeschmissen! Für diese krasse Umstellung war ich schlicht zu blöd, zu alt oder vielleicht auch zu stur – keine Ahnung!

Zumindest konnte ihm keiner nachsagen, er habe auf der faulen Haut gelegen und nichts unternommen. Er hatte sich als Illustrator, Grafiker und Karikaturist versucht – aber es interessierte keine Sau! Grafische Programme erledigten alles schneller, präziser und billiger. Der Verlust an Charakter störte kein Schwein. Hauptsache digital. »Scheiß Zeit!«, schimpfte Fabian in sich hinein, setzte sich auf den schmalen Einmann-Rennsattel seiner Bullet, entsperrte die Benzinzufuhr, schob die Fußraste zurück und ließ den Motor im Leerlauf mehrfach kurz aufheulen … Er klang wie der Schrei eines Raubtieres, eines verwundeten Tieres vor dem Verenden!

Am liebsten hätte er auch geschrien, mitgeschrien aus einer plötzlich aufsteigenden Wut heraus, der Erkenntnis seiner Ohnmacht. Stattdessen atmete er nur stoßweise und tief durch die laut rasselnde Raucherlunge. *Zum zweiten Mal Luft an diesem Tag,* registrierte er,– so wie er auch feststellte, dass seine Wut ungewöhnlich schnell verrauchte. Für einen Augenblick war er fast amüsiert über sich selbst.

»Scheiße!«, schrie er laut in Richtung des offenen Garagentors, stülpte sich den Helm über und knallte den ersten Gang rein. Fabian ließ die Kupplung los und gab Vollgas. Er schoss unter ohrenbetäubendem Lärm aus der Garage hinaus auf die Siebengebirgsallee und bog dann ab auf die zweispurige Luxemburger Straße.

Im Höllentempo jagte Görtz seine Bullet in Richtung Innenstadt. Er achtete weder auf Geschwindigkeitsbegrenzungen noch auf Ampeln. Wie in Trance bediente er Kupplung und Gas, seltener die Bremsen. Einer verrückt gewordenen Schlange gleich umkurvte er die vor ihm fahrenden Autos. Er klebte auf der Royal Enfield wie ein schwarzer, entfesselter Cyborg.

Während des Höllentrips fiel ihm groteskerweise das verspielte Wolfsrudel ein, das sie beide, Silvia und er, durch Zufall auf einer lang zurück liegenden Wanderung durch die nordöstlichen Karpaten entdeckt hatten; wie verzaubert hatten sie deren wilde Schönheit beobachtet.

Merkwürdig … Ich glaub', ich spinne langsam wirklich …

Die Luxemburger Straße machte dreihundert Meter vor dem Bahnhof Köln-Süd einen scharfen Linksknick um eine mehrstöckige Wohnhausreihe. Das Eckhaus zoomte in Wahnsinnsgeschwindigkeit auf Fabian zu. Er holte, die Richtung unverändert beibehaltend, das Letzte aus der brüllenden Maschine heraus.

Die Wölfe … Schade nur um die Bullet!

In letzter Sekunde riss Görtz die Maschine herum und bremste kurz ab, während er gleichzeitig herunterschaltete. In ge-mäßigtem Tempo und mit leichtem Zittern in den Beinen fuhr er schließlich die Luxemburger Straße durch den Bahntunnel über den Barbarossaplatz auf den Hohenstaufenring. Er beruhigte sich zunehmend; beinahe genoss er jetzt die Fahrt.

Er fuhr ohne ein bestimmtes Ziel die Ringe – die eigentlich eine einzige, die alte Stadt umspannende, mehrspurige Meile waren – herunter bis zum Ebertplatz am Theodor-Heuss-Ring, der am Rhein endet. Vom Platz bis zur Rheinuferstraße zieht sich der wenig anziehende Parkstreifen, an beiden Seiten flankiert vom geteilten Ring und unbezahlbaren Immobilien mit Galerien, Werbeagenturen, Versicherungen, den Wohnungen »finanziell Bessergestellter« und einigen Villen.

Fabian stellte sein Motorrad in einer Parkbucht entlang der Grünanlage ab, betrat diese und setzte sich erschöpft auf die erstbeste Bank. Die herbstliche Sonne mit ihrer milden Wärme und die Stille, die ihn umgaben, taten ihm gut. Er erinnerte sich an so manche Mittagspause, die er hier in dem bisschen Grün in der Zeit seiner Lehre verbracht hatte.

Parallel zum Theodor-Heuss-Ring in seinem Rücken befand sich der Thürmchenswall, eine langgezogene schmale Straße mit alter Geschichte. Zu dieser Geschichte gehörte auch eine Chemigraphische Kunstanstalt – oder profaner: Klischeefabrik. In ihr hatte Fabian lange Zeit gearbeitet. Mit wunderbar verrückten Kollegen, einer schönen, spannenden und befriedigenden Tätigkeit und einem feinen Chef, wie es ihn heute wohl kaum noch geben dürfte – eine Zeit des Glücks. Auch sie musste nach über hundert Jahren schließlich aufgeben.

Wie konnte ich das nur alles vergessen … und wie lange war ich nicht mehr in dieser Gegend, seufzte Fabian still in sich hinein. *Was habe ich zuletzt in einem Interview im Spiegel gelesen? »Erinnern als höchste Form des Vergessens« … Ich glaub, so langsam aber sicher diesen Satz zu verstehen …*

So saß Fabian wohl über eine Stunde in der Nachmittagssonne auf der Bank. An Silvia dachte er nur zwischendurch, wie an eine schlimme und bedauernswerte Anekdote in einem fremden Leben, das er vor ewigen Zeiten in ein imaginäres Bahnhofsschließfach weggesperrt hatte. Abgegeben in fremde, unbestimmte Verantwortung.

Langsam bekam er Hunger und stellte fest, dass er seit dem Frühstück, bestehend aus vielen Zigaretten, der obligatorischen Kanne schwarzen Kaffees und dem halb vertrockneten Käsebrötchen, nichts gegessen hatte.

»Okay, gehen wir was futtern!«, sagte er laut, gähnte und reckte sich ausgiebig wie jemand, der schwer gearbeitet hat.

»Da wünsche ich Ihnen einen guten Appetit«, sagte eine angenehm klingende Stimme rechts neben ihm. Fabian erschrak furchtbar, als er die merkwürdig vertraute Stimme vernahm. Wie aus dem Nichts kommend, gewahrte er eine steinalte Frau neben sich auf der Bank.

Die alte Dame schaute ihn aus ihren hellgrauen Augen liebenswürdig lächelnd und ein wenig neckisch von der Seite an, die roten Haare kunstvoll und modisch um ihr schönes Gesicht gelegt. Sie war gehüllt in ein zinnoberrotes Kleid.

»Silvia!«, stieß er aus, sprang von der Bank auf und starrte die Frau fassungslos an. Dann erkannte er langsam seinen Irrtum.

Das ist nicht Silvia. Das kann nicht sein! Silvia ist tot, und die alte Schachtel da ist mindestens an die achtzig! Aber was für eine Ähnlichkeit … unfassbar! Fabian, du siehst Gespenster!

Görtz stammelte eine Entschuldigung und verabschiedete sich hastig von der Frau. Während er mit schnellen Schritten Rich-tung Ebertplatz lief, blickte die schöne alte Dame mit Augen wie ein Meer vor dem Sturm hinter ihm her, lächelte – und flüsterte kaum hörbar: »Sei dir nicht zu sicher … Ikarus.«

Görtz vergaß, noch verwirrt durch die bizarre Begegnung, seine Bullet, und ging stracks zum Eigelstein, wo er eine Fisch-Gaststätte wusste, die er früher oft und gern besucht hatte. In dieser »besseren Bude« gab es den besten Backfisch von ganz Köln, wusste Fabian, und zudem in recht ordentlicher Portion. Die Nachmittagssonne versteckte sich hinter dunklen Wolken und ein leichter Nieselregen setzte ein.

»Scheißwetter«, schimpfte er, scheinbar innerlich wieder hergestellt. Er ging um das mittelalterliche Tor und gelangte so in den Eigelstein, jene urige und geschichtsträchtige Straße voller Leben bei relativ wenig verbauter Substanz. Der Eigelstein war einst eine echt Kölsche Straße, von urwüchsigen Kölschen, jenem vorlauten und trinkfreudigen Salz der Erde bevölkert, mit einer Reihe von steinalten Kneipen, einer Brauerei und einigen noch älteren Puffs in unmittelbarer Nähe.

Wie angewurzelt blieb Fabian am Anfang der Straße stehen und wollte seinen Sinnen nicht trauen. Als erstes fiel ihm das Fehlen jenes Geruches auf, den er mit dem Eigelstein verband. Die so lebendige und von ihm geliebte Duftkomposition bestand früher aus dem herben Hopfengeruch der am Ende der Straße gelegenen Bierbrauerei, dem Duft nach toten, aber schmackhaften Meeresbewohnern aus seiner geliebten Fischgaststätte, dem herrlichen Küchengeruch aus dem Traditionshaus *Em Kölsche Boor*, dem über alles wabernden Kneipenduft von abgestandenem Bier und Tabaksqualm, Autoabgasen und dem obligatorischen Pissegestank aus den umliegenden Puffs. Dieser markante Eigengeruch war – verschwunden!

Fabian würde sich in einer anderen Stadt wähnen, hätte er nicht die schäbig-alten Häuser wiedererkannt, und wüsste er nicht das Eigelstein-Tor in seinem Rücken. Die ganze Straße roch nach Döner-Kebab! Sein Fischlokal war weg. Stattdessen ein türkisches Goldschmucklädchen. Daneben ein türkisches Gemüsegeschäft und so weiter. Die ganze Straße schien in türkischen Besitz übergegangen zu sein, bespielt von hübschen türkischen Kindern.

Langsam und mit offenem Mund ging er weiter und registrierte alles wie ein Tourist. Er musste schlucken. Hier war gelebte Kultur – seine Kultur – einfach im Zeitenwandel untergegangen! *Was würde Silvia dazu sagen,* dachte er – noch in der alten Gewohnheit, sie in sein Denken einzubeziehen.

Kurzentschlossen wechselte er die Straßenseite und ging zurück zum Eigelstein-Tor. Da entdeckte er, fast als Fremdkörper in der Umgebung, das über 250 Jahre alte Brauhaus, in dem er früher oft mit seinen Kollegen aus der Firma gespeist und so manches Mal auch kräftig gezecht hatte.

Das *Em Kölsche Boor* existiert noch – nicht zu fassen, dachte er erfreut und studierte die außen angebrachte Speisekarte. Da fiel ihm ein, dass er kein Geld bei sich hatte. Er hatte Silvias Portemonnaie samt den Papieren zu Hause gelassen.

»Typisch Görtz!«, grummelte er sauer vor sich hin, lief zu seiner Maschine und fuhr zurück nach Klettenberg.

Als er die Eingangstür aufschloss, wollte er – wie tausende Male vorher – schon aus Gewohnheit hineinrufen: »Ich bin da, Liebling!«, als ihm endlich und diesmal voll bewusst wurde, was sich vor nicht einmal zwei Stunden abgespielt hatte: *Silvia exis-tiert nicht mehr und ich hab sie umgebracht, sie totgeschlagen … Oh, Gott!*

Zum ersten Mal in seinem Leben spürte er, wie das nackte Grauen in ihm hochkroch. Hier, diese elegante Wohnung, diese Leiche – das war keine Horrorszene aus einer Hammer-Production oder einem Splatterfilm, wie er sie so oft mit Silvia, eingehüllt in Decken und mit wohligem Grusel, am Bildschirm genossen hatte,– es war nackte und grausame Realität und bedeutete: Leben ohne Silvia und drohender Knast.

Merkwürdigerweise fühlte er sich zum ersten Mal seit Jahren hellwach. Ohnmächtiger Zorn überkam ihn. Ihm wurde plötzlich heiß. Er begann, heftig zu schwitzen. Görtz riss sich den Helm vom Kopf und warf ihn mit voller Wucht in den Flur. Dann riss er den Reißverschluss der Lederkluft mit einem Ruck vom Hals bis zur Brusthöhe auf und begann, wie ein unglückliches Kind laut zu heulen.

Meine Wölfe …

Schließlich beruhigte er sich etwas, ging ruckelnd wie ein ferngesteuerter Spielzeugroboter den Flur entlang und wollte das Wohnzimmer betreten – den Tatort. Doch auf der Türschwelle blieb Fabian abrupt stehen. Was er da erblickte, ließ ihn zur Salzsäule erstarren. Seine Augäpfel traten aus ihren Höhlen. Nur sein Mund öffnete sich verzerrt, und er krächzte kaum vernehmbar: »Silviaaa …«

Dann fiel er (auch das zum ersten Mal in seinem Leben) in Ohnmacht und knallte hart auf den Parkettboden. Als er wieder zu sich kam, fragte er sich verwirrt: *Wo bin ich – was mache ich hier auf dem Boden?*

Langsam erhielt seine Umgebung Kontur. Er starrte ungläubig, während er sich zögernd aufraffte, auf Silvias Leiche. Die Tote befand sich jetzt in völlig veränderter Position. Sie saß nun mit durchgedrücktem Rücken im Schneidersitz, knapp anderthalb Meter von der Wand abgerückt, auf dem glänzend polierten Holzboden. Zwischen den vor der Brust aufeinander gelegten Handtellern befand sich eine langstielige gelbe Rose. Der Kopf der Frau war Richtung Decke gestreckt. Ihre immer noch schönen Augen schauten starr und weit aufgerissen in eine Endlosigkeit. Das Blut auf dem Gesicht war verschwunden und sie war auffällig geschminkt.

Sie hat sich nie geschminkt, solange ich denken kann … war da eigen … wie ein zauberhaftes Gebilde in einem Wachsfigurenkabinett … Nun ist sie hier stilisiert als Betende – was für ein Hohn! Silvia hatte sich immer als »erklärt religionsfreie Zone« bezeichnet; fast militant atheistisch war sie! Wer hat sich denn da diesen Zynismus erlaubt?

Dann entdeckte Fabian an der Wand über der vertikalen Blutspur eine horizontale. Zusammen ergaben sie – ein Kreuz!

Was geht hier verdammt noch mal vor?

Görtz erhob sich zögernd vom Boden, wobei er die Tote nicht aus den Augen ließ. Sein Entsetzen wich langsam und immer deutlicher den Fragen, die sich ihm aufdrängten: Wer hat sie da versetzt und so zurechtgemacht? Sie selbst, bevor sie endgültig verstarb? Quatsch! Wer hat das Blut von ihrem Hinterkopf und Genick gewaschen und sie geschminkt? Kein Mensch hat einen Schlüssel zur Wohnung. Der Hausbesitzer? Unmöglich! Silvias Mutter hatte einen besessen, ihn aber kurz vor ihrem Tod wieder abgegeben. Eine gelbe Rose, Silvias Lieblingsblume – wer außer mir weiß von ihrer Vorliebe? War hier vielleicht ein Einbrecher zugange mit schwarzem Humor und Sinn für das Arrangieren von Fundstücken? Absurd! Und was sollte dieses vermaledeite Kreuz an der Wand?

Fabian Görtz konnte nicht mehr klar denken. Er bemerkte verstört, wie sein Herz zu rasen begann. Eine erneute Ohnmacht drohte, ihn aus dem Albtraum zu befreien. Er vernahm ein fernes Pfeifen im Kopf und bekam plötzlich Panik. Das nächste Gefühl, das er so nie kennengelernt hatte. Daher wusste er auch nicht, wie er damit umgehen sollte. Er warf sich in die nächste Sitzgelegenheit, vergrub seinen Kopf in den Händen und weinte.

Draußen setzte hörbar starker Regen ein und Fabian begann, sich allmählich zu sortieren. Irgendwann schrillte das Telefon, erst nur unwirklich, schließlich immer aufdringlicher. Er wartete, bis es aufhörte. Nach kurzer Pause klingelte der Apparat erneut, bis der automatische Abbruch einsetzte. Das wiederholte sich vier Mal. Der Anrufer war zäh. Schließlich angelte sich Görtz genervt das scheinbar alte, cremefarbene Retro-Telefon vom Glastischchen neben dem Sessel, in dem er mehr lag als saß, und quetschte sich den Hörer ans rechte Ohr.

»Görtz!«, bellte er in die Muschel.

»Was ist los, brüll mir doch nicht die Ohren von der Birne! Fabischwanz, alter Drecksack – wie geht's denn so bei euch?«

»Äh, ja – wer da?«, stotterte Fabian ins Telefon.

«Michael … Michael Börnster, der Maiky, altes Haus – alles klar?«

Fabian musste sich erst sortieren: Er setzte sich aufrecht in den Sessel und räusperte sich erstmal laut vernehmlich.

Maiky Börnster … Ich werd verrückt, das gibt's doch nicht!

»Maiky, du altes Klohaus!« Er gab seiner Stimme einen betont lässigen Ausdruck und mimte den über den Anruf hoch erfreuten Kumpel. »Ewig nichts mehr voneinander gehört! Was machen die Bräute, Maiky! Das dürften ja schon ein paar Jährchen her sein – oh Mann!«

«Zehn Jahre mindestens, Fabi!«

»Im Ernst?«

»Im Ernst, Fabius. Sag mal, hast du heute was vor? Meine Alte hat heute ihren Volkshochschulabend: Sie macht da Kommunikationstrainings-Dingenskirchen, und anschließend gehn die Weiber wie jedes Mal gemeinsam in die Kneipe, um stundenlang über die Männer herzuziehen. Sollen se doch! Die Bude ist ergo sturmfrei! Haste Lust auf paar Bierchen? Bulgarischen Brandy hab ich auch da! Ein Wahnsinnstropfen, sag ich dir! Lass uns den alle machen … Wir bestellen uns 'ne Pizza und quatschen von alten Zeiten! Ich wohn noch immer im Haus meiner Eltern, kannste dich erinnern? In der Palanterstraße in Sülz! Da wohn' ich mit meiner Ollen inzwischen ganz alleine drin – meine Alten sind ja schon längst im Heim … Wir haben jetzt Platz ohne Ende … Fabian, bist du noch dran?«

»Ja, ja, bin noch da!«

»Also gib Gas, Fabi – see you later!«

»Okay, ich … ich werd's, äh, einrichten. Bis gleich, Alter!«

Fabian legte den Hörer auf und fragte sich, was das sollte: Wa-rum hatte er zugesagt? Ausgerechnet einem »Gespenst aus der Vergangenheit«, Michael Börnster, der sich Maiky rufen ließ und den er im Grunde nie hatte ausstehen können. Sein Bewusstsein registrierte schwach *Angst vor dem Alleinsein*.

»Ich hab sie wirklich nicht mehr alle«, konstatierte er.

*

Kriminaloberkommissar Burma hieß eigentlich nicht Burma, sondern Rüttgersbusch, Ewald Anton Rüttgersbusch. Er hatte nur ein wenig Identitätsprobleme mit einem gewissen Nestor Burma, einer schrägen Type von Privatdetektiv aus den Kriminalromanen des französischen Dichters Léo Malet. Er lief nicht nur so herum wie sein Alter Ego, er redete und benahm sich auch oft so und ging ähnlich unkonventionell vor in der Bearbeitung von Fällen, nämlich eigenwillig und bewusst intuitiv. Das wäre auch locker von seinen Vorgesetzten und Kollegen im Dezernat für Tötungsdelikte des Polizeipräsidiums Köln-Süd am Waidmarkt als Eigentümlichkeit, sprich: Macke, akzeptiert worden (Man lebte schließlich in Köln, dem »Biotop für Bekloppte«), wenn Rüttgersbusch nicht pausenlos versucht hätte, jedem, der ihm über den Weg lief, von der literarischen Meisterschaft Malets und dessen Kunstfigur Nestor Burma vorzuschwärmen. Dabei ging er oftmals penetrant und so eindringlich missionierend vor, als wolle er den Zeugen Jehovas den Rang ablaufen.

Die fast ausnahmslos großzügigen, aber mitunter leicht genervten Kollegen verliehen ihm schließlich den Spitznamen *Burma* – was er als Ritterschlag empfand. Auch die später im Dezernat hinzugekommenen Mitarbeiter – also die meisten – nannten ihn ebenfalls nur Burma; sie wären im Traum nicht auf die Idee gekommen, ihm diese Freude zu nehmen. So gab es im Dezernat und in Kölns Unterwelt nur Kommissar Nestor Burma. Selbst seine zierlich gebaute Lebenspartnerin Lydia Kim, eine mandeläugige Schönheit, halb Japanerin und halb Mongolin, von der er zwar vor ewigen Zeiten aus unerfindlichem Grund mal geschieden wurde, mit der er aber immer noch glücklich zusammenlebte, schien seinen ursprünglichen Namen vergessen zu haben und nannte ihn nur Nestor oder Burma. Und er sie selbstverständlich Frau Burma.

»Burma« lümmelte sich auf seinem ausgelatschten Drehstuhl und füllte sein kleines Büro mit entsetzlich stinkendem und nahezu undurchdringlichem Qualm aus der allseits verhassten Pfeife. Auch bei Kölnern gab es Grenzen. Burma paffte eine Pfeife, die er auf einem Pariser Flohmarkt billig erstanden hatte. Die musste einem absurden Albtraum entsprungen sein, mindestens so alt wie das erste Manifest der Surrealisten aus den 1920er Jahren – bestehend aus einem kinderfaustgroßen, zähnefletschenden Affenkopf, dem aus dem offenen Schädel der Qualm entstieg, einem abenteuerlich gebogenen Hals, der schließlich in einem zerbissenen unappetitlichen Mundstück undefinierbarer Farbe endete.

Es gab gerade nichts zu tun für Burma, und so las er im Sportteil des *Express* die neuesten Nachrichten über »seinen« Fußballklub, den 1. FC Köln. Schließlich schmiss er den kompletten Sportteil in den Papierkorb und widmete sich lustlos dem Rest der Zeitung.

»Was für ein langweiliger Tag. Nix los heute! Es wird einfach zu wenig gemordet in der Stadt«, nörgelte Burma grinsend vor sich hin, schien also mit dem Umstand sichtlich zufrieden zu sein. Er betrachtete mit Kennerblick kritisch eine exotische Schönheit auf einer der Seiten, als das Telefon ging. Burma wechselte erschrocken und umständlich die Pfeife vom Mund in die linke Hand und griff – einer leichten Panik nahe, denn es war kurz vor Feierabend – mit der rechten Hand wild suchend nach dem Telefon, das sich hinter einem unglaublichen Papierwust versteckte.

»Burma«, meldete sich endlich der Kommissar.

»Hier Schlemmermayer, dein von dir ach so geschätzter Vorgesetzter! Burma, wir haben angeblich 'ne Leiche in Klettenberg … im Ernst jetzt! Kam gerade so ein mysteriöser Anruf. Die Leiche läge angeblich schon seit gestern in der Wohnung! Anrufer unbekannt. Hat keinen Namen genannt und sofort aufgelegt. Mach dich auf und guck mal, ob da was dran ist! Wahrscheinlich wollte wieder einmal jemand besonders witzig sein. Wir müssen dem aber trotzdem nachgehen!«

»Cheffikowsky, gleich ist Feierabend! Kannst du nicht 'nen Jüngeren damit nerven?«

»Burma, langsam nervst du mich mit deiner unsäglichen Faulheit! Erstens haben wir erst in einer Stunde Feierabend und zweitens residierte in Köln noch der Kardinal Frings, als du die letzte Überstunde gemacht hast!«

»Also Chefchen, jetzt übertreibst du aber ein wenig!«

»Quatsch keine Opern, Burma, mach dich auf und nimm dir die Schmitz mit, die braucht Praxis. Da ist eine Leiche immer gut! Viel Spaß, mein Alter«, schnarrte Kriminalhauptkommissar Hanspeter Schlemmermayer in den Telefonhörer und gab zum Schluss noch die genaue Adresse durch.

Der Dezernatschef grinste schadenfroh und lehnte sich ächzend in den riesigen Chefsessel zurück. Seine Leibesfülle machte ihm, dem Kettenraucher, Vieltrinker und Vielesser immer mehr zu schaffen. Er bekam zusehends schlechter Luft und überlegte, entweder das Rauchen zu reduzieren oder mit der übermäßigen Fresserei aufzuhören; oder aber durch mühseligen Bewegungssport die überbordenden Pfunde langsam abzubauen. Allerdings könnte man auch das Saufen reduzieren, als vermutliche Hauptursache seines langsam lästig werdenden Gewichtes. Alles Quatsch, kam er zum Schluss, zündete sich genüsslich eine Zigarette an und bestellte bei seiner Sekretärin, der in die Jahre gekommenen Frau Berthold, stark gesüßten Kaffee mit Milch und »alkoholischem Geschmacksverstärker« zum gewohnten Nachmittagskuchen plus Schlagsahne.

Nestor Burma hatte indes ganz andere Sorgen. »Immer dieser Stress … Der bringt mich noch frühzeitig ins Grab«, maulte er nur halb überzeugt vor sich hin, raffte sich schließlich auf und brüllte in Richtung des angrenzenden Büros: »Schmitzebill – antreten!«

»Komme, Chef«, tönte es gedämpft durch die Tür.

»Hier gibt's zu viele Chefs«, bemerkte Burma und verharrte wartend inmitten der dichten Wolke.

Die Tür wurde heftig aufgerissen. Elvira Schmitz stürmte in die Bude und bekam sogleich einen Hustenanfall.

»Liebe Elvira, das hört sich gar nicht gut an! Da musst du mal mit zum Onkel Doktor. Warte … irgendwo muss ich noch ein paar Em-Eukal haben!«

»Chef, lieber Herr Burma – Ihre Pfeife! Ich ersticke! Machen Sie doch bitte ausnahmsweise mal das Fenster auf!«

Burma öffnete leicht pikiert das Fenster und steckte misstrauisch seine aristokratische Nase in die frische Luft. *Nichts Gutes gewohnt, das junge Gemüse … Das verstehe, wer will!*

»Schmitz, wir haben angeblich 'ne Leiche in Klettenberg! Wir fahren direkt los!«, sagte Burma zu seiner jungen Mitarbeiterin, die sofort das Nötigste für alle Fälle einpackte.

»Der alte Sack«, wie er sich oft selbst nannte, stand kurz vor seiner Frühpensionierung und freute sich auf den Lebensabend, den er gemeinsam mit Lydia, seiner »Lotosblüte«, in Paris verbringen wollte. Nicht umsonst trieben die zwei seit über acht Semestern eine Französisch-Lehrerin an der Volkshochschul-Zweigstelle Köln-Sülz in den Wahnsinn. Seine Devise war, das letzte Jahr im Dienst möglichst »gesund« zu verbringen und nicht allzu sehr durch hektische Betriebsamkeit aufzufallen.

Burma zog sich den hellen Trenchcoat über den ebenfalls nach neuester Mode geschnittenen mausgrauen Flanellanzug, putzte sich kurz seine rotbraunen Raphael-Schuhe mit der stets griffbereiten Bürste aus der obersten Schublade seines Arbeitstisches und ging sich kurz mit den schmalen Fingern durch das lang getragene Haar. Er war eitel – aber, wie er fand, nicht zu eitel.

Respekt, der Alte … das markante Gesicht mit der Hakennase, wie geschnitzt! Wäre er ein paar Jahrzehnte jünger …, dachte sich Elvira Schmitz, die ihm beim Anziehen verstohlen zusah.

In der Tat war Burma alias Rüttgersbusch eine stattliche Erscheinung. Trotz seines fortgeschrittenen Alters und des zur Schau gestellten Phlegmas, welches eher zu einem beleibteren Menschen gepasst hätte, war der 1,90 Meter große Mann drahtig gebaut und hatte noch sein volles dunkelbraunes Haar, das er stets lang und nach hinten gekämmt trug. Zusätzlich besaß er diese wasserblauen Augen, welche ihre Wirkung beim anderen Geschlecht selten verfehlten. Sein gepflegter Dreitagebart verlieh ihm zusätzlich etwas Wild-Männliches. Nein, man sah ihm sein Alter nicht an. Er hätte jedenfalls locker als Dressman für das mittlere Alter sein Auskommen bestreiten können.

Sie fuhren in Burmas ganzem Stolz, einem topgepflegten, flaschengrünen Alfa Romeo Giulia, Baujahr 1977, in westlicher Richtung nach Köln-Klettenberg.

Kommissarsanwärterin Elvira Schmitz und ihr direkter Vorgesetzter und »Ausbildungsbegleiter« Kriminalkommissar Burma hatten sich, als sie vor fast drei Jahren einstieg in die Welt des Verbrechens und der Tötungsdelikte, vom ersten Tag an gemocht.

Elvira war eine etwas punkige junge Frau, Anfang Zwanzig, mit schwarzem Haar, das scheinbar nur ihrer gnadenlosen Experimentierlust diente. Auch ihre Klamotten verlangten von ihrer Umgebung ein hohes Maß an Toleranz. Ihre Jeans zum Beispiel hätte ein Lumpensammler, wie es sie nach dem Krieg noch relativ lange in Köln gab, naserümpfend abgelehnt. Burma aber tolerierte die nur 1,55 Meter kleine Göre mit der gepiercten Nase und den »hundert« Ringen an den Ohren nicht nur,– er akzeptierte sie fast bedingungslos. Einzig ihren schnoddrigen Umgangston, den sie aus der Punk-Szene mit in die Lehre schleppte, musste sie sich zäh, aber mit Erfolg abgewöhnen, – dank dem »Pädagogen« Burma, der bei jedem Satz Elviras beharrlich nachfragte, weil er angeblich nichts verstand.

Rüttgersbusch und seine Frau waren kinderlos, und so breitete er seine Fittiche über Elvira, privat liebevoll unterstützt von seiner zierlichen Lydia. Elvira Schmitz hatte, wie sie sich ausdrückte, ein »beschissenes« Elternhaus gerade mal so überlebt, und so begab sie sich voller Vertrauen in die Obhut des von ihr insgeheim als Ersatzvater bezeichneten und bewunderten Vorgesetzten.

Sie quasselten während der Fahrt von diesem und jenem, um dann, wie gewohnt, bei seinem Lieblingsthema zu landen: Léo Malet und seinem Protagonisten.

»Hast du endlich *Bilder bluten nicht* gelesen?«

»Chef, ich muss so für meine letzte Prüfung nächste Woche Freitag pauken … Ich komm' beim besten Willen nicht dazu!«

»Elvira, bitte – nimm dir trotzdem die Zeit!«, sagte er und hob lehrerhaft den Zeigefinger in die Höhe. »Da kannst du lernen, wie man die Intuition trainieren und sie auch nutzbringend anwenden kann, und wie man ein Näschen und Gespür dafür entwickelt, schneller hinter die Geheimnisse eines Verbrechens zu kommen, – schneller als all die in Kriminaltechnik, Psychologie, Soziologie und Strategie überstudierten Eierköppe.«

»Eierköpfe?« fragte Elvira.

»Ja, so nannte man in früheren Zeiten die Allesbesserwisser! Du musst Dir, wenn du endlich einen Malet zu Ende gelesen hast, Folgendes einprägen: Nestor Burma war zwar ein Privatschnüffler und hatte daher bedeutend mehr Handlungsfreiheiten als die Polizei mit ihren Dienstvorschriften, aber er war kolossal erfolgreich! Gerade deswegen können wir alle von ihm lernen! Ich sage dir, Schmitzchen – enorm! Wusstest du, dass Léo Malet, bevor er Krimis schrieb, ein nicht unbedeutender Dichter unter den Avantgardisten Frankreichs war? Ich habe bis dato noch kein einziges Gedicht von ihm lesen können. Es gibt leider keine Übersetzung ins Deutsche.«

»Oooh Manno, Chef«, stöhnte Elvira, die diese Ausführungen Burmas zum wohl hundertsten Mal hörte.

»Ja, ja, ich hör ja schon auf«, entgegnete er schuldbewusst. »Aber in einem Monat ist es so weit, da fahren Lydia und ich für eine Woche nach Paris und nehmen dich wie abgesprochen mit. Es bleibt doch dabei? Du weißt: kostet dich nix!«

»Na klaro – ich freu mich schon wie irre drauf. War noch nie außerhalb des ollen Germaniens. Wird garantiert echt cool!«

Die zwei Kriminalisten waren schließlich in der Siebengebirgsallee angekommen und standen bald vor der Villa mit der angegebenen Hausnummer. Burma drückte bei Görtz die Klingel, aber es rührte sich nichts. Wiederholt betätigte er den Knopf: niemand da.

*

Eineinhalb Stunden vorher suchte Fabian Görtz Sylvias Geldbörse. Er selbst besaß keine und wollte auch nie eine besitzen. Er fand sie schließlich mitsamt den Papieren in einem der fertig gepackten Koffer. Silvia war ja ein richtig ordentliches Mädchen gewesen, stellte er fest – eines der vielen Dinge, die ihm nie aufgefallen waren. Er betrachtete die eingepackte Wäsche. Dann verließ er den Tatort, der so viele Jahre ihr gemeinsames Zuhause gewesen war. Er schwang sich missmutig auf seine Bullit und betätigte den Anlasser. Er ließ die Maschine aufgebockt im Leerlauf kurz aufheulen und dachte: *Maiky – warum hab ich mich bloß von dem Arsch belatschern lassen? Das war schon früher so, wo er noch als vielversprechender Kunststudent mit seinen Arbeiten und seinen Kontakten bis zum Erbrechen angab. Ich hätte die Polizei anrufen und mich stellen sollen. Im Knast ist es auch nicht mieser als in der sogenannten Freiheit, in der ich zurzeit lebe. Da hätte ich vielleicht endlich wieder Ruhe und könnte ungestört lesen, vielleicht sogar was schreiben und endlich in Ruhe künstlern, ohne Silvia und ihr Gekeife.* Fabian schimpfte sich einen inkonsequenten Feigling und Trottel.

Er überlegte angestrengt, was er tun sollte. Schließlich fuhr er, einem inneren Impuls gehorchend, los nach Sülz, zu Börnster, dem »Angeber«, statt sich sofort der Polizei zu stellen.

Endlich bog Fabian in die Palanterstraße ein. Es begann zu dunkeln. Vor einem dreistöckigen, edel restaurierten Haus aus der Gründerzeit bockte er seine Bullit auf einem freien Parkplatz auf und klingelte mit dem Helm unterm Arm. Sogleich wurde ihm die Haustür von Börnster persönlich geöffnet.

»Hallo Fabiator, altes Haus! Du hast dich ja überhaupt nicht verändert«, brüllte er und strich sich das lange blonde Haar affektiert aus der Stirn.

Dieser Schleimer! Etwas fetter ist er geworden… aber gestylt wie 'n Dressman! Immer noch der eitle Fatzke.

Fabian riss sich zusammen und antwortete ebenso leutselig:

»Grüß dich, Maiky, alter Höllenhund!«

Lange halt ich den nicht aus, stellte er fest.

»Komm rein ins Allerheiligste und zieh deine Jacke aus!«

»Geht nicht. Unter dem Leder hab ich nur 'n Unterhemd!«

»Macht mir knapp die Hälfte«, antwortete Börnster grinsend. »Aber wenn du nicht willst … Aber ich warn' dich, es ist mächtig warm hier drinnen. Komm, ich zeig dir erst mal das Haus!«

Geht die Angeberei schon los … Hoffentlich köpft er gleich 'ne Flasche.

Fabian hatte keinen Kopf für eine Hausbesichtigung, machte aber gute Miene zum bösen Spiel.

»Okay, zeig mir deinen Schuppen!« Fabian Görtz konnte bis zur Unkenntlichkeit opportunistisch sein und ließ den angeblichen Kumpel aus früheren Tagen glaubhaft raushängen. »Bin gespannt, wie du haust«, log er und folgte Börnster.

Warum tu ich so? Aber er hat was, dem man sich schwer entziehen kann. Schon damals interessierte er mich irgendwie, obwohl … Egal, jetzt bin ich erst mal hier! Aber um mich volllaufen zu lassen, hätte ich auch in 'ne Kneipe gehen können … Automatisch griff er zur Brusttasche. *Verdammt noch mal – hab schon wieder das Geld liegen gelassen.*

Fabian Görtz musste sich als erstes das Atelier ansehen, welches das gesamte Parterre einnahm. Es war ziemlich dunkel, aber er sah, dass die Zwischenwände entfernt und durch vier frei stehende Stützbalken – wie Tempelsäulen – ersetzt waren. Görtz musste erst mal staunen und zugeben, dass dieser »Angeber« über einen erlesenen Geschmack verfügte.

»Hab ich alles selber gebaut! Biste platt, wa?«, sagte grinsend der blonde Zweimetermann.

Ich trete dich gleich in deinen fetten Arsch, dachte Fabian, sagte aber: »Unglaublich! Respekt, Maiky. Ich wusste gar nicht, dass du auch handwerklich so viel drauf hast! Äh, die Luft ist bei dir aber mächtig trocken!«

»Oh, entschuldige, Alter – Augenblick!« Börnster ging zu einer Vitrine und entnahm ihr eine bauchige Flasche mit gelbbraunem Inhalt und zwei große Whisky-Gläser.

Oh, das sieht gut aus, dachte sich Fabian und feuchtete sich die Lippen mit der Zunge an.

»Tolle Vitrine: norddeutscher Biedermeier«, bemerkte Görtz mit Kennerblick trotz der Dunkelheit im Raum.

»Oh, du kennst dich aus! Alle Achtung! Hab das gute Stück in London ersteigert! Viertausend Euro – ein echtes Schnäppchen!«

Börnster öffnete umständlich die Flasche, hielt seinen Zinken in die Öffnung und schnüffelte genießerisch. »Was für 'ne Blume – mein lieber Schwede! Echter bulgarischer Brandy! Bringt mir regelmäßig ein Freund aus Sofia mit! Der hat 'nen Verlag in Bonn aufgemacht, lässt aber in Bulgarien drucken. Spart so 'ne Masse Geld! Ach, den müsstest du noch kennen: Bernd Riegel!«

»Nein, sagt mir nichts!«

Klar doch, der Bernie ... Nur kipp endlich den Saft in die Gläser, du geschniegelter Fettsack!

Börnster füllte die Gläser halb und reichte eins Fabian.

»Auf alte Zeiten, Fabi – und nenn mich bitte Michael, den ›Maiky‹ hab ich mir vor Zeiten schon in die Haare geschmiert, ist einfach zu kindisch. Auch ›Fabi‹, wie man dich damals nannte,– klingt wie ein Affe aus 'ner billigen Seifenoper! Ich nenn dich Fabian! Schließlich sind wir keine vollgekifften Hippies mehr ... Na denn: auf alte Zeiten, Fabian!«

Die zwei kippten den edlen Stoff, als wäre es ordinäre Limo.

»Erzähl mir mal ... äh, Michael, wie's dir so ergangen ist in den letzten Jahrzehnten!«

Michael füllte grinsend, ohne zu antworten, die Gläser nach und machte erst mal Licht im Atelier, denn es wurde zunehmend dunkler. Fabian blieb der Atem weg. Das Atelier verwandelte sich in einen illuminierten Festsaal. Überall waren kleine, teilweise versteckte Leuchten angegangen und tauchten alles in eine unwirkliche Atmosphäre. An den Wänden hingen perfekt ausgeleuchtete Acrylbilder, exotische Masken, farbige Reliefs und gerahmte Zeichnungen. In der Mitte befand sich eine pechschwarze, monströse Staffelei, auf der ein großformatiger, mit Leinwand bespannter Keilrahmen stand. Auf der Leinwand war ein gehörntes, janusköpfiges Portrait anskizziert worden. Zwei edle Zeichenschränke für größtmögliche Formate, zwei große antike Zeichentische, auf denen Blätter in Arbeit lagen, einige Rollwagen mit Unmengen von Stiften, Farbtuben und Pinseln, mehrere prächtig gewachsene Palmen, Antiquitäten, und auf Stelen platzierte Skulpturen suggerierten dem Betrachter, das Refugium eines Malerfürsten betreten zu haben.

Fabian Görtz staunte mit offenem Mund und vergaß für einen kurzen Augenblick den Brandy. Seine Augen wanderten von Bild zu Bild. Neidvoll musste er deren hohe Qualität registrieren.

Verdammt! Er hat eine ganz eigene Bildsprache gefunden! Eine gelungene Synthese aus Elementen der Pop Art und des frühen Surrealismus, der Abstraktion und, wo nötig, auch perfektem Naturalismus. So etwas hab ich noch nie gesehen!

Fabian war fast paralysiert.

Die Themen, diese seltsam verhaltene Farbigkeit, diese geniale Kaltschnäuzigkeit! Dafür könnte ich ihn …

Fabian ging von Bild zu Bild und staunte aufrichtig. Ein besonders düsteres Bild, das eine gelungene Melange aus Kreuz und verteiltem Blut zeigte, brachte ihn augenblicklich zurück in eine andere Wirklichkeit – die des Totschlags an seiner Frau vor noch nicht einmal sechs Stunden. Erschreckt über diesen Gedanken rief Fabian sich zur Ordnung.

»Mensch, du bist ja ganz blass! Komm, trink noch einen«, sagte der Gastgeber und schenkte Fabian nach.

Der fühlte sich ertappt und stürzte hastig das Glas hinunter.

»Das hätte ich dir nicht zugetraut. Ich zieh den Hut vor dir! Ehrlich, ich bin sprachlos, Alter. Was für eine Entwick-lung!«

»Tja, da staunt mein alter Fabiator! Ich bin in den letzten zwanzig Jahren so ziemlich erfolgreich gewesen und hab meine Arbeiten fast nur noch in die USA und nach Japan verkauft. Aber das erledigt Bernadette, meine Alte. Die hat das Geschäft irgendwie im Blut. Ich glaube, ihr kennt euch noch von früher.

Sie managt auch meine Werbeagentur, die ich seit ... Moment ... so vierzehn Jahren betreibe. Ich beschäftige fünf-zehn Leutchen. Wir arbeiten fast ausschließlich für die Bundesregierung und einen Autokonzern. Die Agentur befindet sich im feinen Köln-Marienburg – musst du dir unbedingt ansehen!«

Börnster stolzierte wie ein Pfau vor dem beeindruckten Gast auf und ab. Fabian fühlte immer mehr ein merkwürdiges Kneifen in der Magengrube.

»Hab gehört, du arme Socke bist arbeitslos ... Ich könnte jemanden mit deinem Talent und deiner Vorbildung im Druckgewerbe gebrauchen. Ich zahle gut bis fürstlich, Alter! Du kamst doch aus der Chemigrafie und dann der Lithografie, und soweit ich mich erinnere, warst du ein As auf deinem Gebiet ... Überleg dir mein Angebot in Ruhe!«

Tolles Angebot, Herr Börnster, leider etwas zu spät, dachte Fabian und steckte sich eine Roth-Händle ins Gesicht. *Verdammt noch mal – sechs Stunden zu spät!*

»Komm, Görtz, ich zeige dir die anderen Räume ... Du rauchst ja immer noch dieses schreckliche Kraut!«

Sie stiegen eine weiß lackierte Wendeltreppe, die sich am hinteren Ende des Ateliers befand, in den ersten Stock hinauf. Fabian bekam beim Ersteigen der Treppenspirale leichte Schwindelgefühle und fragte sich, ob dies dem Alkohol oder der Anhäufung ungewöhnlicher Eindrücke zuzuschreiben sei.

Oben angekommen, befanden sie sich in einem Wohnzimmer mit Durchbruch zu einer Traumküche. Sie war vom Feinsten, eine Einzelanfertigung eines bestimmten norditalienischen Designers, wie selbst Fabian noch keine gesehen hatte. Das Wohnzimmer erinnerte ihn an das eigene in der Siebengebirgsallee.

Für den Bruchteil einer Sekunde sah er Silvia – tot und in Gebetsstellung auf dem Boden kniend. Hinter ihr auf der Wand die blutige Kreuzzeichnung. Fabian wischte sich übers Gesicht und das Bild aus dem Kopf.

»Haut rein, der Tropfen, was?«, interpretierte Börnster Fabians Erregung falsch.

»Ich hol mal kühles Pils aus dem Kühlschrank – zum Verdünnen, hihihi«, kicherte er über seinen vermeintlichen Witz und verschwand. Fabian griff unsicher zur Brandy-Flasche. Aus der Küche rief Michael: »Nur keine Angst, Fabian, bedien dich, ich hab noch zwei Flaschen von dem Zeug in Reserve.«

Fabian machte es sich auf dem Sofa bequem, das ein Zwilling seines eigenen zu sein schien, nur andersfarbig, und ließ ungläubig staunend seine Augen umherwandern.

Michael kam mit zwei Flaschen gekühltem Pils aus der Küche und setzte sich zu seinem Saufkumpanen auf das pinkfarbene Sofa. Sie prosteten sich zu und tranken in großen Zügen, als wären sie am Verdursten. Fabian zog sich die Lederjacke aus und ließ sie achtlos auf den Boden sinken.

Michael Börnster erzählte von seinen Verkaufserfolgen im Ausland, großen Ausstellungen in Galerien und Museen, seinem tollen Wochenendhaus in der erklärt kulturfreien Zone im Sauerland, von seiner Yacht mit zwei Johnson-Motoren im Rheinau-Hafen, für die er leider zu wenig Zeit hatte, seinen ausgedehnten Reisen mit und ohne Bernadette, vom Geld, das er verdiente, vom Geld, das er noch zu erwarten hatte und vom Geld, das er kapitalmaximierend bestens angelegt hatte.

Laber Du nur, meine Gedanken sind längst woanders. In so was bin ich ausdauernd trainiert, bemerkte Fabian im Stillen.

Börnster quasselte schließlich nur noch mit schwer werdender Zunge von »dicken Weibern«, die er reihenweise flach legte, und erging sich dabei, keine Peinlichkeit auslassend, in unnötig detaillierten Beschreibungen erotischer Aktivitäten.

Fabian verzog das Gesicht, unbemerkt von seinem Gegenüber. Er fragte sich, wie ein derart primitiver und unsensibler Charakter dazu kam, so eine einmalig gute Kunst zu machen.

Dr. Jekyll und Mr. Hyde …

Auch fielen ihm unangenehm die reduzierten, fast achtlos hin- geworfenen Erwähnungen Bernadettes auf. Welche Rolle spielte Bernadette im Leben Börnsters,– die Frau, an die sich Fabian undeutlich als ernsthafte und auch intelligente Person erinnerte.

Warum stellte er sich als Einzelkämpfer dar mit ausschließlich seinem Genie zu verdankenden Erfolg, wenn sie, wie er selbst beiläufig erwähnte, das ganze Geschäft ins Laufen gebracht hatte?

Irgendwas stimmt mit dir nicht, lieber Maiky ... Warum hast du es nötig, dich bei all dem Erfolg, den du genießt, vor solch einer Null wie mir dermaßen plump zu produzieren? Irgendwas stimmt hier ganz und gar nicht ...

Später bestellte Michael telefonisch zwei Pizze Inferno mit Salat, die bald darauf auch geliefert wurden. Fabian war dankbar für diese Idee, denn er verspürte einen mächtigen Hunger.

Beim Essen legt der Schwätzer hoffentlich endlich mal 'ne Pause ein!

Doch Michael redete selbst beim Kauen weiter, nuschelte mit vollem Mund Unverständliches vor sich hin. Schließlich beendeten sie ihre Mahlzeit, die für Fabian irgendwie so gar nicht zu dem Ambiente um ihn herum passte.

Börnster hantierte schließlich an seiner Musikanlage. Aus versteckten Boxen erklang ein seltsames Getöse aus aggressiven Tonsätzen, die Görtz so noch nie gehört hatte.

Eine Musik wie aus der Hölle ...

Fabian erschrak erst über die Aggressivität des Gehörten, dann bildete sich bei ihm auf den Armen eine Gänsehaut.

»Wahnsinn, was, alter Junge? Das geht unter die Vorhaut! Marilyn Manson! Auf so eine Musik hab ich mein Lebtag gewartet!«

Das berührt mich an einer Stelle in meinem Hirn, von der ich lieber nichts wissen will.

»Michael, kannst du bitte was anderes auflegen? Mich macht die Musik bekloppt ... Bitte!«

»Wie Ihr befehlt, Euer Gnaden. Der Gast ist in diesen Hallen ist auch stets Gebieter!«

Er legte eine andere CD in einen Schlitz der Anlage und drehte sich strahlend und erwartungsvoll zu Fabian um.

»So, das wird dir aber bestimmt zusagen – *Sisters of Mercy!*«

Die Musik kam für den genervten Fabian diesmal nicht aus

dem Inferno des gehörnten Widersachers, sondern aus der inne-ren Hölle eines suizidgefährdeten Melancholikers.

Ich bekomme langsam den Föhn! Diese Musik ist eine Folter. Sie zieht mich runter … in ein Loch, in das ich nicht rein will!

»Michael, kennst du keine Gnade? Bei aller Liebe, hast du nix anderes … aus den alten Zeiten?«, flehte Fabian fast jammernd, die Finger ineinander gekrallt wie ein betender Protestant.

»Oh Mann«, entgegnete Börnster, spöttisch den Mund verziehend. »Du bist vielleicht ein Sensibelchen!«

Wie recht du hast, du Arschloch. Ich mach mich besser auf die Socken und geh zur Polente …

Michael Börnster entnahm dem CD-Player eine Scheibe und öffnete danach wie von Geisterhand einen verborgenen Raum, der sich in der Wand hinter der Anlage befand. Der Blick wurde freigegeben auf einen mächtigen Regalschrank, dessen Fächer mit aberhundert alten Schallplatten gefüllt waren. Sie waren in Rubriken unterteilt und penibel gekennzeichnet. Innerhalb der Rubriken *Klassik, Avantgarde, Jazz, Rock* und *Weltmusik* waren sie mustergültig nach dem Alphabet geordnet.

Fabian stieß laut den Atem aus, ging zum Regal und las einige Titel auf den Rückseiten. Er konnte sich nicht satt sehen an der Masse gepresster Musikgeschichte und musste zugeben, dass dieser Angeber über einen exzellenten Musikgeschmack verfügte.

»Nur Vinyl, Alter – unübertroffen im Klang!«, bellte der Gast-geber, ergriff zielsicher unter *Jazz* und dem Buchstaben *G* eine Platte und legte sie auf den alten Lenco-Plattenspieler, für den allein Fabian ihm ein paar vors Maul hätte geben könnte. Er erwischte sich dabei, dass er vor Neid fast platzte.

»Jimmy Giuffre mit Jim Hall und Bob Brookmeyer – ganz rare Antiquität, passt aber irgendwie zu dir, denk ich, hihihi!«

Hihihi-hä, äffte ihn Fabian im Stillen nach. *Mach ruhig so weiter, du Penner!*

Mühsam unterdrückte Fabian seine aufkommende Wut, die bei den ersten Klängen aber wie auf Befehl verrauchte. Die cool-jazzige »Kammermusik« beruhigte Fabian sofort. Von dieser Musik besaß selbst fast alles, was je auf Vinyl gepresst worden war. In dieser Welt der sparsamen Töne war er – seit er sie in den späten 1950ern für sich entdeckt hatte – Fachmann und Liebhaber zugleich. Er steckte sich einen Glimmstängel zwischen die Zähne, ließ sich einen weiteren Brandy zum Pils reichen und genoss schließlich völlig entspannt die Klänge, die – wie aus einer anderen Welt kommend – die seinen waren. Seinen Plan, abzuhauen, hatte er vergessen ...

Es mussten inzwischen drei, vier Stunden vergangen sein, in denen beachtliche Mengen von Alkohol vernichtet und etliche Zigaretten geraucht wurden. Der Alkohol und die Musik lullten Fabian ein. Er befand sich in der Vergangenheit, in einer Scheinwelt – ohne Silvia, die nicht mehr lebte, und ohne den Freiheitsentzug, der ihm unweigerlich drohte.

Derweil faselte Michael Börnster unentwegt weiter und überschwemmte Fabian mit Presseberichten und Katalogen, die allesamt Michael Börnster zum Thema hatten.

Zu vorgerückter Stunde zweigte er am Computer Filme über ein gewagtes Environment: Eine düstere, makabre Raumgestaltung in einem New Yorker Museum, die bewusst die Grenzen möglicher Akzeptanz verletzte, und Filme von merkwürdigen Performances Michaels an verschiedenen Orten Westeuropas, die Fabian nicht behagten. Warum, wusste er nicht deutlich zu sagen. Für ihn gab's auch als Künstler Grenzen. Für Börnster scheinbar nicht. Börnster suchte offensichtlich das Gefährliche jenseits der Grenzen.

Es ist ... böse, eine intelligente, ästhetische Form von Bösem, bemerkte Fabian im Stillen für sich, *und es macht mir Angst!*

»Echt cool, Alter, wirklich sehr beeindruckend! Zum Glück ist mein äh, assoziatives Verständnis kompatibel mit deinen ästhetischen Visionen«, sagte Fabian laut, den Intellektuellen markierend, und kam sich dabei doch ziemlich dämlich vor.

Fabian war beim Betrachten der Dokumentationen ziemlich nüchtern geworden und hatte instinktiv seine Antennen ausgefahren.

Fabian, pass auf, warnte er sich selber. Trotzdem konnte er sich einer Faszination nicht erwehren. Die Ambivalenz seiner Gefühle beunruhigte ihn. Er sagte aber, immer noch den Beeindruckten spielend: »Kannst du mir von den Filmen Kopien machen? Echt stark!«

Die Stunden vergingen. Börnster bemerkte zu spät, dass Fabian Görtz irgendwann eingenickt war und friedlich eingerollt auf dem Sofa vor sich hin schnarchte.

»War wohl alles etwas zu viel für dich«, sagte Börnster leise und blickte grinsend auf den Schlafenden herab. Dann begab er sich, etwas schwankend und vor sich hin kichernd, über eine weitere Wendeltreppe in den oberen Schlafraum. »Wenn du wüsstest, lieber Fabian«, kicherte er, bevor er einschlief.

Fabian Görtz wurde mit einem Mal wach und guckte automatisch auf seine uralte Rolex. Vier Uhr fünfundvierzig. Draußen war es stockfinster, aber die Stadtvögel waren bereits munter und begrüßten den sich anschleichenden Tag mit wildem Gezwitscher. Das liebte Fabian: Die frühen Morgenstunden, in denen er stets wach lag und Silvia noch schlief, angefüllt mit dem Gesang der Vögel in der kurzen Zeit ihrer Herrschaft, bevor die Menschen mit ihrem lärmenden Verkehr die Straßen der Stadt eroberten. Fabian registrierte verwundert den ausgebliebenen Kater. Er war absolut klar im Kopf, nur noch sehr müde, und versuchte, sich im Halbdunkel des Raumes zu orientieren. Irgendetwas musste ihn geweckt haben. Schließlich richtete er sich halb auf und suchte, mit der linken Hand über den Fußboden wedelnd, seine fast leere Zigarettenschachtel. Mit einem Mal alarmierte ihn ein fremder, schwerer, an verflossene Zeiten erinnernder Duft.

»Guten Morgen, Fabian«, hörte er eine samtig tiefe Frauenstimme leise hinter sich sagen. »Wir haben uns ja seit Ewigkeiten nicht mehr gesehen!«

Fabian drehte sich abrupt zu der Stimme um. Hinter dem Sofa, halb verdeckt, die splitternackte Bernadette. Sie bückte sich über die Rückenlehne. Ihre schweren Brüste berührten fast sein Gesicht.

Was für... mein Gott, ging ihm durch den Kopf. Zu mehr war er nicht fähig. Er fühlte sich völlig gelähmt. Sie sah ihn neugierig mit ihren dunklen Augen an und lächelte mit gespitztem Mund.

Eine Raubkatze vor dem Sprung ... Diese Augen – wie Lava!

Langsam stotterte er, undeutlich krächzend:

»Grüß dich, B-Bernadette! Recht hast du, lang nicht ...«

Sie berührte fast schüchtern seine Stirn, um eine Haarsträhne zurückzustreichen, die über seinem rechten Auge hing. Ohne einen Ton von sich zu geben, schlängelte sie sich wie eine gewaltige Boa Constrictor über die Rückenlehne des Sofas auf Fabian zu,– dem seltsamerweise alles egal wurde.

*

Inzwischen hatte Kommissar Rüttgersbusch alias Nestor Burma, der mit Elvira Schmitz vergeblich vor der Haustür in der Siebengebirgsallee wartete, eine Idee:

»Schell mal beim Nachbarn darüber«, brummte er. Elvira klingelte zweimal kurz. Auch Fehlanzeige.

»Klingel noch mal, aber halt länger den Daumen drauf – wenn sich dann immer noch nix tut, hauen wir in den Busch auf paar Kölsch! Ich kenn da 'ne uralte Boxerkneipe in der Nähe ... da verkehrte schon *de Müllers Aap* ... Kennste natürlich nicht. War ein urkölsches Box-Idol nach dem Krieg und Held meiner frühen Jugend.«

Schmitz klingelte Alarm. Als die zwei gerade den Rückzug an-treten wollten, ertönte der Summer und die Tür ließ sich öffnen.

»Hallo«, rief Burma in den Hausflur.

»Wer macht denn da so einen Krawall«, tönte es unwillig vom oberen Treppenabsatz herunter.

»Kriminalpolizei«, rief Burma und kramte nach seinem Dienstausweis.

»Kriminalpolizei?«, echote es von oben. »Hat es hier noch nie gegeben! Ja, so was! Augenblick, ich komme herunter!«

Ein alter Herr mit schlohweißer Mähne erschien in der Tür.

»Fuchs, Dr. Fuchs«, stellte er sich vor. »Was gibt's denn?«

»Burma, äh, Kriminaloberkommissar Rüttgersbusch, und das ist meine Kollegin, Kommissarsanwärterin Schmitz. Wir sind wegen einer angeblichen Leiche in der Wohnung Görtz angerufen worden«, sagte Burma und zeigte seinen Ausweis.

»Was für eine impertinente Geschmacklosigkeit«, echauffierte sich der alte Mann. »In meinem Hause hat es noch nie eine Leiche gegeben und wird es auch nie eine geben, solange ich noch atmen kann, Herr Kriminaloberkommissar! Und die, äh, Dame?«, fragte Fuchs und musterte durch seine Brillengläser missbilligend das Äußere von Elvira. »Hat die Dame keinen Ausweis?«

Die Angesprochene beförderte brav, aber umständlich etwas Ausweisähnliches aus ihrer abenteuerlich zerfetzten Jeans und hielt es Dr. Fuchs unter die Nase.

»Gut, gut«, bellte Fuchs und räusperte sich zweimal kurz, aber laut hintereinander, ohne den Ausweis auch nur eines Blickes durch seine altmodische Hornbrille zu würdigen. »Bei Görtz scheint keiner da zu sein. Sehr ordentliches Ehepaar, die beiden. Zahlen pünktlich ihre Miete! Ich werde Ihnen aufmachen …«

»Wir haben noch keinen Durchsuchungsbefehl«, schnitt Burma den Satz des ehemaligen Schuldirektors ab.

»In meinem Haus bestimme immer noch ich! Ich werde Ihnen die Wohnung jetzt aufschließen, da können Sie sich mit eigenen Augen überzeugen, dass Sie einem perfiden Schabernack aufgesessen sind. In dieser Zeit … Ach, lassen wir das!«

Burma und Elvira folgten diesem Exempel eines Schulmeisters aus längst vergangenen Zeiten. Die junge Kollegin zupfte Rüttgersbusch vor dem Betreten der Wohnung am Ärmel seines Trenchcoats und flüsterte ihm zu:

»Chef, dürfen wir da überhaupt rein ohne den Fetzen vom Staatsanwalt?«

»Wenn der alte Herr so freundlich ist …« Damit war für Burma die Sache erledigt und sie folgten Dr. Fuchs durch die

»Galerie« des Ehepaares Görtz. Nestor Burma war sogleich in seinem Element, als er die Bilder sah, und schien darüber den Zweck seines Hierseins augenblicklich zu vergessen.

»Mensch, Elvira – ein echter Wewerka 1974, 'ne frühe Klauke-Zeichnung von 1971, und da …«

»Chef, seit wann ha'm Sie denn Peil von Kunst?«

»Lange Geschichte, Schmitzchen! Erzähl ich dir mal später.«

Er riss sich von den Bildern los und inspizierte scheinbar oberflächlich die Räumlichkeiten.

»Oh mein Gott«, schrie Fuchs entsetzt an der Schwelle zum Wohnzimmer. Er streckte beide Hände in Brusthöhe von sich, als wollte er etwas abwehren. Er war wie erstarrt, kalkweiß im Gesicht und einer Ohnmacht nahe. Burma sprang zu Fuchs, stützte ihn und blickte an ihm vorbei in das Zimmer.

»Oh mein Gott«, entfuhr es ihm ebenfalls. Was er da mit weit aufgerissenen Augen sah, konnte er kaum fassen. Und leise fügte er hinzu: »So was kenne ich nur aus Filmen … Und das ausgerechnet kurz vor der Rente, verdammte Scheiße!«

Auch auf die Entfernung hin sah er sofort, dass er eine Tote vor sich hatte. Da hatte er seine Erfahrungen.

Der alte Lehrer hatte sich schnell wieder berappelt. Burma wandte sich an ihn:

»Herr Dr. Fuchs, es sieht so aus, als hätten wir es hier – ich muss es leider so drastisch sagen – mit der bizarren Form eines Mordes zu tun. Eine Ritualtötung, nehme ich vorerst an.«

Burma schüttelte fassungslos den Kopf.

»Ich möchte Sie bitten, den Raum zu verlassen, Dr. Fuchs. Seien Sie so freundlich und gehen hinauf in Ihre Wohnung. Wir melden uns später bei Ihnen. Trinken Sie einen Cognac und legen sich am besten hin. Sie sind ein wenig blass um die Nase!«

»Na hören Sie, Herr Kommissar, halten Sie mich etwa für ein zartes Pflänzchen?«

»Mitnichten, Herr Doktor, mitnichten, aber wir wollen kein Risiko eingehen, und wir müssen hier konzentriert arbeiten. Für Zivilpersonen ist hier leider kein Platz! Das werden Sie sicherlich verstehen. Bitte geben Sie mir freundlicherweise die Schlüssel zur Wohnung. Wir werden nachher bei Ihnen vorsprechen und möglicherweise einige Fragen stellen müssen.«

Dr. Ernst Anton Fuchs übergab Burma wortlos die Schlüssel und verließ mit steifem Rücken, ein wenig eingeschnappt, aber würdevoll die Wohnung.

»So, den wären wir los«, sagte Burma. »Rühr mir ja nichts an, Schmitzchen! Wie geht's dir übrigens?«

»Alles okay, Chef«, antwortete sie, ganz die Coole spielend. Und etwas beleidigt fügte sie hinzu: »Ich rühr schon nix an, bevor die Spurensicherung mit der Arbeit fertig ist ... Bin ja nicht panne!«

Wie zur Betonung dessen kramte sie aus ihrer Hosentasche die obligatorischen Baumwollhandschuhe hervor und zog sie sich demonstrativ über. Nestor Burma tat desgleichen, blieb aber immer noch an der Türschwelle stehen, im Rücken die auf Zehenspitzen an ihm vorbei spinxende Elvira. Er ließ das Bild, das sich ihm bot, eine Zeitlang auf sich wirken, als genösse er es.

Aber der Schein trog: Burma saugte alles wie ein Exhauster in sich hinein: Die Atmosphäre, die Gerüche, die Einrichtung und ihre Eigentümlichkeit, die Titel der wenigen Bücher, die er auf die Entfernung hin entziffern konnte, deren Anzahl allerdings in keinem Verhältnis zu dem protzigen Regal stand, ferner die gepflegten Palmgewächse und exotischen Pflanzen, die überall effektvoll verteilt standen, und auch die erlesenen Bilder an den Wänden. Zum Schluss ruhten seine Blicke lange auf der Leiche und der Kreuzzeichnung an der Wand hinter ihr.

»Pathologe, Staatsanwaltschaft, unseren Hauptkommissar und die Spurensicherung anrufen! Sollen alle sofort antreten!«

Elvira Schmitz holte ihr Handy heraus und telefonierte, während Burma die Schuhe auszog und die von Elvira mitgebrachten Stulpen über die Socken die Latexhandschuhe über die Hände streifte. Erst dann begab er sich ins Zimmer mit der Toten.

»Fertig, Chef – es sind alle unterwegs«, rief Elvira vom Flur her, tat es dem Vorgesetzten nach und zog sich um. Dann gesellte sie sich zögerlich zu ihrem Chef.

Burma inspizierte die Leiche gründlich und brummte sichtlich beeindruckt: »Eine Schande – so eine schöne Frau!«

»Wäre es keine Schande«, warf Elvira pikiert in den Raum, »wenn sie hässlicher wäre?«

»Ähmm ... Recht hast du – und rühr mir ja nichts an«, sagte Burma verlegen und räusperte sich laut.

»Chef, Sie wiederholen sich!«

»Komm mal her, schau dir das mal an!« Er zeigte unnötigerweise auf die Leiche. »Die Gebetsstellung ist komplett drapiert – mit Hilfe dünner Bambusstäbe!« Sein Blick ging zu den Topfpflanzen. »Die sind aus den Töpfen!« Burma zeigte auf mehrere Blumentöpfe mit Pflanzen, die verteilt im Raum standen. »In der Erde wirst du kleine Löcher finden. Die Stäbe dienten den Pflanzen als Stütze ... Sorgfältige Arbeit! Sie liebte, so scheint es, Blumen. – Und sieh dir die Hände an«, fuhr Burma mit seinen Beobachtungen fort, »sie sind mit feinstem Faden – wahrscheinlich aus Nylon oder etwas Stärkerem – zusammengebunden und in Stellung gebracht worden. Selbst der Kopf ist mit dieser hauchdünnen Schnur fixiert. Eigenartig! Aber was soll der Scheiß?«

Burma schwitzte mit einem Mal und fingerte nervös an seiner Manteltasche rum, in der er seine Pfeife wusste.

»Chef«, warnte Schmitz Burma.

»Ja doch – is ja schon gut«, gab der Kommissar brummig von sich und nahm seine Hand aus der Tasche. Dann untersuchte er mit seiner altmodischen Lupe akribisch das Gesicht des Opfers. Er umging anschließend mehrmals angespannt die Leiche und wandte sich schließlich mit betont wichtigem Gesichtsausdruck an seine Schülerin: »Was sagt uns das alles, Elvira?«

»Dass hier 'ne perverse Sau am Werk war – und ... meine erste echte Leiche, Chef. Voll krass, ey – mir wird ganz komisch!«

Die Kommissarsanwärterin wirkte sichtlich überfordert.

»Die Begegnung mit meiner ersten Leiche hatte ich mir doch etwas anders vorgestellt!«

»Immerhin bist du nicht gleich zum Kotzen aufs Klo gerannt! Hab ich oft erlebt, und das bei gestandenen Männern! Respekt, Mädchen! Aber es gibt Schlimmeres, zum Beispiel verweste Leichen, Wasserleichen, Kinder- oder Babyleichen, einzelne abgetrennte Körperteile …«

»Herr Burma, bitte hören Sie auf!«

Im Ton eines Ausbilders und mit strenger Miene – sich kurz räuspernd – dozierte er weiter:

»Um auf meine Frage zurückzukommen: Sagt dir die Tote und die Umgebung nichts, außer dass hier ein perverses Schwein am Werk war?«

»Äh, Chef?«

»Also gut! Erstens: Die Tote ist vor der Leichenstarre hergerichtet worden, sonst hätte man ihre Knochen brechen müssen. Die Knochen sind aber scheinbar alle heil!« Zur Bestätigung dessen befühlte er sachkundig kurz Knie, Ellenbogen, Arme und Beine.

»Herr Burma!«, rief Schmitz mit einer Mischung aus Entsetzen und Abscheu.

»Elvira, das ist unser Job … Was habt ihr auf der Polizeischule bloß gelernt? Also weiter: Der Tod ist erst kürzlich, vor nicht mal vierundzwanzig Stunden eingetreten, sonst wäre die Leichenstarre verschwunden.«

»Wie, die Starre verschwindet wieder?«, fragte Elvira.

»Ja, nach zirka einem Tag. Was denkst du wohl, was die Bestattungsinstitute für einen Ärger mit den Leichen hätten, wenn die Starre anhalten würde!«

»Logo, Chef – hab sogar ich verstanden!«

»Weiter im Text … Oh, was ich vergessen habe: Du musst den Leichenbitter noch benachrichtigen für die Voruntersuchung am Ort.«

»Äh, wen soll ich bitte …?«

»Den Pathologen, ja mensch: den Gerichtsmediziner!«

»Ach so! Der kommt mit der SpuSi, der Spurensicherung, ha'm se mir jedenfalls am Telefon versichert!«

»Also zum fünfundzwanzigsten Mal: Wo war ich stehen geblieben? Ach so: Elvira, benutz deine Augen! Setz dein Gehirn ein, aber hör auch auf deine innere Stimme, unterschätze nie deine Gefühle im Beurteilen eines Falles. Gib neben deiner immerwährend zu schärfenden Logik auch der Intuition Raum!«

Mensch, kann der reden … so kenn ich ihn gar nicht!, dachte Elvira. Ihre Aufmerksamkeit steigerte sich zusehends.

»Noch mal von vorn: Was sieht die Kommissarsanwärterin, wenn sie mal bereit wäre, ihre Kulleraugen zu öffnen?«

»Ne Leiche, Chef«, sagte diese mit einfältiger Mimik.

»Ich brech zusammen – Schmitz! Die Leiche ist geschminkt«, rief er leicht genervt.

»Na und? Ich bin auch geschminkt«, entgegnete Elvira bockig.

»Sieh sie dir genau an! Sieh dir die Tote an, als wäre sie – meinetwegen ein Möbelstück, ein Auto oder sonst was … wie ein seelenloses Objekt halt. Dann wirst du erkennen, dass sie auffallend geschminkt ist!«

Elvira ging zögerlich näher, um das Gesicht der toten Frau genau in Augenschein zu nehmen. Burma drückte ihr die Lupe in die Hand. Elvira sah konzentriert durch das Glas und staunte nicht schlecht.

»Kunstvoll, würde ich sagen!«

»Richtig! Alle Achtung: Das Wort ›kunstvoll‹ trifft es! – Es muss ein Kunstschaffender gewesen sein, ein Maskenbildner oder so was Ähnliches.«

»Boah, ey – affengeil! Aber … könnte das nicht die Tote selber gemacht haben, Chef?«

»Nein, die Leiche kann sich nicht selber geschminkt haben, denn an einer dieser vermaledeiten Nylonschnüre sind kaum sichtbare Reste der Schminke auszumachen. Übrigens, das scheint mir keine Schminke zu sein. Ich nehme an, dass es sich eher um eine Art Tempera- oder Acrylfarbe handelt, wie sie Künstler für ihre Bilder verwenden.«

Elvira staunte. Ihre Achtung vor ihrem Vorgesetzten wuchs im »boah-ey-Tempo«.

»Die Tote wird sich kaum *nach* dem Drapieren geschminkt haben. Was mich aber irritiert, ist die gelbe Rose zwischen den betenden Händen. Das wirkt aufgesetzt – geradezu kitschig!«

»Und wieso vermuten Sie einen Täter, keine Täterin, Chef?«

»Das sagt mir mein Gefühl, Elvira! Hier fehlt mir eine typisch feminine Handschrift!«

»Bisken dünn, Ihr Argument, wa?«, wandte Elvira kritisch ein.

»Zugegeben, aber ich bin noch nicht fertig. Pass auf: noch mal zur Schminkerei in ihrem Gesicht. Das Gesicht ist derart gekonnt und präzise bemalt worden – ich betone: bemalt *worden* –, wie es nur ein professioneller Künstler zuwege bringt, der damit seinen Lebensunterhalt bestreitet. Dies ist als Werk geschaffen worden von einem, der gewohnt ist, altmeisterlich mit Farben und feinem Haarpinsel umzugehen. Sieh dir doch bloß einmal diesen superfein geschwungenen, hellpetrolfarbenen Strich um die Augen an! Faszinierend! Und erst die feinen, türkisen Farbabstufungen vom Tränenbein zum Jochbein. Und hier: Sieh mal unter der Lupe den Farbverlauf vom Keilbein zum Haaransatz! Dennoch scheint die Arbeit schnell vonstatten gegangen zu sein. Ja, hier war wahrlich ein Meister am Werk. Der Mörder war sehr wahrscheinlich ihr Ehemann. Sieh dir mal die Zeichnungen und wenigen Acrylbilder von ihm an, die hier hängen – kannst du an dem gleichbleibenden Stil und seiner Signatur erkennen!«

Das hat Burma alles in der kurzen Zeit entdeckt?

»Nun zu der merkwürdigen Kreuzschmiererei an der Wand: Die Vertikalspur entstand eindeutig durch das Abrutschen der Toten, die mit voller Wucht an das Regalbrett geschmettert wurde und so zu einer – denk ich – Sitzstellung kam, denn die Spur endet ein Stück über dem Boden. Augenblick!«

Burma holte aus seiner Manteltasche ein Bandmaß und maß den Abstand vom Boden zum Ende der Blutspur.

»Zweiundsechzig Zentimeter«, las er laut ab, als hätte er eine fundamentale Entdeckung gemacht. Er ging zur Leiche und maß sie vom Steißbein bis zu der mir Blutkruste verklebten Wunde. »Zweiundsechzig Zentimeter – sag ich doch! Fällt dir etwas auf bei der Horizontalen? Geh mal nah ran!«

»Der Farbton ist etwas anders, Chef!«

»Sehr gut beobachtet! Die horizontale Spur ist nachträglich angebracht worden und ist kein Blut.« Burma roch daran, um sich zu vergewissern. »Nein, riecht nicht nach Blut. Blut hat einen eigenen Geruch; es duftet quasi, aber nur ganz wenige nehmen es wahr. Das hier riecht nach gar nichts. Wahrscheinlich also auch Acrylfarbe, wie die ›Schminke‹. Achte mal auf den eleganten Strich – der passt so gar nicht zu der vertikalen Zeichnung, die durch das Abrutschen entstanden ist.

»Ich hätte da eine Frage!«

»Frag, Elvira!«

»Wieso hat der Täter die Frau von der Wand abgerückt? Weshalb hat er sich dieser Mühe unterzogen? Is doch Quatsch, oder?«

»Schmitz, da hast du Recht«, flüsterte Burma fast unhörbar. Er maß mit Blicken die Räumlichkeiten erneut aus und setzte sie ins Verhältnis zu der Toten. Dann durchquerte er das Wohnzimmer kopfschüttelnd, mit ausladenden Schritten, zwei mal quer. Er grübelte einige Minuten, dann erhellte sich endlich sein Gesicht.

»Ich hab's: Der Bursche hat einen ästhetischen Fimmel! Der hat doch tatsächlich die Leiche im Goldenen Schnitt – fünf zu drei zur Tiefe des Zimmers platziert, weil sie zufällig so auch zur Längsseite an die Wand geschlagen wurde.«

»Chef, was ist ein Goldener Schnitt?«

»Das erklär ich dir mal in Ruhe, nicht jetzt. Ich glaube auch, dass das nicht so wesentlich ist für unsere Ermittlungen.«

Burma überblickte das Wohnzimmer noch einmal, als er etwas äußerst Merkwürdiges rechts unterhalb der Kreuzzeichnung auf der Wand entdeckte. Er ging auf die Stelle zu, während er seine große Lupe wieder hervor kramte.

»Da hätte ich doch fast etwas übersehen … Hm. Ich werd wohl doch langsam alt«, brummelte er, bückte sich und las, angestrengt durch das Glas blinzelnd, laut Wort für Wort den winzigen, mit spitzem Bleistift geschriebenen Text:

Unser Leben ist kurz und sorgenvoll. Gegen das Sterben gibt es kein Heilmittel und wir kennen niemanden, der aus der Totenwelt sich retten kann. Durch blinden Zufall sind wir entstanden, und wenn wir tot sind, ist es, als wären wir nie gewesen … Auf, fallen wir über die Frommen her!

»Was soll ich denn damit anfangen? Mehr als merkwürdig! Die Sache wird immer mysteriöser! Wir müssen auf alle Fälle schleunigst den Ehemann finden, dann sehen wir weiter.«

Burma kramte einen kleinen, abgegriffenen Notizblock und einen Stift hervor und notierte sich den Text.

Die Türklingel lärmte. Elvira Schmitz beeilte sich, den Beamtentross in die Wohnung zu lassen. Dr. Fuchs ließ sich ebenfalls im Untergeschoß sehen, wurde aber von Schlemmermayer höflich gebeten, sich wieder in den oberen Stock zu begeben. Die Beamten der Spurensicherung zogen sich derweil rasch helle Überschuhe und Overalls an, packten ihre Koffer aus und begannen auf knappe Anweisung von Kriminalhauptkommissar Schlemmermayer, der sich vorher kurz mit Burma be-sprach, mit der Arbeit.

Wieder läutete die Hausglocke. Burma, der sich seit einigen Minuten mit seinem Chef unterhielt und den Fall aus seiner Sicht erörterte, stand der Tür am nächsten und öffnete sie.

»Hallo, mein Name ist Dr. Armbruster, Rechtsmedizin. Ich bin hierher beordert worden!«

Eine junge Frau mit angenehmer Altstimme und von auffallend anziehendem Äußeren stand lächelnd im Türrahmen. Neben ihr auf dem Fußabtreter harrte ein mittelgroßer Alu-Koffer seiner Bestimmung.

»Kommen Sie doch bitte herein, Frau Doktor«, rief der Chef eifrig hinter den breiten Schultern Rüttgersbuschs und schob sich an seinem verdutzten Untergebenen vorbei, gab dem weiblichen Neuankömmling die Hand und verbeugte sich in altmodischer Manier.

»Hauptkommissar Schlemmermayer! Ähem … Und das hier ist Oberkommissar Burma, äh, Rüttgersbusch. Freut mich, Sie jetzt endlich kennenlernen und begrüßen zu dürfen. Wir hatten ja bis jetzt nur am Telefon das Vergnügen!«

Schlemmermayer konnte sich kaum beruhigen über den Neuzugang aus Düsseldorf und tänzelte gewichtig wie ein aufgescheuchter Hahn um die Pathologin. Endlich nahm er ihren Koffer und schubste sie fast zart in die Wohnung der Ermordeten.

Burma kam sich wie ein Idiot vor, nachdem er die ersten Sekunden der Verwirrung abgestreift hatte. *Was für eine Erscheinung! Und so eine soll in Leichen rummantschen? Unfassbar, was für Berufe sich manche Leute aussuchen …*

Burma rief sich zur Ordnung.

»Wo ist eigentlich der Staatsanwalt?«, fragte er laut in Richtung des still und präzise arbeitenden Teams. Der Dezernatsleiter, ungewohnt aufmerksam die Voruntersuchung der Pathologin verfolgend, antwortete ihm über die Schulter:

»Staatsanwalt Dr. Futzek ist leider verhindert, erwartet deinen schriftlichen Bericht aber morgen früh um neun Uhr dreißig!«

›Typisch Futzek! Nomen est omen! Diese faule Sau! Und ich darf mir die Nacht mit Schreibkram um die Ohren schlagen. Der kann mich mal kreuzweise‹, schimpfte der Hauptkommissar in sich hinein. ›*Die* »Verhinderung« von Fuzzy würde ich liebend gern sehen!‹

»Apropos Staatsanwalt, Hanspeter – wir brauchen Fuzzys Durchsuchungsdings«, rief Burma seinem Vorgesetzten zu.

»Mensch, Burma«, zischte Schlemmermayer und schob seinen Kommissar schnell aus dem Wohnzimmer. »Du kriegst noch mal fiesen Ärger mit deinem Lästermaul! Denk an deine Pension! Die paar Tage kannst du doch versuchen, dich ein klein wenig zusammenzureißen!«

»In Ordnung, Schlemmermayer!«

»Hier ist der Wisch, hat er mir noch schnell unterschrieben. Ich bring ihn gleich zum Hausbesitzer!«

»Gib ihn mir. Ich werde, bevor ich Feierabend mache, mal oben bei dem Herrn vorbeischauen. Außerdem schreib sofort den Ehemann, einen gewissen Fabian Görtz, zur Fahndung aus – nicht, dass der uns noch durch die Lappen geht! Fotos findest du genug in seinem Zimmer.«

»Geht klar«, sagte Schlemmermayer, gewohnt, Weisungen von seinem Freund und Untergebenen entgegenzunehmen. »Aber bitte denk an den schriftlichen Bericht! Um neun Uhr dreißig beim Staatsanwalt und auch 'nen Durchschlag bei mir auf den Tisch. Pünktlich um elf dann Besprechung in meinem Büro!«

»In Ordnung, Schlemmy! Ich verschwinde dann mit Elvira. Wir stehen der SpuSi eh nur im Weg. Und – lass die Finger von der Neuen! Tschüss denn. Tschüss, Leute!«, brüllte er durchs Wohnzimmer. »Morgen um elf beim Chef mit den Ergebnissen! Und seht auch in der Garage nach! Und – Frau Armbruster …«

»Ja bitte, Herr Burma?«, meldete sich die Rechtsmedizinerin.

»Schaffen Sie die Obduktion bis morgen früh elf Uhr?«

»Wenn ich durchmache … Denke schon, Herr Kollege!«

Burma nahm seine Kommissarsanwärterin und schob sich mit ihr durch die beschäftigten Kollegen hinaus. Vor der Treppe musste er erst einmal tief durchatmen. Ihm war jede größere Ansammlung von Menschen zuwider. »Wir besuchen nur noch kurz den alten Herrn, dann hauen wir ab!«

»Okay, Boss«, gab Elvira aufatmend von sich. Sie war froh, den Tatort zu verlassen.

Nachdem beide die Stiege erklommen hatten, klopfte Burma an die Wohnungstür des alten Direktors. Der öffnete sogleich, mit einem Cognac-Schwenker in der Linken, leicht schwankend die Tür und brüllte: »Herrrein mi-mit der Polente!«

Grinsend folgten Schmitz und Burma der Einladung.

Der Alte hat sich meinen Ratschlag allzu sehr zu Herzen genommen! Macht ihn mir nicht unbedingt unsympathisch, registrierte Burma lächelnd und zeigte als erstes den Durchsuchungsbefehl. Aber Dr. Fuchs beschrieb mit seinem Glas eine abschätzige Waagrechte durch die Luft, ohne dem Papier auch nur den geringsten Blick zu gönnen.

»P-papier, Papier! Lieber K-kommissar, bei der nächsten Sihint-flut, hick – pardon, wird Gott nicht Wasser, sondern Papier verwenden! Leider, hick, nich von mir!«, rief er mit schwerer Zunge. Dann kippte er genüßlich den Rest des Glases in sich hinein.

Dr. Fuchs führte Burma und Schmitz in einen riesigen Raum, der sie beide beeindruckte. Sie betraten – so kam es Burma vor – ein literarisches Archiv: Eine gewaltige Bibliothek, die locker die meisten Buchläden, die Burma kannte, in den Schatten stellte. Die in Sachen Kultur und Bildung völlig unbedarfte Elvira dachte vielleicht zum ersten Mal in ihrem Leben gar nichts und gab ein kurzes Krächzen von sich.

Die Wände waren mit unzähligen Büchern wahrhaft tapeziert und ließen nicht das geringste freie Fleckchen sehen. Inmitten des Salons stand ein alter schwarzer, liebevoll polierter Bechstein-Konzertflügel. Auf dem Notenpult lagen aufgeschlagen die Noten einer Klaviersonate von Leoš Janáček. Lediglich ein kleiner Sekretär, bestückt mit einer alten Adler-Schreibmaschine, eine Chaiselongue sowie zwei Ledersessel – alles edelstes Art Déco und von tiefroter Farbe – schmückte die Räumlichkeit.

Dr. Fuchs zauberte Gläser herbei und goss großzügig ein. Burma nippte erst, staunte, und kippte den Rest dann voll Genuss herunter. Elvira rührte ihr Glas nicht an. Sie dachte an die Tote, eine Etage tiefer.

»Tja mein lieber Inspektor, das hier ist f-feinster *Hennesssy X.O*, über d-dreißig Jahre alt«, sagte der alte Herr stolz und hielt die Flasche in die Höhe, um dann sofort voller Eifer beide Gläser großzügig nachzufüllen.

»Das F-Fräulein darf s-sicherlich noch keinen Allohol zu sich nehmen, möchten Sie denn 'ne Limo?«

Elvira verdrehte die Augen und wandte sich zu ihrem Chef, dem der Cognac sichtlich gut bekam.

»Chef, hören Sie auf zu saufen«, zischte Elvira Burma ins Ohr. »Wir sind im Dienst und Sie müssen noch fahren!«

»Erstens, Frau Kriminalkommissarsanwärterin, haben wir Feierabend und zwotens kannst du ja fahren!«

Zu einem anderen Zeitpunkt hätte sich Elvira über das Angebot tierisch gefreut, jetzt aber saß das Entsetzen über den bizarren Mord noch zu tief.

Dr. Fuchs wusste praktisch nichts von seinen Mietern, außer dass sie pünktlich die Miete zahlten und den Hausflur ordentlich putzten. Er lebte die zufriedene Einsamkeit eines Pensionärs, der – früh verwitwet und kinderlos – sich bewusst war, in seinem Berufsleben stets sein Bestes gegeben zu haben und somit das Recht erworben hatte, den Lebensabend so zu gestalten, wie er es für richtig hielt. Das tat er ausschließlich lesend, Aufsätze schreibend (um sie hernach zu vernichten) und Klavier spielend. Nur die notwendigen Einkäufe, die er äußerst lästig fand, brachten ihn unter Leute. Dieser auf das Notwendigste reduzierte Kontakt genügte ihm, wie er meinte, voll und ganz. Die Polizisten verabschiedeten sich herzlich von dem alten Direktor mit dem Versprechen, den Besuch bald zu wiederholen.

»So, jetzt fahren wir zum Petersberger Hof, was essen. Ich muss wieder nüchtern werden. Du fährst!«

»Aber wir wollten doch inne Boxerkneipe!«

»Ach ja! Na, egal! Boxerkneipe nächstes Mal! Versprochen!«

Burma lotste Schmitz durch Klettenberg. An der Ecke zur Petersberger Straße befand sich die alte Kneipe. Sie fanden in dem gut besuchten Lokal einen Platz am Fenster und Burma forderte Schmitz auf, sich etwas zu bestellen – er würde sie zur Feier des denkwürdigen Tages einladen. Elvira, notorisch blank, nahm das Angebot gern an und bestellte sich Kotelett mit Fritten. Burma tat es ihr nach, plus Mineralwasser.

»In dem Haus hier – Nummer 41 – wohnte mal ein berühmter Künstler. Der hat hier seine Kindheit verbracht und sich später über Berlin nach New York abgeseilt … Ob der mich heut noch kennen würde? Wir waren nämlich über lange Zeit ziemlich eng befreundet. War eine schöne Zeit damals«, plauderte Burma mit einem seltenen Anflug von Nostalgie in der Stimme.

»Warum werden Sie denn auf einmal so traurig, Chef?«, fragte Elvira besorgt.

»Ach, scheiß der Hund drauf auf vergangene Zeiten … Oh, da kommt unser Essen! Hauen wir rein!«

Sie aßen beide schweigend.

»Was anderes«, unterbrach er das Essen. »Dieser seltsame Text geht mir nicht aus dem Kopf: Ob der überhaupt in Beziehung zu dem Mord steht? Vielleicht stand er bereits vor der Tat da auf der Wand? Merkwürdiger Text war das!«

»Bibel – sagt mir das Gefühl. Meine Urgroßmutter gehört zu den Adventisten und ist absolut bibelfest. Vielleicht sollte ich sie mal fragen. Die schlägt jeden Pfaffen mit der Bibel locker in die Bratpfanne. Hab ich selbst erlebt! Zeigen Sie mir doch mal Ihre Abschrift, Chef!«

Der Kommissar fingerte den Zettel aus der Seitentasche und reichte ihn Elvira. Sie überflog den Text und resümierte stirnrunzelnd: »Kommt mir irgendwie vertraut vor. Ich glaub auch, dass der Text aus 'nem Zusammenhang gerissen wurde, der mir irgendwann mal untergekommen ist … Eindeutig Bibel, Chef!«

Burmas Augen weiteten sich staunend. Hatte er diese kleine Person womöglich ein wenig unterschätzt?

»Jau, das machen wir: Wir fragen Ottilie«, rief Elvira. »Aber erst mal essen wir zu Ende!«

Nach der Mahlzeit mussten beide feststellen, dass selbst so etwas Gewöhnliches wie Kotelett mit Fritten durch einen Meisterkoch eine Köstlichkeit sein kann. Satt und zufrieden begab sich Elvira ans Abschreiben des Textes in ihr Notizbüchlein.

»Wissen Sie was, Chef? Ottilie, meine Uroma, geht immer erst sehr spät pennen, fällt mir gerade ein. Setzen Sie mich bei ihr … Au Scheiße, Sie haben doch getrunken …«

»Bin wieder aufm Damm, Elviraschmitzchen. Ich setz die Sirene aufs Dach, da hält mich keiner von den Kollegen an. Hab ich schon oft gemacht!«

»Chef!«, entfuhr es der fassungslosen Kommissarsanwärterin.

»Schmitz – wenn es um eventuell gerichtsverwertbare Beweise geht, kennt Kriminaloberkommissar Nestor Burma keine Schranken! Lasst uns zur Tat schreiten! Wo soll's denn hingehen?«

»Neptun-Bad in Ehrenfeld«, erwiderte Elvira mit leuchtenden Augen.

Der Jagdinstinkt nahm zum ersten Mal von ihr Besitz, seit sie sich im Polizeidienst befand – und sie genoss dieses seltsam neue Gefühl. Burma zahlte und sie fuhren mit aufgestecktem Blaulicht, voller Sirene und überhöhter Geschwindigkeit den Gürtel rauf in Richtung Ehrenfeld – den Normalverkehr komplett ignorierend. Elvira guckte zwischendurch auf ihre Armbanduhr und stellte fest, dass es bereits gegen einundzwanzig Uhr war.

In noch nicht mal zehn Minuten befanden sie sich vor dem Haus gegenüber dem uralten Neptun-Bad, in dem Elviras Urgroßmutter seit über siebzig Jahren wohnte. Nach kurzem Klingeln wurde der Haustürsummer betätigt, und die zwei mussten über fünf Stiegen in die dritte Etage klettern.

»Wie alt ist deine Uroma?«, fragte Burma stöhnend auf der vierten Stiege.

»Dreiundneunzig – und höllisch auf Draht!«

»Respekt, Respekt«, brummte Burma mächtig schnaufend. Wie schaffte eine alte Dame mit dreiundneunzig nur diese Treppen?

Vor der Wohnungstür blieb er prustend stehen, während seine junge Kollegin einen putzmunteren Eindruck machte. Sie klopfte an die Tür und rief:

»Ottilie, ich bin's – die Elvira!«

»Ach, dat Kindchen! Och, wat schön aber«, hörte man darauf eine klare und melodische Stimme hinter der Tür, die sofort aufgerissen wurde. Eine kleine Uroma und die Urenkelin lagen sich in den Armen, als hätten sie sich Jahre nicht gesehen. Dabei besuchte Schmitz – wie sie Burma später einmal erzählte – die Dame mindestens jeden zweiten Tag.

»Wen hast du denn da mitgebracht, Elviraschätzchen?«, fragte die Uroma und sah Burma aus hellwachen Augen neugierig an.

»Das ist mein Chef, Otti – und wir haben eine Frage an dich!« Burma gab der rot gekleideten alten Dame artig die Hand und stellte sich mit seinem richtigen Namen und korrekter Dienstbezeichnung vor.

Is das 'ne Süße! So eine Oma hätte ich auch gern gehabt, dachte Burma und verglich sie automatisch mit seiner vor zig Jahren verstorbenen Großmutter väterlicherseits, einer ewig mies gelaunten, emotionslosen Frau, die er nur »das alte Raubein« nannte. Er spürte sofort: Diese kleine Frau strömte alles aus, was er als kleiner Junge bei seiner Großmutter, die er nie mit »Oma« ansprach, so schmerzlich vermisste, nämlich Gutmütigkeit, Witz, Lebensfreude, Energie und Großzügigkeit.

Die Polizisten wurden in die schnuckelige und blitzsaubere Wohnung geführt, urgemütlich, wie aus einem Bilderbuch, angefüllt mit alten Möbeln, Blumen und Erinnerungsstücken aus einer vergessenen Zeit. Burma kam sich vor wie in einem Ausstellungsraum des Museums für Angewandte Kunst am Wallrafplatz unter dem Thema *Gutbürgerliches Wohnen im neunzehnten Jahrhundert.*

»Setzt euch, Kinder. Was kann ich anbieten? Alkohol gibt's bei mir leider nicht!« Ottilie sah Burma kurz streng an, um aber sofort liebenswürdig und mit bezauberndem Lächeln kalten Früchtetee und Mineralwasser anzubieten.

»Ein Mineralwasser, wenn es keine Umstände bereitet, Frau Schmitz«, gab Burma etwas beschämt und kleinlaut von sich, ahnend, dass die alte Dame seine Alkoholfahne wohl registriert hatte. Elvira bat um dasselbe und kam direkt zur Sache:

»Omama, du bist doch fit in der Bibel!«

»Ach Kind, es geht so! Ich entdecke darin jeden Tag etwas Neues. Vielleicht habe ich das, was ich glaube, neu entdeckt zu haben, irgendwann schon mal gelesen, es aber vergessen. Na ja, Herr Rüttgersbusch, mein Gedächtnis ist halt nicht mehr das Beste. Aber so brauch ich weder Fernseher noch andere Lektüre. Ich brauche nur meine Bibel, um jeden Tag etwas Neues zu entdecken, was mich gedanklich frisch hält!«

Sie pochte zur Betonung mit ihrem Zeigefinger mehrmals gegen ihre noch glatte Stirn.

»So, was habt ihr denn auf dem Herzen, Kinder?«

Wann bin ich zum letzten Mal als Kind angesprochen worden, schoss es Burma verwundert durch den Kopf.

Elvira kramte ihre Abschrift aus der Hosentasche und las den Text laut vor. Uroma Schmitz spitzte interessiert die Ohren und grübelte danach ein paar Minuten vor sich hin. Man hätte in dem Raum eine Stecknadel fallen hören können. Nachdem sie den Zettel an sich genommen und den Text durch ihre Brille mehrmals aufmerksam durchgelesen hatte, meinte sie schließlich:

»Kommt mir bekannt vor. Mit Sicherheit Altes Testament! Ich glaube, aus dem Buch der Weisheit! Augenblick, Kinder!«

Flink hüpfte sie vom Stuhl, holte eine schwere Bibel aus dem Nebenzimmer und schlug zielsicher das *Buch der Weisheit* auf. Sie blätterte ein wenig und brauchte nur wenige Sekunden, um einen triumphierenden Quietscher von sich zu geben.

»Hab ich doch richtig geraten! Hier steht's, 2. Kapitel, Vers 1: ›In ihrer Verblendung sagen solche Leute zueinander‹«, las die Uroma vor. »Dieser Einleitungssatz fehlt komischerweise bei euch, gehört aber unbedingt dazu, sonst gibt es keinen Sinn! Aber dann geht es weiter, wie auf dem Zettel: ›Unser Leben ist kurz und sorgenvoll. Gegen das Sterben –‹ – Ein zutreffender Text!«, kommentierte die alte Dame. »Der letzte Satz auf eurem Zettel ist ein Sprung zu Vers 12 – merkwürdig.«

Uroma Schmitz nahm ihre Brille ab, schaute ernst in Richtung Fenster und wieder den Gästen in die Augen. Dann dozierte sie weiter:

»Das gesamte Kapitel handelt von der weltlichen Anschauung, wie sie schon immer vorherrschte, besonders aber heutzutage … Ihr jungen Leute würdet ›Konsumgesellschaft‹ oder so etwas dazu sagen!« Sie setzte sich wieder die Brille auf und wandte sich ihrer Bibel zu. »Hier in Vers 10 zum Beispiel steht – und das ist hochaktuell: ›Auf, wir wollen die Armen ausbeuten …‹ und so weiter. Lest das zuhause mal in Ruhe durch. Ihr werdet staunen!« Die alte Frau nahm die Brille wieder ab und sah nachdenklich ihren Besuch an. »Ja, ich bin gewiss, dass das Ende dieser Welt sehr nahe ist! Christus wird wiederkehren, Kinder … und Gericht über dieses Gesocks abhalten!«

Burma fühlte sich seltsam berührt. Er musste die alte Dame, die etwas von einer Heiligen hatte, bewundern – und erst jetzt bemerkte er ihre fast unwirkliche Schönheit. Auffallend war ihr rotes Haar, durchzogen mit silbernen Strähnen – sorgsam und sogar ein wenig kess frisiert. Burma las förmlich die zierliche Gestalt der alten Dame.

Sie ist wohl etwas eitel – aber auf eine unaufdringliche, eine angenehme Art, dachte der Kommissar und stellte weiter fest, dass ihre Augen von einem ungewöhnlichen Hellgrau waren, die ihn an das Meer in der Normandie erinnerte, wo er zu Ostern mit Lydia, seiner Geschiedenen, den letzten Kurzurlaub verbracht hatte. Die Augen gehören zu einem jungen Menschen, stellte er zum Schluss seiner Beobachtung fasziniert fest.

»So Kinder, machen wir langsam Schluss für heute. Es ist schon spät und ich brauch meinen Schönheitsschlaf«, sagte Elviras Uroma und kicherte. »Morgen muss ich mich auf den Gottesdienst am Sabbat – also übermorgen – vorbereiten und zeitig aufstehen. Da gibt's noch viel zu tun für mich!«

»Gottesdienst am, äh, Samstag?«, fragte Burma verdutzt.

»Sabbat, junger Mann! Wir Adventisten feiern – wie das auserwählte Volk der Juden – den Tag des Herrn, wie es in den Zehn Geboten unmissverständlich zu lesen ist! Also nicht den Tag, den die heidnischen Römer und Sonnenanbeter für heilig hielten und als gesellschaftspolitische Maßnahme von der katholischen Kirche auf dem ersten Konzil von Nicäa erst 325 nach Christi zum gesetzlichen Ruhetag erklären ließen!«

»Uff … das kann ich kaum glauben!«, entfuhr es verdutzt dem katholisch erzogenen Kriminaloberkommissar.

»Sie sollen nicht glauben, Herr Kommissar, sondern wissen! Gehen Sie mal in die Bibliothek und lesen Sie über den Sabbat und über Kirchengeschichte, junger Mann, und Sie werden aus dem Staunen nicht mehr heraus kommen. Dat jarantiere isch Ihnen«, kölschte sie plötzlich und lächelte dabei zuckersüß. »So, Kinder«, sagte Uroma Schmitz, klappte die Bibel zu und sprang munter vom Stuhl, »jetzt ist aber im wahrsten Sinne des Wortes Sabbat – und kommt mir beide gut nach Hause!«

Elvira und die Urgroßmutter drückten sich noch einmal herzlich und sagten sich Tschüss. Burma drückte Frau Schmitz fast feierlich die Hand, als hätte er die englische Königin vor sich. Er war ganz gefangen von der Persönlichkeit der alten Dame und dem, was sie erzählte. Das mischte sich schließlich mit den Erlebnissen in der Siebengebirgsallee. Er spürte leichte Kopfschmerzen und überließ Elvira das Lenkrad. Im Wagen stopfte er sich endlich die Pfeife und paffte die arme Elvira zu. Schließlich öffnete sie verzweifelt das Seitenfenster. Während der ganzen Fahrt Richtung Südstadt spielte er die verschlossene Auster. Elvira gönnte ihrem Chef den Zustand des Grübelns und störte ihn nicht. Nur einmal meldete er sich:

»Hast du außer Uroma Schmitz und deinen Eltern noch andere Verwandte?«

»Massenhaft!«, entgegnete die Fahrerin. »Denen hab ich aber den Mittelfinger gezeigt: Alles widerwärtige Faschisten oder echte Versager wie meine sogenannten Eltern! Oh Mann, zum Kotzen! – Mein Urömchen hat mit denen ebenfalls nichts zu tun. Wir zwei sind irgendwie die Ausnahmen in der Familie. Wenn Ottilie mich mal verlässt …«

»Scheiße!«, folgerte Burma.

»Können Sie laut sagen, Chef!«

Vor dem Haus in der Alteburger Straße angekommen, in dem Burma mit seiner von ihm geschiedenen Lydia schon seit ewigen Zeiten wohnte, meinte er einsilbig: »Nimm den Wagen mit, geh gut mit ihm um und hol mich morgen früh punkt acht Uhr ab! Das ist eine Dienstanweisung. Klärchen?«

Er grinste sie kurz an, drehte sich ohne ein weiteres Wort um und ging ins Haus. Seine mandeläugige kleine Lydia Kim, die ihre ostasiatischen Eltern nicht verleugnen konnte, würde wie immer vor dem Fernseher sitzen und – gleich zu welcher Stunde – mit einem für ihn bereitgestellten Imbiss auf ihn warten. Elvira Schmitz hingegen konnte der Versuchung nicht widerstehen, mit dem flaschengrünen Oldtimer noch stundenlang die nie müde werdende Domstadt zu durchstreifen. Sie vergaß den Mord, und auch ihre Eltern. Sie fühlte sich ungewohnt frei.

Freitag

Fabian Görtz erwachte und sah auf die Uhr, deren kleiner Zeiger auf der Neun stand. Er rieb die Augen und versuchte, sich kurz die Stunden vor dem Einschlafen in Erinnerung zu rufen. Zuerst mutmaßte er einen viel zu langen Albtraum, aber die Umgebung, in der er sich befand, belehrte ihn eines Besseren. Er befand sich auf dem Sofa in der Wohnung des widerlichen Maiky Börnster, der ihn eingeladen und endlos belabert hatte. Deutlicher erinnerte er sich, dass er in der Nacht ein Inferno ungezügelter Leidenschaft über sich hatte ergehen lassen, wie er es nur selten und vor langer Zeit erlebt hatte; es war überwältigend gewesen.

Bernadette … seltsam … Wir haben uns geliebt wie ausgehungerte Raubtiere.

Fabian sah sich im Liegen um und suchte Bernadette, die aber verschwunden war. Stattdessen lag ein großer Zettel neben ihm auf dem Boden, auf dem in steiler Schönschrift zu lesen war:

Lieber, lieber Fabian!

Du hast mir das Leben gerettet. Ich weiß wieder, wie schön es sein kann, Frau zu sein. Es klingt in deinen Ohren sicher wie das sentimentale Gewäsch einer Frau, die weiß, dass sie alt wird. Aber nimm diese Zeilen bitte sehr ernst!

Ich liebe dich schon seit unserer ersten Begegnung im Herbst 1973 im ›Plenum‹ in der Venloer Straße. Du wirst dich nicht mehr daran erinnern, denn du hattest Augen nur für Silvia – was ich gut verstehen konnte. Ich habe später Michael geheiratet, und das war der schlimmste Fehler meines Lebens. Er ist ein Satan! Er beherrscht und behandelt mich wie ein Tier, das er im Käfig zu seiner Belustigung hält. Ich kann es leider nicht ändern – er ist zu stark für mich. Michael ist mit normalen Maßstäben nicht zu ermessen, und ich warne dich nachdrücklich vor ihm! Geh ihm sofort und entschieden aus dem Weg. Er will deine seelische Vernichtung, so wie er anderen bereits mit diabolischer Lust den Untergang brachte. Das braucht er wie die Luft zum Überleben. Er ist schlimmer als ein Vampir! Bitte glaub es mir um Gottes willen!

Ich danke dir für die Stunde, die du mir geschenkt hast – ich werde sie nie vergessen …

Ich liebe dich!

Bernadette

Fabian war wie betäubt, rieb sich noch einmal die Augen und raffte sich allmählich auf. Er klemmte sich die letzte Roth-Händle zwischen die Lippen und rauchte sie hastig zu Ende. Währenddessen versuchte er vergeblich, das Gelesene zu verstehen. Silvia fiel ihm ein, und er verglich, ohne es zu wollen, die Tote mit Bernadette. Endlich dachte er über seinen Entschluss nach, sich der Polizei zu stellen.

Und wenn ich mich nicht stelle – wohin soll ich denn fliehen? Der Tat werde ich weder in Timbuktu noch in Kasachstan entgehen können. Ich werde, solange ich lebe, immer das Gesicht Silvias vor mir sehen und daran denken müssen, dass ich sie getötet habe. Im Knast kann ich wenigstens für meine Blödheit … für mein Verbrechen … sühnen. Die Freiheit auf der Flucht wäre eine irgendwie gestohlene Freiheit – und alles würde viel zu kompliziert.

Da hörte er ein Rumoren in der Etage über ihm. Panik ergriff ihn. Er sprang in seine Stiefel, ergriff den Brief und hetzte zur Wendeltreppe, die nach unten führte.

Nur weg von hier, dachte er. Unten angekommen, riss er Helm und Jacke von der Garderobe, schmiss sich ins Leder und verließ wie gehetzt das Haus. Dann fuhr er, als wäre der Teufel hinter ihm her, auf die Zülpicher Straße Richtung Stadtmitte. Nach ein paar hundert Metern war er soweit beruhigt, dass er glaubte, wieder einigermaßen klar denken zu können.

Er wusste ein Café rechts vor der Bahnüberführung und hielt bei der nächstbesten Gelegenheit. An einem nahe gelegenen Kiosk kaufte er sich Zigaretten und den *Express*. Dann ging er ins gegenüberliegende Café und bestellte sich ein Frühstück. Er steckte sich erst eine Roth-Händle ins Gesicht, rauchte in vollen Zügen und trank gierig den heißen Kaffee. Nachdem er sich etwas wohler fühlte, nahm er die Zeitung zur Hand und erschrak. Die fettgedruckte Schlagzeile auf der Titelseite sprang Fabian förmlich ins Gesicht:

GRÄSSLICHER RITUALMORD IN KLETTENBERG
Verdächtiger Ehemann auf der Flucht!

Darunter stand ein knapp, aber präzis gehaltener Bericht. Das beigefügte Foto war älter und zeigte ihn glattrasiert und mit kurzem Haar. Nach dem blöden Foto würde ihn heute kaum einer mehr identifizieren können, stellte er fest, aber das konnte ihm gleich sein, denn er wollte sich sowieso der Polizei ausliefern. Er war vielmehr besorgt um die Reaktion von Menschen, die er seit Jahren aus seinem Leben gestrichen und auch bewusst hatte vergessen wollen. Seine armen alten Eltern in Darmstadt waren auf einmal die Eltern eines Mörders!

Er versuchte diese Überlegungen wegzuwischen, um anderen Gedanken Platz zu machen, die zudringlich und schmerzlich in sein Bewusstsein drängten und die er nicht kontrollieren konnte: *Wer bin ich eigentlich wirklich? Was stelle ich dar – für die anderen, aber vor allen Dingen auch: für mich selbst? Ich war doch stets nur Erfüllungsgehilfe fremder Entschlüsse,* stellte er bedrückt fest, *selten einer, der eigene Entscheidungen fällt. Aber große Fresse! Funktionieren tat ich nur auf Knopfdruck, war zu selten derjenige, der den Knopf betätigte. Ich war eine großspurige und denkfaule Sau, hing lustvoll alten Zeiten nach, die ich gekonnt glorifizierte,– die aber so nie existiert haben! Oder war ich mir einfach immer zu kompliziert gewesen, zu vielschichtig im Finden von Möglichkeiten? Wie hat Silvia mich überhaupt so lange ertragen können?*

Er war es nicht gewohnt, in letzter Konsequenz über sich nachzudenken, und sein Kopf brummte. Ihm fehlte, wie er kurz dachte, die Begabung und erst recht das Training zur Selbstreflexion. Daher war Fabian irritiert und kaute, während sein Gehirn arbeitete, fast automatisch und ohne den geringsten Appetit eins von den belegten »Gummibrötchen«.

Fabian hatte eine Entscheidung getroffen und sie sogleich in Frage gestellt. Tja, er blieb sich halt treu: Er wollte einerseits durch die Inhaftierung, die ihn erwartete, seine Schuld »sühnend abarbeiten«, andererseits war er ein von der Freiheit fast besessener Mensch. Er legte fünf Euro neben den Teller und machte sich auf.

Er wusste nur von einer Polizeiwache in der Stadt: in der Rhöndorfer Straße. Da hatten sie ihm mal eine Blutprobe abgenommen. Er war damals zwar vollgekifft gewesen, aber ohne den geringsten Tropfen Alkohol im Blut. Trotz seiner Situation musste er beim Gedanken an die enttäuschten Gesichter der »Bullen« grinsen.

Schließlich fuhr er über die vertraute Luxemburger Straße hin zu der Polizeiwache in unmittelbarer Nähe der Siebengebirgsalle.

*

Burma biss, nachdem er seine Tasse Kaffee genüsslich geleert hatte, kräftig in ein frisches, mit altem Holländer belegtes Roggenbrötchen, als es an der Haustür klingelte.

»Lydia, biste so lieb und machst mal auf – das wird Elvira sein!«, rief Burma in Richtung Flur, wo sich seine »Geschiedene« gerade aufhielt. Die gleich großen, aber äußerlich so unterschiedlichen Frauen begrüßten sich herzlich und Frau Kim-Rüttgersbusch drängte Elvira sogleich zum reich gedeckten Frühstückstisch.

»Komm Elvira, setz dich und frühstücke erst mal mit uns, oder hast du schon?«

»Nö«, antwortete Elvira.

Burma guckte auf seine Uhr, schob die Stirn in Falten und brummte etwas Unverständliches, während seine Frau Elvira heißen Kaffee in die Tasse goss und ihr reichlich aufdeckte.

»Ist dir doch sonst egal, ob du pünktlich bist«, äußerte sich Lydia. »Außerdem ist Freitag und ihr geht ins Wochenende. Und du«, sie zeigte mit ihrem Finger auf Burma, »hast wieder die ganze Nacht gearbeitet, statt dich auszuruhen … Jetzt wird erst mal in Ruhe gefrühstückt und basta!«, kommandierte Burmas »Lotosblüte« äußerst bestimmt.

Er wollte ihr erst von dem gestrigen Mordfall berichten, dessentwegen er den Bericht in der Nacht noch hatte schreiben müssen, aber er unterließ es. Nicht beim Frühstück.

»Sie haben die Nacht durchgearbeitet, Chef?«, fragte Elvira schmatzend beim ersten Käsebrötchen.

»Hab den Bericht für die Eierköppe verfasst. Geht am besten nachts, wenn alles ruhig ist und keiner hinter mir steht!«

»Toll«, staunte Elvira Schmitz aufrichtig.

Nach dem zweiten Brötchen, das sie mit enormem Appetit in sich hinein schob, fragte Elvira die beiden:

»Ich hätte da eine Frage, die mir schon lange auf dem Herzen liegt und … die ein wenig indiskret ist, aber ich kapier nicht: Warum sind Sie beide eigentlich geschieden, wo Sie doch so super miteinander auskommen?«

»Äh-hm, tja«, sah Burma fragend seine Lydia an, die wiederum ihn ratlos und mit offenem Mund anstarrte.

»Das weiß ich nicht mehr«, kam perfekt synchron aus beider Mund. Anschließend kicherten sie wie zwei Schulkinder, die erfolgreich einen Schabernack haben anbringen können.

»Im Ernst, Elvira, wir wissen nur noch undeutlich warum. Ist schon zu lange her und völlig ohne Bedeutung! Nicht wahr, mein Schnuckelchen?«, fragte Burma grinsend seine Lydia, die leicht errötete und so verschämt wie unnötig die blitzblanke Kaffeekanne mit dem Küchentuch bearbeitete.

Goldig, die zwei, dachte Elvira und ergriff ein drittes Brötchen. Wer sagt denn, dass eine Zweierbeziehung 'ne langweilige, veraltete Kiste sein muss?

Kurz nach neun Uhr betraten Elvira Schmitz und Kommissar Burma gut gelaunt das Präsidium. Burma ließ Elvira zwei Kopien von seinem Bericht machen und das Original ins Vorzimmer des zuständigen Staatsanwaltes mit dem unglücklichen Namen Diethelm Futzek, den heimlich alle Futzig oder Fuzzy nannten, bringen. Dann verstaute er »aus gutem Grund« eine Kopie in der Schublade seines Schreibtisches und ging, Elvira im Schlepptau, mit der verbliebenen Kopie ins Büro von Dezernatschef Hanspeter Schlemmermayer.

»Moin, Schlemmy! Alles klar?«, grüßte Burma den Freund und Vorgesetzten, der, sichtlich angeschlagen durch nächtliche Eskapaden, in den Seilen hing.

»Mensch, Burma, nicht so laut!«, kam es gequält aus dem Chefsessel.

»Hanspeter, das machst du nicht mehr lange so mit! Du siehst aus wie schon mal gegessen, wie ein Tattergreis von achtzig und bist gerade erst um die fünfzig. Hast du mal daran gedacht, dich wieder zu verheiraten?«

»Burma, haste se noch alle? Zum dritten Mal den ganzen Scheiß? Nä, lieber geh ich morgen stilvoll über die Wupper – frei, lustig und mit Würde. Du musst doch wissen, dass …«

»Chef, der Bericht«, unterbrach der Inspektor seinen Vorgesetzten rücksichtslos, denn er kannte die allmorgendlichen Litaneien seines Freundes in- und auswendig. Und immer die gleiche Leier: gegen die eheliche Verbindung als historischer Fehler und unnatürlichste Verirrung menschlichen Strebens, die den universellen Möglichkeiten von Gehirn und Körper spotte.

»Nerv mich nicht, Alter! – Brigittchen, bring Burma 'ne Tasse Kaffee«, rief er in Richtung Vorzimmer.

Brigitte Berthold, die aussah wie einer Ausgabe der Satirezeitschrift *Simplicissimus* aus den 1920er Jahren entsprungen, brachte eiligst Kaffee und Frischmilch für Burma und warf ihm einen schmachtenden Blick zu.

Nicht am frühen Morgen, stöhnte Burma innerlich, den Blick verzweifelt gegen die Decke richtend.

»Hanspeter, ich hab die ganze Nacht an dem Wisch gearbeitet! Naja, sagen wir mal die halbe Nacht, während du wieder mal auf Sauftour warst. Außerdem: Wer wollte den Wisch denn unbedingt pünktlich um neun?«

»Ja, ja! Ist ja schon gut. Gib her und sei ein wenig leiser. Ich hab fürchterliche Kopfschmerzen!«

Zur Betonung kramte er eine Packung Alka-Selzer aus der oberen Schublade seines imposanten Schreibtisches und kippte gleich zwei Brausetabletten ins Glas, das die emsige Frau Berthold ohne Aufforderung vor ihren Chef hingestellt hatte.

Sekretärin und Krankenschwester zugleich, stellte Burma grinsend fest. Schlemmermayer wartete, bis sich die Tabletten aufgelöst hatten und kippte das Zeug, ohne einmal abzusetzen, in sich hinein.

»Also gut, du Nervensäge, dann lass mich mal sehen.«

Der Chef schob seine Brille auf die Nase und las aufmerksam, während Burma über sein Verhältnis zu seinem Vorgesetzten nachdachte.

Sie kannten und schätzten sich noch aus der Zeit, als Schlemmermayer gerade frisch von der Uni kam und von nichts eine Ahnung hatte. Er, Burma, war zu dem Zeitpunkt bereits der Ermittler mit der höchsten Aufklärungsquote im Haus. Nach seiner Ausbildung über den mittleren Polizeidienst war er durch Fortbildungen und Protektion aus gewissen Kreisen zur Mordkommission gekommen. Dort bildete er quasi seinen eigenen, um fünf Jahre jüngeren zukünftigen Chef aus, der in praktischen Fragen völlig unbeleckt, ja hilflos war, aber theoretisch einiges vorzuweisen hatte. Außerdem war der Chef ein ausgesprochener Bürokrat – etwas, was Burma überhaupt nicht lag. So ergänzten die zwei sich bestens. Jeder trug mit seiner speziellen Stärke höchst effizient zur Aufklärung bei.

»Mensch Burma«, unterbrach Schlemmermayer das Lesen des Berichts, »das ist ja der reinste Roman! Aber hervorragend! Wo nimmst du das alles bloß her?« Er las den sechsseitigen Bericht zu Ende und äußerte sich zufrieden,

Burma angrinsend: »Tja, jetzt müssen wir nur noch den Ehemann schnappen, und der Fall wäre gelöst!«

»Hoffen wir's, hoffen wir's, Schlemmy!«, unkte Burma und musterte die hässliche, graugrüne Auslegware auf dem Boden.

»Okay, dann sehen wir uns um elf bei der Besprechung. Vielleicht kann die Neue, diese scharfe Pathologin, etwas zu dem Bericht beitragen!«

»Finger weg, Hanspeter! Ich hab die Personalakte der Frau letzte Woche in der Hand gehabt. Sie ist in festen Händen und hat zwei Kinder!«

Schlemmermayer verzog das Gesicht, als hätte er in eine Zitrone gebissen.

»Au! Hab ausnahmsweise die Akte nicht gelesen, weil man uns in der Regel sowieso nur Schrott aus dem Ministerium zumutet. Zwei Kinder, sagst du? Sieht aber gar nicht danach aus!«, sagte der Vorgesetzte mit dümmlichem Gesicht.

»Seit wann sieht man einer Frau die Kinder an? Du bist mir vielleicht ne Pflaume! Ihr Mann ist im Übrigen ein ziemlich bekannter Cellist, spielt seit Jahren im Philharmonischen Orchester bei uns in Kölle.«

»Oho! Sind sie denn schon umgezogen?«

»Sie haben sich ein Haus auf dem Lindenthalgürtel gemietet. Steht alles in …«

»Jaaa, ich weiß! Du redest schon fast wie meine Berthold«, giftete Schlemmermayer zurück.

Burma fiel noch was ein.

»Schlemmy, anderes Thema: Das Schmitzchen ist nach ihrer letzten Prüfung reif für 'ne feste Übernahme in unser Dezernat. Die Frau hat Klasse, und ich bin mehr als zufrieden und kann mit ihr wirklich gut zusammenarbeiten. Sie hat einen eigenen Kopf, den sie auch zu benutzen weiß. Im Gegensatz zu den abnorm unbedarften Hohlköppen um mich herum ist Elvira eine echte Bereicherung. Also gib Gas und sorge im Vorfeld für ihre Zuteilung an unser Dezernat!«

»Du wirst es nicht glauben, aber ich habe bereits alles Notwendige in die Wege geleitet. Ich bin doch nicht blind für echte Klasse! Nur noch eine läppische Prüfung, dann ist sie an Bord, und ich stelle sie dir zur Seite! Verlass dich darauf, alter Junge!«

Burma verließ zufrieden vor sich hin lächelnd das Chefbüro und überraschte das ältliche Fräulein im Vorzimmer mit einem Schmatz auf die Stirn, der sie knallrot anlaufen ließ und für den gesamten weiteren Tagesverlauf in ungewohnte Verzückung versetzte.

Er begab sich, ein Liedchen pfeifend, in »die Hütte«, wie er sein Büro scherzhaft bezeichnete, stopfte die heiß geliebte Pfeife, holte die Berichtskopie hervor und las, während er die Bude vollpaffte, seinen Bericht mehrmals durch und versah ihn mit Anmerkungen. Gegen elf Uhr kam Elvira in sein Büro, hustete und erinnerte ihn an den Termin zur Besprechung. Burma nahm seinen Bericht und ging mit Elvira Schmitz hoch ins Besprechungszimmer.

»Chef, da darf ich doch gar nicht mit rein«, sagte sie vor der Tür zum Allerheiligsten, wie es unter den Kollegen genannt wurde.

»Papperlapapp – du kommst mit, und damit basta«, entgegnete Burma im Befehlston.

Der Sitzungsraum war bereits gefüllt mit allen erdenklichen Persönlichkeiten des Polizeiapparates. Staatsanwalt Dr. Diethelm Futzek saß inmitten einer Reihe von Beamten, die in den Fall involviert waren oder sich damit auseinandersetzen mussten. Mit wichtiger und trauervoller Mimik, als würde er das ganze Elend der Welt auf seinen schmalen Schultern tragen, wirkte er wie eine alte vertrocknete Pflaume, die mutterseelenallein in einem Müllhaufen lag.

Neben ihm saßen Gruppenchef Schlemmermayer, der noch sichtlich angeschlagen an seinem Kater laborierte, und die erklärte Feindin Burmas, Kommissarin Mechthild Redelix, das Ekel vom Dienst. Ferner brütete die neue Pathologin auf der anderen Seite von Dr. Futzek über Burmas Bericht.

Heinz Grummenohl, der »verschlossene« Leiter der Spurensicherung, war ebenfalls mit von der Partie. Ein noch junger

Ziviler, den Burma nicht kannte, lümmelte sich lässig neben einem Platz, der offensichtlich für Burma freigehalten wurde. Burma setzte sich. Elvira verkrümelte sich schüchtern in die hinterste Reihe.

Der Staatsanwalt räusperte sich laut und begrüßte mit dünner Falsettstimme die Anwesenden. Dann wiederholte er, was jeder Konferenzteilnehmer auch dem in Kopie verteilten Bericht hätte entnehmen können. Endlich kam er nach halbstündiger Rede zum ersehnten Ende.

»Somit scheint der Fall klar zu liegen. Kollege Rüttgersbusch, ich möchte Ihnen und Frau Schmitz meinen Respekt aussprechen für diese Leistung in so kurzer Zeit!«

Einige klatschten. Burma kratzte sich am Kopf. Was war denn in den gefahren? Peinlich! Das waren ja ganz neue Töne. Elvira schrumpfte, rot anlaufend, in sich zusammen.

Da wurde die Tür zum Sitzungssaal aufgerissen. Ein Beamter in Uniform eilte durch die »Schulbänke« auf den Staatsanwalt zu und reichte ihm einen Zettel. Der überflog ihn hastig, gab einen überraschten Quietschton von sich und verkündete laut und mit strahlendem Gesicht:

»Liebe Kolleginnen und Kollegen! Manchmal passieren auch angenehme Sachen in unserem Beruf! Der mutmaßliche Täter in unserem Mordfall hat sich überraschend gestellt. Er wird von der Wache Rhöndorfer Straße umgehend zu uns überführt. Somit darf ich Sie hier erst einmal entlassen. Vorläufig! – Die Kollegen Rüttgersbusch, Schlemmermayer, Grummenohl und Pressesprecherin Goeppels darf ich bitten, bei der Pressekonferenz, die ich für sechzehn Uhr anberaume, anwesend zu sein. Bitte alle – und pünktlich, die Herrschaften! Oh, fast hätte ich vergessen – und bitte, dies zu entschuldigen«,– er machte einen gezierten Bückling zur neuen Pathologin – »Ihnen unsere neue Kollegin vorzustellen! Frau Dr. Armbruster wird die verwaiste Stelle in der Pathologie ab sofort ausfüllen. Frau Doktor, ich begrüße Sie sehr herzlich bei uns und freue mich auf eine produktive und kollegiale Zusammenarbeit!«

Der alte Speichellecker schmilzt mal wieder dahin, dachte sich Burma und klatschte als Willkommensgeste mit den anderen auffallend laut in die Hände.

»Burma«, rief Schlemmermayer seinem Kommissar zu, »komm bitte mit der Schmitz gleich in mein Büro!«

Als die beiden sich endlich beim Chef einfanden, schluckte dieser wieder mal sein in Wasser aufgelöstes Alka-Selzer.

»Schlimm heute, was?«, grinste Burma schadenfroh.

»Burma, du kennst kein Mitleid«, kam es quäkend vom Chef. »Ihr werdet die Vernehmung dieses Fabian Görtz durchführen. Will heißen: Burma und Kollegin Redelix werden den Täter ausquetschen – und Frau Schmitz soll gut aufpassen und sich von allem Notizen machen, okay?«

Elvira nickte beflissen und Burma stöhnte entsetzt auf.

»Nicht die widerliche Redelix, Hanspeter, hab Erbarmen!«

»Wie war das mit dem Erbarmen, mein lieber Herr Kollege?«, konterte der Gruppenchef genüsslich feixend.

»Du kannst manchmal echt fies werden!«, zischte Burma mit rot anlaufendem Kopf.

Er nahm kurz entschlossen Elvira Schmitz am Arm und schob sie, innerlich kochend, vor sich her und verschwand mit ihr grußlos aus dem Chefbüro.

Auf dem Weg zur »Hütte« kam ihnen schief grinsend Kollegin Mechthild Redelix entgegen, wie immer mit einem Berg Akten unter dem Arm – Fleiß vortäuschend. Sie begrüßte Burma mit einem gezierten »Hallööööchen« und flötete honigsüß:

»Wir hatten uns eben gar nicht begrüßen können! – Ich bin Ihnen, mein Lieber, zur Auflösung des Falls zugeteilt worden! Die Vernehmung gleich machen wir beide dann auch gemeinsam. Sie wissen schon, wir spielen dann guter Cop, böser Cop. Sie dürfen den bösen mimen! Ach, wie ich mich auf unsere Zusammenarbeit freue!«

»Gehen Sie mir gefälligst aus dem Weg, schleimen Sie woanders rum! Ich brauche Sie nicht. Sie wären die Allerletzte, die ich für irgendwas bräuchte«, bellte Burma die Redelix an, die darauf kichernd und keineswegs beleidigt antwortete:

»Oh, der Herr ist heute aber etwas sehr grantig! Wohl mit dem falschen Füßchen aus dem Bett gesprungen, was? Bis gleich dann, verehrter Kollege!« Dann flüchtete sie kichernd ins nächste Büro.

»Ihr Verhältnis zu dieser Frau ist sehr auffallend, Chef! Was ist denn da schiefgelaufen, dass Sie die derart anrempeln? So kenn ich Sie gar nicht! Und wieso reagiert die auf Ihre Beleidigung, als ginge sie das überhaupt nichts an?«, fragte Elvira entgeistert.

Burma entgegnete ungehalten.

»Zwei Fragen – und eine zu viel, Elvira! Auf die letzte geb ich dir gern eine Antwort: Dieses Subjekt ist das größte Arschloch, das mir je untergekommen ist! Menschen kann man beleidigen – die nicht! Du könntest die zuscheißen, und sie würde sich noch bedanken, wenn sie daraus einen Nutzen für sich ziehen könnte!«

Die zwei waren inzwischen in seinem Büro angekommen. Er schloss die Tür hinter sich: »Bei dieser Figur könnte ich zum Mörder werden – im Ernst!«, brüllte er mit hochrotem Kopf und wutverzerrter Grimmasse.

Elvira erschrak und blickte in ein ihr völlig fremdes Gesicht.

»Dieses Miststück ist das charakterloseste Individuum auf Gottes Erdboden. Wenn es sie weiterbrächte, würde sie locker die eigenen Kinder zur Schlachtbank führen, glaub mir! Dieses Stück Dreck ist erzfaul, ungebildet und rücksichtslos. Die geht mit ihrem Ehrgeiz über Leichen. Für ihr Weiterkommen entwickelt ihr krankes Hirn eine enorme Intelligenz und unglaubliche Fantasie. Geh ihr um Gottes Willen aus dem Weg. Sie ist die gottbegnadetste Blenderin unter dem Himmel!«

»Um Himmels willen, Chef, beruhigen Sie sich …«

»Du hast Recht, entschuldige.«

Burma senkte die Stimme, beruhigte sich aber nur langsam. Er zog seine Pfeife heraus, blies sie geräuschvoll sauber, stopfte sie, zündete sie an, erst dann begann er wieder zu sprechen.

»Im Übrigen geht im Präsidium ein Gerücht um: Man munkelt, sie werde bald zur Hauptkommissarin befördert und nach Rosenheim im schnuckeligen Allgäu versetzt. Da kann sie wie eine Päpstin residieren und den lieben langen Tag gut bezahlt mit inkompetentem Geschwafel den dicken Oskar markieren. Ich kotze gleich!«, rief er, wieder laut geworden.

Elvira versuchte, sich ihr Befremden ihm gegenüber nicht anmerken zu lassen. Sie war äußerst irritiert, ja bestürzt. Sie kannte ihren Chef nur als gutmütigen Menschen mit großem Herzen für alle Sorten von Mensch, auch für »gebrochene Charaktere«, wie er sich des Öfteren ausdrückte, wenn er mit Ganoven zu tun hatte. Sie war bekümmert, ihn so zu erleben und fragte eher nebenbei, um das dumpfe Gefühl abzuschütteln:

»Und 'ne Antwort auf meine erste Frage?«

»Die muss erst mal ausbleiben«, antwortete er in ruhigerem Ton. »Da ist vor fast zehn Jahren eine sehr böse Geschichte gelaufen, die ich noch nicht ganz verdaut habe – und die hat ausschließlich mit dieser Hexe zu tun.«

»Okay«, schloss Elvira die Geschichte zum Schein ab, drehte sich eine Zigarette, was sie nur selten über den Tag machte, rauchte sie und grübelte insgeheim weiter. *Er sagte mir mal, dass ein jeder den Engel und auch den Teufel in sich beherbergt – und es läge in den meisten Fällen nur in der eigenen Hand, wem er Zucker gibt. – In den meisten Fällen, aber nicht in allen … Das würde die objektive Beurteilung von Menschen so erschweren.*

Sie saß immer noch im Büro Kommissar Burmas und bemerkte nicht, dass er den Raum verlassen hatte, um angeblich etwas zu besorgen. In Wirklichkeit schämte er sich vor Elvira wegen seines unkontrollierten Verhaltens und kompensierte das durch Hyperaktivität, die ihn wie zufällig ins Archiv führte.

Elvira versuchte sich derweil ein Bild von Mechthild Redelix zu machen. Es musste einen Grund für Burmas Aggression gegen diese Frau geben. Sie schätzte sie auf Mitte bis Ende vierzig. Sie war unverheiratet, immer offen und interessiert an allem, sportlich bis dünn, rotblond gelockt und mit einem fast schönen, stets blassen Gesicht. *Nicht unbedingt unsympathisch,* fand Elvira; *aber was verbirgt sich hinter diesem Gesicht?*

Kriminaloberkommissar Burma war verschwommen die Erinnerung an einen ähnlichen Fall wie diesen Klettenberger Mord gekommen. Undeutlich sah er eine Jahreszahl auftauchen: 1972. Er besprach sich mit dem Archivleiter, der über ein phänomenales Gedächtnis verfügte, aber der konnte keine Auskunft geben. Unverrichteter Dinge kehrte Burma schlecht gelaunt ins Büro zurück.

Elvira saß noch an seinem Schreibtisch, als Burma sie nach einigem Nachdenken bat, über das neue Netz des BKA in den nächsten Tagen unter Begriffen wie *Satanismus, Ritualmord* und *Mordfälle an Frauen* nicht nur in den letzten zwei Jahren, sondern auch 1972 zu recherchieren, begrenzt auf Nordrhein-Westfalen. Elvira, froh über eine Beschäftigung, begann sogleich die Tastatur ihres PC zu bearbeiten.

Es verging keine Minute, als ein Beamter in Uniform Burmas Büro betrat, um zu melden, dass sich Fabian Görtz bereits im Vernehmungsraum befände. Burma schnappte sich Elvira, und beide eilten zum Vernehmungsraum in der untersten Etage des Präsidiums.

Vor dem Vernehmungsraum befand sich bereits der Schrecken des Hauses: Oberkommissarin Redelix, insgeheim auch *Redefix* genannt, dank ihrer Eloquenz, die sie permanent einsetzte und mit der sie allen auf die Nerven ging.

»Haun Sie ab, das ist mein Fall! Da gehen Sie nicht rein!«

Drohend hob Burma seine Faust, als wolle er zuschlagen. Mechthild Redelix war neben ihren anderen Unarten auch notorisch feige und wich augenblicklich zurück. Dann griente sie zynisch und sprach so leise, dass Elvira sie nicht verstand, zu Burma, der sich kurz vor einem Tobsuchtsanfall befand:

«Unser Polizeiopa will den Fall mit seiner schmuddeligen Punkerbraut ganz allein aufdröseln! Na, da weiche ich doch lieber der geballten Kompetenz!«

Dann machte sie sich blitzschnell davon, und das war ein Glück für sie und letztlich auch für den Kommissar.

Burma, noch ganz erregt, und Schmitz grüßten den uniformierten Wachmann, der den Vernehmungsraum aufschloss, beide hineinließ und während der gesamten Vernehmung an der Stirnwand stehen blieb wie eine Wachsfigur.

Der Vernehmungsraum war neutral eingerichtet. Zwei kleine Sessel, ein Tisch und zwei weitere Stühle verströmten fast eine gewisse Gemütlichkeit. Es war keine imaginäre Spiegelwand vorhanden, wie man es vom Kino her kennt, mit dahinter finster blickenden Beamten, und auch keine den Delinquenten blendende Tischlampe. Es gab lediglich eine kleine, oben in einer Zimmerecke installierte Videokamera, ein Standmikrofon mit Fernbedienung in der Mitte des Tisches und daneben einen großen Aschenbecher. Auf einem der Stühle saß Fabian Görtz in Handschellen und wartete seltsam gefasst, ja, sogar ein wenig neugierig auf das, was auf ihn zukam.

Um elf Uhr fünfundvierzig begrüßte Kommissar Burma Fabian wie einen alten Bekannten und stellte sich mit richtigem Namen – und Elvira als gleichberechtigte Kollegin vor. Er setzte sich Görtz gegenüber, während Elvira in verständlicher Erregung in einem der Sessel Platz nahm. Dies war ihre erste Vernehmung und gleich eine mit dem mutmaßlichen Mörder, dessen Opfer sie am Vortag mit ihrem Chef entdeckt hatte. Doch sie war leicht irritiert, denn der Mann sah gar nicht wie ein Mörder aus; schon gar nicht wie einer, der zu so einer bizarren Tat fähig war. Irritiert bewaffnete sie sich schließlich mit Stift und Block. Burma sah Görtz an, nickte ihm zu und wandte sich an den Uniformierten:

»Kollege, sind Sie bitte so freundlich und nehmen dem Herrn die Handschellen ab!«

Er holte dann, als hätte er alle Zeit der Welt, Pfeife und Tabakdose aus der Jackentasche und begann, das absurde Gerät zu stopfen, während er Fabian, der die Pfeife Burmas bestaunte, wie unter einem Mikroskop musterte.

»Rauchen Sie?«

»Ja, hab aber die Zigaretten dummerweise im Café liegen gelassen«, antwortete Fabian Görtz.

»Elvira, sei so lieb und ziehe dem Herrn mal Zigaretten aus dem Automaten im Flur!«

»Ich kann ihm Selbstgedrehte anbieten. – Schwarzer Krauser, rauchen Sie so was?«, wandte sich Elvira an Görtz.

»Oh ja, genau mein Geschmack«, entschlüpfte es Fabian laut, und er murmelte sofort eine Entschuldigung. Elvira drehte blitzschnell gleich mehrere Sargnägel, Burma bestellte derweil beim Wachmann Kaffee. Schließlich pafften alle drei die Bude voll und schlürften Automatenkaffee.

»Herr Görtz, Sie haben sich freiwillig gestellt, danke dafür. Das ist etwas un…«

Die Tür wurde jäh aufgerissen, und ein wütender Kriminalhauptkommissar stürmte mit hochrotem Kopf in den Raum.

»Herr Rüttgersbusch, kommen Sie bitte sofort nach draußen!«

Burma legte seine Stirn in Falten, entschuldigte sich bei Fabian und verließ den Raum. Auf dem Flur fuhr Schlemmermayer den Untergebenen an:

»Burma, haste sie noch alle! Wenn ich sage, die Redelix soll den Fall mitbearbeiten, dann haste das gefälligst zu akzeptieren! Was nimmst du dir eigentlich immer heraus? Das Arschloch verlangt jetzt, dass ich dir 'ne Abmahnung verpasse!«

»Tu, was du nicht lassen kannst«, zischte Burma böse zurück. »Bevor ich mit dieser Schleimerin zusammenarbeite, schmeiß ich lieber den Laden. Dann hau ich hier in den Busch und gehe ebenfalls, so wie du es vorhattest, zu irgendeiner ›Security‹. Da hab ich vor solchen Pfeifen wie dieser Kuh endlich meine Ruhe. Ich werde mit dem Miststück keine Sekunde zusammenarbeiten – nur über meine Leiche! Hörst du?«

»Burma, beruhig dich doch«, lenkte der Chef ein, sichtlich beeindruckt vom Ausbruch seines Freundes und Kollegen. »Also gut, arbeite vorerst allein mit der Schmitz an dem Fall. Ich ziehe die Redelix ab. Aber wie kann ich bloß so 'ne unmögliche Stornierung einer Anordnung … Ich muss wirklich behämmert sein! Wie kann ich das vor der Chefetage da oben rechtfertigen?«

»Das wirst du schon hinkriegen, Hanspeterchen! Was denkst du denn, warum du 'ne ordentliche Gehaltsstufe über mir stehst? Verdien' sie dir doch auch mal!«

»Du hast gut reden! Die Abmahnung kann ich dir aber nicht ersparen. Die Redelix hängt garantiert schon in einer oberen Etage und liefert irgendeinem Protegé von ihr Bericht! Das kann mich alles meinen Kopf kosten!«

»Quatsch, wenn's hart kommt, kriegste allerhöchstens auch 'ne Abmahnung. Mir kannste ja ruhig eine schicken, die rahme ich mir ein und häng sie übers Bett. So hab ich immer, wenn ich morgens aufstehe, was zu lachen! So, genug Zeit vertrödelt, ich geh jetzt arbeiten. Tschüssikowsky, mein geliebtes Chefchen!«

Burma drehte sich um und betrat besser gelaunt als vorher das Vernehmungszimmer.

»Zoff, Chef?«, fragte Elvira Burma besorgt.

»Alles in Ordnung, Schmitzchen! Nun zu Ihnen, Herr Görtz. Bitte entschuldigen Sie die kleine Unterbrechung.«

»Kein Problem, Herr Oberkommissar«, entgegnete Fabian.

Burma fummelte umständlich an der Fernbedienung herum und drückte endlich die Aufnahmetaste. Er gab Datum, Uhrzeit und Namen der Anwesenden ins Mikrofon ein und begann das Verhör.

»Herr Görtz, Sie können aussagen oder es auch sein lassen, wenn Sie glauben, sich damit zu belasten. Das liegt ganz bei Ihnen. Sie können auch einen Anwalt …«

»Ich brauch keinen Rechtsverdreher! Der … äh, Tatbestand ist klar und ich stelle mich. Ich brauche keinen, der für mich denkt und redet«, sagte Görtz entschieden und äußerlich völlig ruhig.

Er war Burma sofort sympathisch. Eigentlich nicht der Typ, der jemanden mordete. Elvira dachte ähnlich.

»Sie sind Fabian Görtz, Ehemann der Getöteten, und…«

Es folgte die obligatorische Personalaufnahme.

»Sie stellten sich«, begann Burma mit dem eigentlichen Verhör, »mit dem Hinweis, dass Sie Ihre Frau am gestrigen

Tag am frühen Nachmittag getötet haben. Erzählen Sie uns genau den Hergang der Tat und lassen Sie bitte in Ihrem eigenen Interesse nichts aus!«

Fabian Görtz schilderte in klaren Sätzen relativ emotionslos den Nachmittag. Als er berichtete, wie er vom Eigelstein zurückkam und seine Frau verändert vorfand, wurde er von Unruhe erfasst. Er begann zu schwitzen und rauchte unentwegt Elviras Gedrehte.

»Ich kann mir nicht vorstellen, wie das geschehen sein soll, Herr Kommissar«, sagte Fabian plötzlich, Burma voll in die Augen schauend.

»Hatten Sie vielleicht einen Blackout? Eine Zeit, an die Sie sich nicht mehr erinnern können. Eine Art Gedächtnislücke?«, fragte Burma eindringlich.

»Ja, aber erst nachdem ich meine Frau so gesehen habe. Ich war eine Zeit lang weggetreten.«

»Hmm«, brummte der Kommissar unzufrieden.

»Und Sie sind sich wirklich völlig sicher, dass Sie die Leiche nicht in den Raum gerückt, drapiert und bemalt haben?«

»Glauben Sie mir, Herr Rüttgersbusch, ich war's nicht! Ich kann mit Farben gar nicht umgehen. … Ich bin Zeichner, vielleicht ein guter, aber kein Maler. Da liegen Welten dazwischen. Wissen Sie, Herr Kommissar: wenige Maler sind auch gute Zeichner und noch weniger ausgesprochene Zeichner sind auch gute Maler.«

Interessant, dachte Burma, *hab ich noch nie drüber nachgedacht! Das werde ich für mich selbst mal nachprüfen …*

»Das möchte ich Ihnen ja gern glauben, aber es gibt eine Menge Beispiele, die Ihrer These widersprechen, denken Sie an Picasso, den göttlichen Dürer, an Leonardo …«

Ein lautes Räuspern aus Elviras Richtung ließ Burma zurückkehren in die prosaische Welt der Täter und Opfer.

»Sie sind ein ausgezeichneter Künstler, soweit ich das beurteilen kann. Da liegt es doch sehr nahe, dass Sie für mich derjenige sind, der dieses … äh, Environment, diese Skulptur mit Einbeziehung der Räumlichkeit produziert hat. Für mich sind Sie bei nur logischer Betrachtungsweise des Sachverhaltes, der sich an Fakten halten muss, der Totschläger oder auch Mörder – offensichtlich mit psychopathologischen Zügen. Waren Sie, Herr Görtz, schon mal in psychiatrischer Behandlung?«

»Noch nie«, log Görtz. »Aber meine Frau! Kann sein …« Fabian brach den Satz ab und starrte dumpf vor sich hin.

Ich lass ihm Zeit zu kommen, dachte Burma und paffte stoisch aus seinem Pfeifen-Ungetüm. Aber es kam nichts mehr von Fabian, der sich offensichtlich in Gedanken auf einem fernen Stern befand.

»Hassten Sie ihre Frau?«, fragte Burma plötzlich laut, den strengen Polypen markierend. Fabians Kopf schnellte augenblicklich hoch, und er starrte verwirrt den Kommissar aus weit aufgerissenen Augen an. So verharrte er wenige Sekunden, um dann mit gedämpfter Stimme zu antworten:

»Ich weiß es nicht … Früher habe ich sie geliebt. Wir haben uns beide sehr gemocht. Irgendwann war es nicht mehr so sehr wichtig, zu lieben oder geliebt zu werden. Andere Dinge schoben sich in den Vordergrund: beruflicher Erfolg oder Misserfolg … Ich vermisste die alte Silvia, wie sie früher war.«

Fabian machte wieder eine längere Pause und verfiel schließlich ganz in dumpfes Grübeln.

»Herr Görtz«, fuhr Burma fort, »haben Sie den Bibeltext an der Wand rechts unterhalb der Kreuzspur hingeschrieben?«

»W-was für einen Bibeltext? An der Wand?«

Görtz war verwirrt, verstand die Frage des Kommissars nicht und glotzte ihn mit offenem Mund hilflos an.

Burma fing seinerseits an zu grübeln. Die Reaktion von Görtz gefiel ihm nicht. Er roch Komplikationen. Es vergingen Minuten einer merkwürdigen Spannung, die sich über die Beteiligten in dem inzwischen völlig verqualmten Vernehmungsraum legte. Mit einem Mal kam Bewegung in Burma und er fragte Elvira, die permanent hustete und kurz vor dem Ersticken war, ob sie ihr Handy dabei hatte. Elvira bejahte keuchend.

»Ruf den Grummenohl an und gib ihn mir!«

Sie wählte ihn auf ihrem Handy und hatte Glück. Grummenohl hatte trotz des Samstags Dienst.

»Heinz, haste in der Siebengebirgsallee die Türschlösser untersucht?«, brüllte Burma nervös in das Gerät. »Nein? – Kannst du rausfahren und dir die Schlösser der Haustür, des Hintereinganges zum Garten und der Wohnungstür mal vornehmen, ob daran gefummelt wurde? Lass derweil von einem deiner Männer nach Fußspuren am Hintereingang suchen. Da müssen Spuren durch den Garten führen. Ja, da is nix asphaltiert! – Ja, es eilt! Schaffst du das bis zur dämlichen Pressekonferenz heute Nachmittag um vier? Super, Heinz, hast was gut bei mir! Tschüss dann – bis nachher!«

Elvira und Fabian schauten Burma fragend an. Der spielte wieder die verschlossene Auster, klopfte seine Pfeife aus und beendete das Verhör mit der Betätigung der Aus-Taste von der Fernbedienung für die Videokamera. Görtz wurde mit dem Hinweis auf eine weitere Vernehmung, die wahrscheinlich am späten Nachmittag stattfinden werde, in eine der Untersuchungszellen abgeführt. Nachdem sich Burma vergewissert hatte, dass der mutmaßliche Täter ein Mittagessen bekam, verließ er mit Elvira den Verhörbereich, und sie begaben sich in die Kantine.

Es war nicht die schlechteste Kantine, und beide aßen mit großem Appetit: Burma ein riesiges Champignon-Omelette mit gekochtem Schinken und Elvira eine billige, aber vorzügliche Linsensuppe mit Würstchen und frischen Brötchen. Beide genehmigten sich auf Elviras fürsorgliches Anraten hin noch reichlich Obst als Nachtisch. Danach verließen sie das Präsidium und gingen in ihr Stammcafé, um in Ruhe einen Kaffee zu trinken und dabei zu rauchen. Burma war immer noch nicht ansprechbar, wie jedes Mal, wenn er angestrengt nachdachte. Elvira kannte das von ihrem Chef und ließ ihn in Ruhe.

»Da stimmt was ganz und gar nicht«, sagte er plötzlich in das gegenseitige Schweigen hinein. »Ich rieche Unheil!«

Dann versank er wieder in sein dumpfes Schweigen.

Gegen vierzehn Uhr betraten Burma und Schmitz immer noch wortlos das Polizeipräsidium und gingen in sein Büro. Elvira warf sich sogleich an den PC, wühlte in den spärlichen Daten des Landeskriminalamtes, gab aber bald auf und stieg schließlich in den Keller hinunter, ins Archiv. Burma selbst legte sich für ein kurzes Nickerchen auf die schmale Liege, die er vor Jahren – gegen den Protest Schlemmermayers – angeschafft hatte und seitdem benutzte, wenn er es nötig hatte.

Elvira Schmitz suchte über eine Stunde lang nach Daten unter den Stichworten, die ihr der Chef vorgegeben hatte, fand aber nichts Brauchbares. Schließlich erweiterte sie die Suche auf 1971 und 1973. Erfolglos ging sie zurück ins Büro.

Gegen fünfzehn Uhr dreißig klingelte das Telefon. Elvira hob ab.

»Frau Schmitz!«, rief Grummenohl am anderen Ende. »Geben Sie mir sofort den Nestor!«

Sie weckte Burma, der sofort wach war und Elvira das Telefon aus der Hand riss.

»Volltreffer, Burma! An den Schlössern der Wohnungstür und an der Tür, die zum Garten hinausführt, ist rumgefummelt worden! Das konnte ich mit der Lupe erkennen. Soviel kann ich jetzt schon sagen: war eine echte Meisterarbeit! Aber damit nicht genug, wir haben im Garten einen Abdruck gefunden, der nicht zum Direktor und nicht zu Görtz passt. Beide haben Größe 42. Da staunste, was? Haben wir im Eilverfahren rausgekriegt! Ja, meine Männer sind Spitze! Der Abdruck hat Größe 47 und stammt von einem nicht gängigen Schuh. Ich kenn sie fast alle, wie du dir denken kannst! Sieht so aus, als wäre der Schuh handgefertigt, der Träger muss also betucht sein. Außerdem kannste von einem ziemlich großen oder beleibten Mann ausgehen – auf jeden Fall kein Leichtgewicht –, denn die Spur war ziemlich tief, und das bei relativ festem Lehmboden. Wir haben bereits einen Gipsabdruck gemacht und werden uns gleich im Labor näher damit beschäftigen! Die zwei Schlösser haben wir ausgebaut und der

Hausherr hat schon einen Schlosser für neue bestellt. Übrigens mussten wir die Versiegelung aufbrechen, da wir zum ersten Vergleich mit der Spur die Schuhe vom Ehemann brauchten. Haben die Wohnung natürlich neu versiegelt. So, lieber Nestor Burma, du darfst deinen Mund ruhig wieder zuklappen! Beglückwünsche dich zu solchen Kollegen, wie wir es sind! Du bist für einige Runden fällig! Bis gleich!«

In der Tat musste Burma den Mund erst wieder schließen.

Tolle Jungs! Also gibt es eventuell noch einen Täter, und Görtz spinnt uns nur was vor. Es kann natürlich auch sein, dass die Spur durch einen Zufall da hingeraten ist, der mit unserem Mord gar nichts zu tun hat. Jetzt wird's langsam spannend!

*

Aus unsichtbaren Lautsprechern strömte eine klagende Violine, begleitet von orchestralen Verrenkungen, in das Innere einer lang gestreckten und schwach beleuchteten Gewölbehalle. Béla Bartóks *Konzert für Violine und Orchester Nr. 2* ging eine unwirkliche Symbiose mit dem schweren Duft ein, der über dem Betonboden hing. Es roch nach Blut, Urin, Kot, Parfüm, gepresstem Sandelholz, Sperma, Schimmel, Rotwein und – saurem Angstschweiß.

Das spärliche Licht gab nur zögernd die vorderen Wände frei und zeigte auf ihnen apokalyptisch und grotesk anmutende Darstellungen: bizarre Konglomerate aus willkürlicher Übereinanderbemalung und Zeichnungen, die undeutlich düster gehaltene Fantasielandschaften, goldfarbene Engel und groteske Höllenbewohner in absurden Verrenkungen zeigten; darüber in großen Schreibbuchstaben hingefetzte Texte in Latein und Hebräisch, Runen und hieroglyphenartiges Gekritzel, Symbole wie Pentagramme, Todesrunen und Hakenkreuze sowie penibel gefertigte Darstellungen von Foltermethoden, wie sie bei der Inquisition üblich waren. Und immer wieder grinsende Schädel und absurderweise onanierende Knochenmännchen in allen denkbaren Größen. Diese Gemälde waren komplett wandfüllend und mit jeweils einem akkurat gemalten breiten Goldrand versehen.

Der Betonboden war übersät mit undefinierbaren Klecksen sowie großen und kleineren Pfützen, von denen einige noch frisch schienen und das spärliche Licht gespenstisch zurückwarfen.

Überall lagen wild durcheinander Abfälle herum: Leere Wein- und Whisky-Flaschen, Büchsen, Pizzakartons, angeschimmelte Essensreste, leere Zigarettenschachteln und eine Unzahl ausgetretener Zigarettenstummel.

An der rechten Wand befand sich ein zerschlissenes dunkelrotes Sofa aus dem späten neunzehnten Jahrhundert. Auf dem Boden davor lagen zwischen Abfällen mehrere Bücher und Magazine zweifelhafter Herkunft. Eine Stehlampe, eine Musikanlage, sowie eine Reihe alter, wild verstreuter Schallplatten und Tonkassetten rundeten das im Dunkeln liegende Stillleben ab.

Inmitten der Halle befand sich ein mit weißem Tuch überzogener Sockel, zirka eineinhalb Meter im Quadrat. Darauf befanden sich eine penibel gestapelte Kleideransammlung, Frauenkleider, geordnet nach ihrer Funktion, gewaschen, gebügelt, gefaltet und ordentlich übereinander gestapelt und – akkurat aneinander stehend und spiegelblank geputzt – acht Paar Damenschuhe.

Dieses merkwürdige Ergebnis eines übertriebenen Ordnungssinnes stand im krassen Widerspruch zu der übrigen Darbietung und verlieh der Kulisse ein Höchstmaß an Absurdität.

»Du wirst mein größtes Werk, ein Meisterwerk – ein Fest ästhetischer Vervollkommnung«, hörte man aus dem hintersten Winkel des Gewölbes eine gepresste Stimme sagen. Die Worte kamen – jedes einzeln betont – durch den geöffneten Reißverschluss einer gespenstischen Vollmaske in Rot.

*

Punkt sechzehn Uhr tanzten die Pressefritzen an. Burma wunderte sich jedes Mal aufs Neue über die Rituale der Berichterstatter, die, obwohl sie aus Erfahrung wussten, dass der Wert der zu erhaltenden Informationen in einem laufenden Fall gegen Null tendierte, alle sich dabei benahmen wie Kleinkinder vor der Bescherung zu Weihnachten: aufgeregt und voller Neugier.

Die Pressekonferenz verlief, wie gewohnt, auch diesmal bewusst desinformativ und kostete die Ermittler nur wertvolle Zeit. Burma informierte sicherheitshalber kurz vor der Konferenz seinen Chef, die Polizeisprecherin und den Staatsanwalt über den neuen Stand der Ermittlungen, die vage Vermutung über einen weiteren Verdächtigen. Diese Info schlug natürlich ein wie eine Bombe. Man wähnte den Fall schon in »trockenen Tüchern«, übte sich aber – wie gewohnt – in auffallender Zurückhaltung im Weitergeben von Einzelheiten, die durch schreiende Aufmacher in der Presse womöglich die Ermittlung erschweren oder – schlimmer noch – blockieren konnten.

Die Pressesprecherin, Olga Goeppels, Staatsanwalt Futzek und Hauptkommissar Schlemmermayer übten sich in brillanten Redewendungen ohne die geringste inhaltliche Aussage, die Verwertbares oder gar Neues für die Presse enthielt.

Burma selbst, wie auch der Heinz Grummenohl und die neue Pathologin, Frau Dr. Armbruster, hüllten sich in Schweigen. Den wenigen an sie gestellten Fragen gingen sie professionell elegant aus dem Weg und beriefen sich mehrmals auf die Schweigepflicht in einer laufenden Ermittlung.

Während der Pressekonferenz saß Elvira Schmitz in der letzten Stuhlreihe, hinter den Journalisten. Sie war neugierig und fasziniert, bedauerte aber zugleich die Energie und die Zeit, die für »Luft« eingesetzt werden musste.

Kaum war der Spuk nach gut einer dreiviertel Stunde beendet, als Burma in ungewohnter Eile Kriminalhauptkommissar Schlemmermayer, Frau Dr. Armbruster, Heinz Grummenohl und auch Elvira Schmitz »einsammelte« und in sein Büro verfrachtete.

»Also, Kollegen«, begann Burma kurzatmig, »gehen wir ins Detail: Frau Doktor – was hat die Obduktion ergeben?«

»Vorerst eine Überraschung … äh, Herr …«

»Sagen Sie ruhig Burma zu mir – das tun hier alle«, unterbrach Rüttgersbusch die Medizinerin. Die versuchte, sichtlich irritiert, noch einmal zu beginnen.

»Also, wie Kollege … *Burma* bereits herausgefunden hat, ist der Tod bei dem Opfer gegen fünfzehn Uhr am gestrigen Tag eingetreten. Todesursache aber – und jetzt kommt es – ist nicht Genickbruch, sondern eine massive Vergiftung!

»Wie bitte?«, rief Nestor Burma entgeistert in Richtung Pathologin.

»Der Genickbruch beim Opfer, den wir vorschnell als Todesursache feststellten, war bei genauerer Untersuchung kein vollständiger, sondern nur die schwere Verletzung eines Halswirbels und hätte möglicherweise durch eine schnelle Operation wenig bis keine Spuren hinterlassen. Die Wunde am Hinterkopf hätte ebenfalls keine bleibenden Schäden hinterlassen. Der Schlag gegen das Regalbrett hatte lediglich eine schwere Gehirnerschütterung zur Folge, eine vorübergehende Ohnmacht und natürlich auch die Verwundung; aber all das hat nicht den Tod des Opfers verursacht!«

»Was dann?«, japste Burma fassungslos.

»Gift«, antwortete die Gerichtsmedizinerin, die verdutzten Gesichter der Reihe nach genießend. »Es handelt sich dabei um Hydrochinon, $C_6H_4(OH)_2$ in ungewöhnlich hoher Konzentration, – aufgelöst in Aceton. Der Täter muss also ein Fachmann gewesen sein: eine derartige Konzentration hätte man in Wasser unmöglich lösen können.«

Eine Pause entstand. Nur das Geräusch war zu hören, das Elvira Schmitz beim Mitschreiben auf dem Papier verursachte.

»Das haben Sie in einer derart kurzen Zeit herausbekommen? Mann Gottes, alle Achtung, Frau Doktor! Respekt!«, sagte Burma schließlich.

»Das war gar nicht so schwer für mich herauszubekommen, denn ich hatte vor einem halben Jahr einen ähnlichen Fall in

Düsseldorf. Da schluckte die Tochter eines Fotografen aus Liebeskummer zwei Liter Liquid-Entwickler. Haupt-Todesursache aber dürfte das Hydrochinon gewesen sein – eine toxische Substanz, die als chemisches Reduktionsmittel in jedem fotografischen Entwickler enthalten ist. Der Exitus muss bei dem armen Mädchen in kürzester Zeit eingetreten sein.«

»Aber bei einer Vergiftung im Fall Klettenberg hätten wir doch vergiftungsübliche Merkmale registrieren müssen: Schaum vor dem Mund und dergleichen?«, fragte nun Grummenohl.

»Der Mund war, äh – zugeklebt. Zugeklebt mit Sekundenkleber. Ebenso die Gehöreingänge. Und das sehr professionell und von außen kaum sichtbar!«

»Wie bitte?«, entfuhr es Burma, der ein blütenweißes Taschentuch hervorzauberte und sich damit linkisch die Stirn abwischte. Die Truppe war sprachlos.

»Wieso ist mir das entgangen? Ich werde alt«, flüsterte der Hauptkommissar fast unhörbar und fuhr sich mit der Handfläche über die Augen, als wolle er etwas wegwischen.

Schließlich fragte der Leiter der SpuSi, Heinz Grummenohl:

»Wie wurde das Gift denn überhaupt verabreicht – oral?«

»Nein«, antwortete die Pathologin, »intravenös injiziert! In den linken Arm. Aber nicht sehr fachmännisch!«

Im Büro wurde es mäuschenstill. Die Profis für Tötungsdelikte waren trotz ihrer meist langjährigen Erfahrungen schockiert.

»Dann wäre unser vermeintlicher Täter ja gar nicht der Täter«, warf Elvira zögerlich mit veränderter Stimme in die Stille hinein.

»In der Tat … Aber, Frau Doktor, was mich erschreckt und mir zu denken gibt, das ist die unglaublich kurze Zeit, die dem tatsächlichen Täter zur Verfügung stand … Bei dem ganzen Aufwand, den er betrieb, vom Verlassen der angeblich Toten durch Fabian Görtz bis zu seiner Rückkehr in die gemeinsame Wohnung sind doch gerade einmal dreieinhalb Stunden vergangen«, sagte der Kommissar nachdenklich.

»Was soll ich dazu sagen? Er muss ungemein geschickt und schnell gewesen sein. Ein geübter Handwerker … Es geht mir schwer über die Zunge: Ein Meister seines Fachs, der zielbewusst vorging!«

»Wie sollte er denn«, entgegnete Burma, »voraussehen, dass zu einer bestimmten Zeit zwischen zwei bestimmten Eheleuten an genau jenem Ort ein Streit so eskaliert? Das ist doch höchst … bizarr!« Burma machte eine Pause und fuhr dann fort: »Zwotens: Woher soll der Täter all das Material parat haben für eine derartig aufwändige Aktion? Pinsel, Farbtuben, Spezialschnur, aufgezogene Giftspritze … Dann diese Rose und so weiter? Oh, fast hätte ich vergessen zu fragen: Gibt es Anzeichen einer Vergewaltigung?«

Dr. Armbruster räusperte sich. »Nein, eindeutig nein!«

Ein längeres Schweigen entstand. Burma stopfte automatisch seine Pfeife und setzte anschließend das Zimmer in dichten Qualm. Das schien diesmal aber keiner zu registrieren. Jeder grübelte nur still vor sich hin.

»Es ist irgendwie … satanisch«, entfuhr es Elvira.

Armbruster, Grummenohl, Schlemmermayer und Burma nickten mit ernsten Gesichtern zustimmend. Mit einem Mal wusste Elvira, dass sie dazu gehörte. Und die anderen wussten es ebenfalls. In die beklemmende Atmosphäre hinein wurde die Tür aufgerissen und Staatsanwalt Futzek betrat den Raum, riss sogleich das Fenster auf und gesellte sich zu den in dumpfem Grübeln versunkenen Ermittlern.

»Was gibt's Neues, Leute?«, fragte er leutselig, als befände er sich in einer Skatrunde. Burma übernahm nach kurzem Zögern und bittendem Blick auf Dr. Armbruster, die aber nicht reagierte, das Reden und informierte den Staatsanwalt detailgenau über den Stand der Ermittlungen, die im Grunde noch gar nicht richtig begonnen hatten, aber bereits zu viele Ungereimtheiten aufwiesen.

»Au Scheiße«, entfuhr es Dr. Futzek nach den Ausführungen Burmas, »und ich dachte, wir hätten mal einen einfachen Fall! Okay, Herrschaften, installieren wir eine SoKo, eine

Sonderkommission. Werde ich gleich dem Polizeidirektor verklickern. Machen Sie weiter unter Leitung von Kommissionschef Kollege Schlemmermayer und Kommissar Rüttgersbusch, äh, Burma, als Profiler!«

»Als was, Herr Doktor?« fragte Burma, sich dumm stellend.

»Na, Fall-Ermittler. Suchen Sie sich dazu noch zwei Uniformierte Ihres Vertrauens für die ›Botengänge‹ aus! Wenn Sie noch mehr Personal brauchen, sagen Sie mir Bescheid! Alles klar?«

»Klar, Herr Doktor«, antworteten die Angesprochenen. Der Staatsanwalt verließ darauf zufrieden die Truppe mit Hinweis auf einen dringenden Termin.

»Was ich noch fragen wollte«, meinte Burma zu Schlemmermayer, »wann genau kam gestern der anonyme Anruf?«

»Gegen sechzehn Uhr, exakt um sechzehn Uhr vier!«

Burma machte unnötigerweise eine Kopfbewegung in Richtung Schmitz. Die schrieb wie wild alles mit.

»Macht auch keinen Sinn … Er könnte auch vom Tatort aus angerufen haben; geht auch nicht. Fabian Görtz kam laut eigener Aussage gegen fünfzehn Uhr dreißig in seine Wohnung zurück und fand die Leiche in der veränderten Form vor.«

»Ich versteh nicht, Burma«, gab der etwas schwerfällige Vorgesetzte von sich. Burma setzte seine verständnisvollste Miene auf und säuselte wie ein Vater zu seinem begriffsstutzigen Kinde:

»Macht nix, Hanspeter! Geh in dein Büro, kurier deinen Kater und erledige den Schreibkram wegen der SoKo. Nennen wir sie der Einfachheit halber ›SoKo Siebengebirgsallee‹. Du regelst das schon, wie gewohnt.«

Schlemmermayer verließ – etwas pikiert, aber auch sichtlich erleichtert – das Büro und hinterließ eine kurz amüsierte Gruppe kriminalistischer Spürhunde, die sich auf die Jagd machten; und alle erschienen sie mächtig ausgehungert. Da öffnete sich halb die Bürotür und Kommissarin Redelix steckte den Kopf ins Zimmer.

»Kollegen, ich wollte …«

Weiter kam sie nicht.

»Raus! Verdammt noch mal«, brüllte Nestor Burma, und die Frau verschwand augenblicklich durch die Tür.

Die Medizinerin zuckte zusammen und blickte mit großen Augen erst Burma, dann Elvira fragend an. Nur Grummenohl grinste wissend vor sich hin. Burma erhob sich ungewohnt dynamisch aus seinem uralten Sessel und sagte plötzlich vergnügt zu seinen Mitarbeitern:

»So, Leute – ab zu Fabian Görtz. Na, der wird vielleicht Augen machen!«

Auf dem Weg zu den Vernehmungsräumen erkundigte sich Kommissar Burma noch nach Fingerabdrücken und möglichen Spermaspuren. Weder Dr. Armbruster noch Heinz Grummenohl konnten dergleichen liefern – außer den Abdrücken des Ehepaares Görtz.

»Nicht gerade ermutigend … Scheiße auch! Nix haben wir in der Hand«, grummelte Burma beim Durchlaufen der nicht enden wollenden Flure des Präsidiums, dabei weiterhin die Gegend mit seinem stinkenden Kraut aus dem Pfeifenmonster verpestend. Im Gegensatz aber zu seinem pessimistisch anmutenden Gegrummel tat er gut gelaunt und stolzierte in beachtlichem Tempo vorne weg – atemlos in seinem Rücken die kleine Mannschaft.

Auf halbem Weg hielt Burma an dem einzigen Zigarettenautomaten im Präsidium und zog zwei Packungen Roth-Händle. Die Rechtsmedizinerin wandte sich bei dieser Gelegenheit verstohlen und im Flüsterton an die Kommissarsanwärterin:

»Frau Schmitz, können Sie mir erklären, warum man den Rüttgersbusch mit dem komischen Namen Burma anredet?«

Elvira Schmitz lachte erst fröhlich und raunte ihr dann im Ton eines Verschwörers zu, als würde sie die Tresorzahlen von Theo Albrecht verraten: »Frau Dr. Armbruster, das ist eine lustige, aber lange Geschichte. Ich verrate sie Ihnen gern bei passender Gelegenheit.«

*

Eine hoch gewachsene Person stand vor der Rückwand und malte mit feinem Pinsel auf das nackte Fleisch eines fast toten Menschen. Die Person war von Kopf bis Fuß in hauchdünnes, karminrotes Leder gezwängt, unter dem sich – wie bei einer zweiten Haut – jede noch so geringfügige Unregelmäßigkeit abzeichnete, was den Träger fast lächerlich erscheinen ließ. Lediglich vier ins Leder gearbeitete Reißverschlüsse gaben die Augen, den Mund und den ausgeprägten Genitalbereich frei. Das Subjekt war somit unschwer als männliche Person auszumachen. Der Mann neigte sichtlich etwas zur Fettleibigkeit, was seiner Erscheinung etwas zusätzlich Groteskes verlieh.

»Du gehörst zu den Auserwählten, mein schöner Engel, deshalb musst du mir, deinem Liebhaber, dankbar sein! Zeige mir deine Dankbarkeit! Sage endlich ›Danke, mein wahrer Freund!‹«

Die Musik war zu Ende, der Mann ging die Platte umdrehen. Dann begann er, mit der neu einsetzenden Musik, die Marter an der jungen Frau fortzusetzen.

»Bald bist du fertig für deinen wahren Gott! Bald wirst du zu den auserwählten Bräuten des Meisters gehören! Und ich habe dich bereitet in aller Pracht und Herrlichkeit«, zischte er durch den offenen Reißverschluss und stieß seine riesige Zunge blitzartig durch den Schlitz mehrmals hintereinander brutal in den Mund der bewusstlosen Frau.

Die noch junge Frau war mit verchromten Stahlmanschetten an der blutverspritzten Wand angebracht und vollständig nackt. Ihre Arme waren wie bei einer Kreuzigung vom Körper weggestreckt und die Beine eng aneinander gefesselt. Aus ihrer Haut sickerte durch hunderte fein angebrachte Schnitte langsam das Blut und sammelte sich auf dem Boden zu einer riesigen Lache. In der Blutpfütze stand ihr Peiniger mit seinen ebenfalls karminroten hochhackigen Stiefeln und bemalte ihre Haut wie eine Leinwand. Ihm zur Rechten stand ein weißer, blitzsauberer Rollwagen, wie es sie in Krankenhäusern gibt –

mit Regalfächern aus dickem Glas, auf denen sich oben etliche Farbtuben, Malmittel, Lappen und einige Gläser befanden, die eine Anzahl Rotmarder-Pinsel enthielten; auf den unteren Glasböden lagen Skalpelle und anderes OP-Werkzeug, Mullbinden, standen verchromte Auffanggefäße und ein Salzstreuer.

Er malte mit der karminrot behandschuhten rechten Hand. Über dem Mittelfinger trug er einen riesigen Goldring mit einem großen Rubin. Die Linke trug einen ebenso großen Siegelring aus Silber mit eingravierter Runeninschrift. Der Mann in Rot malte seelenruhig und konzentriert um die Schnittwunden herum.

Zwischendurch erhellten immer wieder Blitze die Halle, die von einer aufwändigen Blitzanlage, bestehend aus sieben speziellen Fotolampen, herrührte. Diese Lampen waren in zwei Gruppen im Abstand von viereinhalb Metern vom Objekt weg installiert und leuchteten die Wand mit dem Opfer perfekt aus. Der Peiniger dokumentierte die einzelnen Phasen seiner Tat in höchster Schärfe und Qualität – ein Meister seines Fachs. Auf zwei Stativen war jeweils eine Kamera befestigt. Auf dem kleineren Stativ steckte eine alte, aber kostspielige Leica M3 mit Motor und langem Drahtauslöser. Auf dem Stativ dahinter befand sich eine 4x5-Zoll-Plattenkamera mit Polaroid-Rückteil, »mit der man Fliegenscheiße aus fünfzig Metern fotografieren kann«, wie die Besitzer solcher seltenen Geräte gern prahlen.

Der Täter benutzte diese Kamera für das farbige Endergebnis. Die Dokumentationen mit der Kleinbildkamera machte er in schwarzweiß. So war er – weil sich in einem der hinteren Räume eine Dunkelkammer befand – in der Herstellung von fotografischen Bildern völlig autark und auf Fremde nicht angewiesen. Selbst die Entwickler, die aus verschiedenen Chemikalien zusammengesetzt waren, stellte er selber her. Er besaß enorme Vorräte an Chemie und echten Fotopapieren.

Die junge Frau erwachte aus einer längeren Ohnmacht und hob mühsam etwas den Kopf. Ihr kurz frisiertes Haupt hing seitlich herab. Sie wartete in stumpfer Resignation auf das Ende oder auf die nächste Ohnmacht als gnädiges Entgleiten aus der nicht enden wollenden Qual. Wie durch einen Schleier wurde ihr die Umgebung wieder bewusst. Trotz Schmerzen, absoluter Kraftlosigkeit, Durst, Hunger und dem panischen Gefühl des Ausgeliefertseins sowie dem lähmenden Wissen, die Situation nicht ändern zu können – sie wusste genau, dass sie nicht mehr lange zu leben hatte – versuchte sie dennoch, sich den Hergang zum x-ten Mal in Erinnerung zu rufen.

Seit vier Wochen war sie Opfer dieses Wahnsinnigen. Alles hatte durch eine äußerst charmante und gekonnte »Anmache« dieser »schizophrenen Kreatur« in einem Café in Königswinter begonnen, wo sie zu Hause war. Sie verabredeten sich nach einem längeren und kultivierten Gespräch für den kommenden Sonntag auf ein Essen im Rheinhotel Loreley. Dieser Sonntag war die Erfüllung eines jungen und naiven Mädchenherzens: Ein älterer, aber blendend aussehender und offensichtlich auch vermögender Mann, wie sein Maserati zeigte, der sich gebildet und charmant gab, einen erlesenen Geschmack aufwies und sich nun, wie er sagte, auf der Suche nach der »wahren Liebe« befand. Dieser Mann erwählte gerade sie – und zeigte sich unsterblich verliebt.

Sie war allein, hatte wenig Bekannte und keine Freunde. Die Eltern waren durch einen schrecklichen Autounfall früh verstorben. Aber sie biss sich irgendwie durch und endete schließlich als Werbeassistentin in einem riesigen Konzern in Bonn mit einem ausgeprägten Sinn für das eigenbrötlerische Dasein. Man würde sie kaum vermissen, glaubte sie. Dann kam das Ereignis, das sie kopfüber in die Hölle stürzen ließ.

Sie fuhren an jenem Sonntag im offenen Wagen bei herrlichstem Sonnenschein langsam über die linksrheinischen Dörfer nach Köln. Sie genoss den Mann an ihrer Seite und endlich auch sich selbst. Es machte ihr zum ersten Mal richtig Spaß, sich vor dem Ausflug hübsch zu machen, zum Frisör zu gehen, modische Kleider zu kaufen und sich zu schminken. Sie war wie verwandelt und fühlte sich glücklich.

Sie verbrachten den Tag in der Stadt, gingen in ein Café, gingen abends zu einem Mahler-Konzert in die Philharmonie und freuten sich wie die Kinder, dass sie noch Karten bekamen. Danach gingen sie feudal essen. Es war gegen Mitternacht, als er ihr nach einem romantischen Spaziergang durch Kölns Altstadt seinen *Verlag* zeigen wollte. Sie hatte keinen Grund, ihm zu misstrauen.

Wenig später betraten sie in einem Nobelviertel im Süden Kölns den Eingangsbereich einer Villa – das war das Letzte, woran sie sich erinnern konnte.

Das Schwein muss mich betäubt haben.

Als sie erwachte, »klebte« sie splitternackt an der Wand in dem grauenvollen Gewölbe.

»Er« kam jeden Tag für wenige Stunden zu ihr und erzählte von sich und seinen Vorstellungen von einer Welt, die nur in einem absolut kranken Gehirn existieren konnten. Er gebärdete sich mal als Sohn des Teufels, mal als Engel, dem man verboten hatte, sich als solcher zu offenbaren. Mal tat er gütig, fütterte sie und las ihr aus unbekannten Märchenbüchern grausame Geschichten vor. Dann brach er oft ohne Übergang in schrille Hysterie aus, schrie aus Leibeskräften und betitelte sie dabei als Spießernutte, Schlampe und weiblichen Vampir, schlug sie wahllos mit einer Reitpeitsche blutig und urinierte in die aufgeplatzte Haut. Ihre Notdurft verrichtete sie in der gefesselten Stellung. Er schaute dabei gnadenlos zu und amüsierte sich. Nur gelegentlich spritzte er die Fäkalien mit einem Wasserschlauch von ihrem Körper.

Zu Beginn der dritten Woche schließlich begann er – diesmal voll rot beledert – sie überall am Körper mit einem OP-Skalpell zu ritzen und zu schneiden. Nur so tief, dass ihr Körper nicht allzu viel Blut verlor. Jedes Mal, wenn sie vor Schmerz schrie, kicherte und gluckste er zutiefst befriedigt in sich hinein. In den Schnitten auf Brust, Bauch, Oberschenkel und Armen des Opfers, die nach einem grafischen Prinzip geordnet schienen und alle vertikal verliefen, rieb er mehrmals Salz und Schmutz ein. Die Schnitte entzündeten sich und brannten furchtbar. Beim Ritzen war er stets bester Laune und summte oft leise alte deutsche Schlager, die die Sehnsucht, die unerfüllte Liebe und das Fernweh besangen.

Zu dem Zeitpunkt begann er die einzelnen Phasen physischen Wandels am Opfer fotografisch zu dokumentieren. Sie bekam nur noch ein absolutes Mindestmaß an Nahrung und Flüssigkeit in den Mund gestopft. Auch die anfangs noch oft gewährten »Erholungsphasen«, wie er es nannte, indem er die Ketten durch einen versteckten Mechanismus verlängerte, so dass sie sich auf den Boden setzen und das Blut zirkulieren lassen konnte, blieben später, bis auf wenige Ausnahmen, nur noch ein verzweifelter Wunsch von ihr. Sie spürte schon seit einer Ewigkeit ihre Arme nicht mehr. In den wenigen Augenblicken des vollen Bewusstseins fragte sie sich immer wieder, weshalb sie die Tortur ertrug, ohne wahnsinnig zu werden. Der Wahnsinn – so dachte sie in ihrer Verzweiflung – würde die Schmerzen in eine erträglichere Dimension versetzen.

Ihr Körper war zu einer einzigen offenen, höllisch brennenden und schmerzenden Wunde geworden, fast zu einer Paradoxie mutiert: einem lebendigen Leichnam, wie sie trotz der unerträglichen Qual noch einigermaßen klar feststellte.

Elohim … lass mich bitte endlich sterben, war das Letzte, was sie noch denken konnte, bevor sie in ein weiß leuchtendes Loch sankt und – endlich erlöst war …

Der Mann in Rot ließ von seinem »Kunstwerk« ab und betrachtete es kritisch aus drei Metern Abstand. Den Tod seines Opfers registrierte er nicht. Der Frauenkörper war für ihn nur noch Trägermaterial für seine »geniale« Kunstfertigkeit.

Der geschundene Körper der ausgebluteten jungen Frau war über und über an den Schnitten vorbei mit Acrylfarben sorgfältig und passend zu den zahlreichen Flecken auf der Wand beigemalt, so dass man nur undeutlich – durch die gerade noch sichtbare Kontur des sich dreidimensional verhaltenden Körpers – das Opfer erkannte. Der »Künstler« grunzte schließlich zufrieden und ließ achtlos Pinsel und Palette in die dunkel-rotbraune Blutlache gleiten. Es war vollbracht.

»Haaa«, schrie er mit sich überschlagender Stimme, »was für ein Meisterwerk! Ein Meilenstein der Kunst! Man wird mir, ja, mir, endlich den ersten Platz in der ersten Reihe der Avantgarde einräumen, auf den ich schon seit Ewigkeiten Anspruch besitze!«

Er atmete schwer. Seine Augen flackerten feucht zwischen den Schlitzen der geöffneten Reißverschlüsse.

»Und mein Vater in der Hölle nimmt dieses Geschenk an. Ich spüre es deutlich! Welch eine Gnade erfahre ich. Die Ignoranten werden mir und dem Fürsten der Hölle Abbitte leisten müssen!« Dann kicherte er hysterisch, angelte sich eine Zigarette aus der Packung, die auf dem Beistelltisch lag, steckte sie mit zitternden Händen an und rauchte mit tiefen Zügen.

»Vater, du in der Hölle, empfange meine tiefste Dankbarkeit dafür, dass du mir über die Genialität hinaus auch Einsicht in die Poesie des fließenden Blutes vermittelt hast«, flüsterte er, jedes Wort betonend. »Wie einst deinen geliebten Jüngern von der Heiligen Inquisition und auch meinem Schmerzensbruder, dem Marschall von Frankreich, dem Baron Gilles de Rais, dem meine besondere Verehrung gilt!«

Nach längerem Verharren in einer Art Meditation legte der Mann in Rot die belederten Handflächen aneinander wie zu einem Gebet und hob sie in Höhe seines Kopfes, den er zur Decke streckte, und schrie plötzlich, eine Oktave höher als gewöhnlich, fast triumphierend:

»Und ich danke dir für die Energie, die du mir in deiner unbegreiflichen Güte geschenkt hast, mir als deinem auserwählten Werkzeug und geliebten Jünger, der deinem Willen gemäß den Geheimnissen dieser deiner Welt eine adäquate Gestaltung verleihen durfte und weiterhin darf. Amen!«

Das letzte Wort war nur noch ein Krächzen; dann machte er sich voll konzentriert an die Arbeit, sein »wunderbares Werk« mit Hilfe fotografischer Mittel für die »Nachwelt« festzuhalten.

Der Mann im roten Lederdress legte leise kichernd eine Polaroid-Kassette in die Großbildkamera und schoss ein Farb-

Sofortbild in höchster Qualität von seinem Werk. Ein vorerst letztes Mal erhellte die Lichtanlage für einen Sekundenbruchteil das Gewölbe. Danach wurde der Serienkiller sehr müde.

*

Burma und seine Truppe waren an der Tür zum Vernehmungsraum angekommen, während der Serienkiller zufrieden wie ein Kind, das sich müde gespielt hatte, auf einem über hundert Jahre alten, zerschlissenen Sofa in dem schwach beleuchtetem Gewölbe einschlief – nicht allzu weit weg vom Polizeipräsidium Köln-Süd.

Die Ermittlergruppe teilte sich vor dem Vernehmungszimmer. Burma und seine junge Assistentin betraten den Raum, in dem Fabian Görtz auf das Verhör wartete, Dr. Armbruster und Heinz Grummenohl setzten sich an einen kleinen Tisch im Vorraum, um die Fortsetzung des Verhörs am Monitor mit zu verfolgen.

Fabian hatte die gesamte Zeit über tief und fest geschlafen. Er schaute interessiert dem Kommissar entgegen, als der die Tür mit Schwung aufriss. Burma begrüßte leutselig den am Tisch sitzenden Görtz, um dann sofort zur Sache zu kommen. Als Erstes ließ der Kommissar dem vorerst noch mutmaßlichen Täter wieder die Handschellen abnehmen und setzte sich ihm gegenüber. Elvira schlug die Seite auf, an der sie zuvor den ersten Teil des Verhörs mitgeschrieben hatte, und zückte den Bleistift. Burma schaltete die Kamera ein und wandte sich dann an den U-Häftling.

»Äh ja, Herr Görtz – vorweg einmal: Sie könnten diesen Raum im Prinzip sofort als freier Mann verlassen! Sie haben Ihre Frau – wenn der Zeitplan stimmt, den Sie uns angegeben haben – unmöglich töten können!«

Fabian wurde blass und hielt sich an der Tischkante fest.

»Wachmann, bringen Sie bitte etwas zu trinken«, rief Burma in Richtung der uniformierten Wachsfigur. Der stürzte aus dem Zimmer und kam sogleich mit einer Dose Cola zurück.

Görtz trank gierig und sein Gesicht gewann zusehends an Farbe. Burma legte zwei Packungen Roth-Händle und seine eigenen Streichhölzer vor Görtz auf den Tisch. Der riss sogleich eine Packung auf und steckte sich mit zitternden Händen eine Zigarette an. Durch den Qualm sagte er zu Burma:

»Sie machen Witze, Herr Kommissar! Ich habe sie doch gesehen: Sie war tot – eindeutig tot!«

»Das glauben Sie«, entgegnete Burma. »Haben Sie Ihre Frau denn untersucht? Ihr einen Spiegel vor den Mund gehalten, ihren Puls gefühlt? Haben Sie in Ihrem Leben überhaupt je eine Leiche zu Gesicht bekommen?«

»Nein … Nein, nie! Sie sah aber aus wie eine«, sagte Fabian kleinlaut. Er verstand die Welt nicht mehr. Burma ließ ihm Zeit, stopfte seine Pfeife und paffte mit Görtz um die Wette. Elvira hustete ordentlich, eingehüllt in den dichten Qualm und steckte sich schließlich resigniert selbst eine Gedrehte ins Gesicht, als müsse sie den Teufel mit Beelzebub austreiben.

»Mein Gott, sie lebte also noch! Ich bin einfach abgehauen und hätte sie retten können! Bin ich ein dämliches Arschloch!«

In den Augen von Fabian Görtz bildeten sich langsam Tränen, die er schnell mit dem Handrücken wegwischte.

Er tat dem Kommissar plötzlich leid. Burma stand von seinem Stuhl auf, ging um den Tisch herum und stellte sich in Fabians Rücken. Er legte ihm beruhigend die Hand auf die Schulter und sagte dann zu ihm:

»Es war nun mal eine schicksalhafte Verkettung unglücklicher Umstände … die im Dunkeln liegen und mir ehrlich gesagt Angst machen. Etwas grausam Bizarres, das uns noch unbekannt ist, führte schließlich zum Tod Ihrer Frau. Und Sie, Herr Görtz, haben für mich keinen Anteil daran. Sie sind nicht der Mörder. Da bin ich mir absolut sicher! Der Mord ist in der Zeit geschehen, als Sie sich, laut Ihrer Aussage und wie ich Ihnen gerne glauben will, im Norden der Stadt aufhielten. Sie sind nicht der Typ eines Totschlägers, geschweige denn der eines Mörders. Aber der wirkliche Mord ist in der Zeit zwischen … Elvira – wann?«

»Zwischen zwölf Uhr und fünfzehn Uhr dreißig, Chef«, kam es wie aus der Pistole geschossen von Elvira.

»Danke, Elvira! – Tja, Herr Görtz … Wir werden Ihr Alibi überprüfen müssen, das verstehen Sie sicher. Solange müssen wir Sie in Gewahrsam halten. Der Staatsanwalt würde Sie unter den bisher bekannten Umständen und angesichts Ihrer bis dato noch nicht bestätigten Zeitangabe nie auf freien Fuß setzen. Das kann er nicht. So, das wäre es fürs Erste. Wir werden Sie zu einem späteren Zeitpunkt noch einmal verhören müssen. Bis dahin genießen Sie unsere … äh, Gastfreundschaft! Wenn Sie was lesen wollen, werden wir versuchen, es zu besorgen. Kein Problem. Was sollen wir Ihnen denn zum Lesen beschaffen?«

»›Die Zeit‹ wäre jetzt genau richtig! Bei der Masse an Papier wäre ich bestens beschäftigt«, antwortete Fabian Görtz etwas hoffnungsfroher.

»Sie lächeln ja wieder, das gefällt mir! Elvira, sei so lieb und flitz mal schnell auf die Severinstraße, kauf da 'ne ›Zeit‹ für den jungen Mann!«

»Ach du Scheiße«, entfuhr es Görtz. »Ich hab meine Lesebrille noch irgendwo in der Wohnung liegen. Ohne Gläser bin ich auf zwei Meter blind!«

»Weitsichtig?«

»Und wie!«

»Dioptrien?«

»Zweikommafünf!«

»Elvira, bring ihm bitte eine Lesehilfe Stärke Zweikommafünf mit. Auf der Severinstraße gibt es genug Billigläden.«

Burma zückte das Portemonnaie und reichte Elvira daraus einen Zehn-Euro-Schein. Fabian wurde auf Anweisung Burdas ohne Handschellen abgeführt, und die Fahnder trafen sich auf dem Flur.

»Das hat uns ja nicht gerade viel weiter gebracht«, meinte Heinz Grummenohl, die Stirne in besorgte Falten gezogen.

»Da hast du leider Recht, Heinz. Im Verhören bin ich noch nie besonders gut gewesen. Die wichtigen Fragen, die ich hätte stellen können oder müssen, fallen mir immer nachher ein«, antwortete der Kommissar zerknirscht.

Frau Dr. Armbruster verabschiedete sich mit Hinweis auf eine noch zu obduzierende Wasserleiche, die aus dem Rhein gefischt wurde und verschwand mit der Bitte, sie auf dem Laufenden zu halten. Kommissar Rüttgersbusch alias Nestor Burma sah auf seine Uhr und meinte zum Leiter der Spurensicherung:

»Heinz, wir machen jetzt Schluss. Vielleicht fahre ich noch zu dem Exschulleiter in der Siebengebirgsallee. Vielleicht kann er mir eine Auskunft über die fragliche Zeit geben, in der unser Görtz aushäusig gewesen sein will. Er kümmert sich zwar um nichts, aber ich versuch's trotzdem … Ach so, was ich noch fragen wollte: Hast du eigentlich auch so 'n Ding … äh, Mobilfunkgerät wie die Schmitz?«

»Na klar doch, ein Handy – hat doch inzwischen jeder!«

»Ich nicht. Gib mir mal deine Nummer. Man weiß nie. Im Übrigen: Bist du so lieb und rufst mit deinem Wunderkasten die Elvira an und sagst ihr, dass Feierabend ist? Und sie soll sich nicht unterstehen, im Präsidium zu bleiben, und erst recht nicht, morgen hier anzutanzen. Wir haben nämlich ausnahmsweise dienstfreies Wochenende!«

»Geht klar! Und – Nestor, mein lieber alter Freund: man kann sich ›so 'n Ding‹, wie du das Mobiltelefon bezeichnetest, auch kaufen. Gibt es überall … Und älteren Herren gibt man auch eine geduldige und umfassende Einführung in die enorm komplizierte Handhabung des Dingens.«

Burma grummelte beleidigt »Tschüss, du Knallkopp« und verschwand in das dunkle Grau des ausgehenden Tages.

Er drückte zum zweiten Mal den Klingelknopf bei Schuldirektor a. D. Dr. Ernst Anton Fuchs, als ein laut vernehmbares »Ich ko-homme schon« von oben erscholl. Fuchs schaute aus dem Fenster herunter und rief: »Ach, der Herr Kommissar! Ich komme runter und mach Ihnen auf! Einen Augenblick!«

Keine Minute verging, und die Tür wurde von einem überglücklichen alten Herrn geöffnet, der die Arme ausgebreitet hatte, um den altgedienten Polizisten zu empfangen, als handele es sich um das Wiedersehen mit einem geliebten, aber verloren gegangenen Bruder. Der Kommissar freute sich darüber.

»Herzlich willkommen in meiner Kate, Herr Rittersbosch!«

»Rüttgersbusch, Herr Dr. Fuchs!«

»Herr Rüttgersbusch! Schön, dass Sie mich besuchen kommen. Mir graut es in dem Haus so alleine – nach dem Mord.«

»Sie müssen entschuldigen, Herr Dr. Fu…«

»Hier gibt es nichts zu entschuldigen, Kommissar«, unterbrach ihn der Pensionär. »Kommen Sie herein und seien Sie herzlich willkommen!«

Beide erklommen die Treppe zur Fuchs-Etage. Der Kommissar fragte sich schnaufend, wie alte Menschen solche steilen Treppen rauf und runter schafften. Er fühlte sich wie bei Ottilie. Schließlich machte er sich in der Bibliothek auf dem Sessel breit, während Fuchs eifrig zwei große Cognac-Schwenker brachte und versuchte, eine jungfräuliche Flasche Rémy Martin zu öffnen. Burma war zu höflich, ihm helfen zu wollen und begann ohne Übergang mit der Frage, deretwegen er den alten Pauker aufgesucht hatte:

»Dr. Fuchs, können Sie mir vielleicht sagen, ob Herr Görtz gestern gegen Mittag das Haus verlassen hat?«

»Natürlich, Herr Kommissar!«

»Was? Äh – im Ernst?« Burma riss verblüfft Mund und Augen auf.

»Warten Sie, Herr Rüttgersbusch …« Dr. Fuchs ging zu seinem Schreibpult und entnahm ihm ein kleines Notizbüchlein, blätterte darin und las schließlich vor: »Zwölf Uhr drei: Görtz verlässt Haus mit der Enfield … Sie müssen wissen, Herr Kommissar, dass ich in meiner Jugend leidenschaftlich gern Motorrad fuhr und mich immer noch mit den Maschinen auskenne. Eine herrliche Kiste hat der Görtz … Ah ja, und hier: fünfzehn Uhr dreißig zurück.«

Burma riss dem verdutzten Pensionär das kleinformatige Buch aus der Hand und las die Aufzeichnungen nach, gab ein lautes »Uff« von sich und griff instinktiv in die Manteltasche, wo er seine Pfeife und den Tabak wusste. Er zog seine Hand aber sofort zurück. Selbst für Nestor Burma gab's Grenzen der Unhöflichkeit.

»Herr Dr. Fuchs, ich könnte Sie …«, rief Burma, erfreut mit dem Büchlein wild hin und her fuchtelnd. »Sie haben uns gerettet! Ihren Mieter Görtz vor längerem Knast und mich vor einer Menge Arbeit!« Burmas Augen leuchteten glücklich wie die eines kleinen Jungen, der unverhofft beschenkt wurde.

»Es ist mir ja etwas peinlich, Herr Kommissar,– nicht dass Sie glauben, ich würde, aus welch niedrigen Antrieben auch immer, meine Nachbarschaft überwachen. Ich registriere lediglich das Geschehen in meiner unmittelbaren Umgebung und notiere es mir – als so eine Art Aufmerksamkeitstraining für mein langsam nachlässig werdendes Gehirn!«

Der alte Mann wirkte mit einem Male traurig und sehr nachdenklich. Dann, sich des Besuchs bewusst, gab er sich einen Ruck, lachte kurz auf und goss zwei Gläser mit dem »stark blumigen« Cognac halbvoll. Das scheinbar so ungleiche Paar prostete sich zu. Beide spürten, dass es – wie in dem Film *Casablanca* – der Beginn einer langen Freundschaft war. Sie genossen die nach Amber und Lakritz duftende, leicht ölige Flüssigkeit und waren – jeder auf seine Art – sehr glücklich. Plötzlich setzte sich der Kommissar ruckartig im Sessel auf und fragte den Lehrer:

»Herr Dr. Fuchs, haben Sie ein Telefon?«

»Ja. Ich weiß allerdings nicht, weshalb ich mir damals dieses blöde Gerät angeschafft habe. Mich ruft keiner an, und ich rufe erst recht niemanden an.«

»Dürfte ich es mal benutzen?«

»Aber natürlich, Herr Rüttgersbusch. Ich hole es Ihnen!«

Fuchs eilte in den Nebenraum. Minuten vergingen. Schließlich kam er mit einem vorsintflutlichen Gerät aus schwarzem Bakelit in den Salon und stellte es vor Burma auf den Boden. Eine überlange Schnur, mit geflochtenem, buntem Stoff überzogen, stellte die Verbindung zu einem Anschluss her, der irgendwo im Zimmer nebenan vor ewigen Zeiten in der Wand angebracht worden war. So was Antiquiertes kannte Nestor Burma nur noch aus ferner Erinnerung und war fasziniert.

»Und der Apparat funktioniert?«, fragte Burma zweifelnd.

»Ich denke, doch.«

Burma wählte. Es meldete sich der wachhabende Beamte im Präsidium am Waidmarkt.

»Es funktioniert! Toll«, strahlte Burma. Fuchs lächelte, glücklich über ein Ereignis, mit dem er nicht mehr gerechnet hatte.

»Hans, hier ist Burma! Kannste mir einen großen Gefallen tun? Geh bitte in eine der Zellen für Polizeigewahr… Ja, genau, da sitzt ein Herr Fabian Görtz ein. Schreib's dir auf …ja! Richte ihm bitte aus, dass ich einen Entlastungsnachweis, oder wie nennt man so was, für die bewusste Zeit in Händen halte. Ja, er weiß dann Bescheid. Ich kann anhand einer Zeugenaussage beweisen, dass er in der Zeit, als der Mord passierte, nicht am Tatort war. Ja, alles klar, Hans! Gehen demnächst einen schluppen zusammen. *Malzmühle?* Klar doch …also, dank dir. Tschüs, oller Suffkopp. Ja, ich werd sie grüßen. Ja … Tschüss – und grüß mir Erika! Tschö-ö!«

Burma legte den Hörer auf die fein geschwungene Gabel.

»Ein Quatschkopp, aber ein sehr netter, der Kollege!«, entschuldigte sich Burma.

»Darf ich noch mal?«, zeigte er mit dem Finger aufs Telefon.

»Ich bin ja froh, dass es überhaupt mal benutzt wird!«

Burma blätterte in seinem Notizbüchlein nach der Nummer des Staatsanwaltes. Als er sie schließlich fand, wählte er erneut. Es meldete sich eine unfreundliche Frau, die erklärte, Herr Dr. Futzek befände sich nebst Gattin auf Kurzurlaub, sie wüsste nicht wohin, und es ginge sie und andere auch nichts an. Alles in einem Satz und dann Klick! Nestor Burma war selten sprachlos, aber diese Frau hatte es geschafft.

In die Stille hinein sagte der ehemalige Schuldirektor:

»Alles klar, Herr Kommissar? Ha ha, das reimt sich sogar!«

»Nein, nicht ganz. Ich müsste noch einmal anrufen, Herr

Fuchs. Burma wählte eine andere Nummer, bekam aber keine Verbindung. Dann versuchte er es bei der Zentrale des Präsidiums, die die Handynummer entweder nicht hatten oder aus Datenschutzgründen nicht herausrücken wollten. Burma glaubte eher an Letzteres.

»Bürokratische Wichser!«

»Herr Rüttgersbusch!«, kam es entrüstet, aber nicht allzu ernst gemeint von Rektor Fuchs.

»Ist doch wahr«, meinte Burma, langsam kochend, und versuchte als letzte Möglichkeit, seinen Vorgesetzten zu erreichen. Er hatte Glück. Krimialhauptkommissar Hanspeter Schlemmermayer war rein zufällig zu Hause, besaß aber keine Nummer vom Staatsanwalt, glaubte auch nicht, dass »der Arsch« – wie er Futzek hinter vorgehaltener Hand mit Vorliebe bezeichnete – über so etwas Neumodisches wie ein Handy verfügte. Für intelligenten Fortschritt wäre er schlicht zu dämlich.

Burma wurde knallrot. Der dicke Vorgesetzte erkundigte sich dann über den Gang der Ermittlung und Burma berichtete ihm ausführlich das Wenige, was der Chef noch nicht wusste.

»Weißt du was, Alter, mach 'ne Mücke! Überlass es mir, den Görtz nach Hause zu schicken. Bring mir nur Montag früh eine eidesstattliche Erklärung von dem alten Herrn.«

»Genügt es formlos, Hanspeter?«, fragte Burma.

»Vorerst kein Problem, denk ich mal. Mach dir einen schönen verdienten Sonntag und schlag erst am Montag wieder auf. Das ist eine Anweisung, mein Lieber! Und lass deine Finger von der Schreibmaschine! Einen Zwischenbericht kannst du auch im Büro von der Kleinen tippen lassen. Mach dir mit deiner Lotosblüte einen schönen ruhigen Sonntag! Tschüss dann, altes Haus!«

»Du bist ein Goldstück, Chefchen, danke. Bis Montag …«

Der Kommissar legte zufrieden auf und zeigte lachend sein blendendes Gebiss und die enormen Lachfalten um seine Augen, die seinem Gesicht etwas Verführerisches gaben.

»Feierabend, Dr. Fuchs! Her mit dem guten Tropfen, jetzt beschäftigen wir uns mal mit uns selber!«

Fuchs goss die Gläser halb voll und sagte, sichtlich beeindruckt von dem Bericht Burmas, den er unfreiwillig mit angehört hatte: »Haben *Sie* einen aufregenden Beruf! Aber auch eine beachtliche Verantwortung, wie mir scheint! Bei Zeus und allen Göttern des Olymp – diese Verantwortung wird in der Bevölkerung sicherlich unterschätzt!«

»Darüber habe ich mir – wenn ich ehrlich sein soll – noch keine Gedanken gemacht … Wissen Sie, Herr Fuchs, ein jeder bei uns macht seinen Job mehr oder weniger gut. Einige von uns sind natürlich nur ehrgeizig in Richtung Beförderung und investieren ihre gesamte Energie und Intelligenz ins Vorwärtskommen. Diese Spezies schafft es komischerweise auch immer! Die anderen – mir persönlich sympathischeren – Zeitgenossen entwickeln ihren Ehrgeiz in der Lösung des Falles, den sie bearbeiten, und es fehlt ihnen somit die nötige Zeit und Energie für … wie soll ich mich ausdrücken: für das Erfüllen all der Voraussetzungen, die beim Erklimmen der Karriereleiter beachtet werden müssen – wohlgemerkt: müssen!«

»Oh, lieber Herr Rüttgersbusch, davon kann ich Ihnen ganze Liederbücher singen«, sagte Dr. Fuchs.

Bevor er ausholen konnte, erzählte Burma weiter.

»Entschuldigen Sie, lieber Dr. Fuchs, ich wollte nur betonen, dass ich zu keiner der zwei Kategorien zähle! Ich bin erstens faul und zweitens stinkfaul!«

Beide lachten herzlich und prosteten sich zu.

»Mir fehlte schon immer der Ehrgeiz«, fuhr Burma fort. »Als Kind sah ich während des Unterrichtes immer aus dem Fenster den Vögeln beim Fliegen zu, und der Lehrstoff rauschte mir am Allerwertesten – oh, entschuldigen Sie bitte, Herr Fuchs – Sie als Lehrer und sogar Schuldirektor …«

»Nein, nein! Erzählen Sie weiter, Herr Kommissar … Wenn Sie wüssten, wie gut ich das alles nachempfinden kann. Bitte!«

»Ich war immer ein Beobachter und machte mir so meine Gedanken. Dabei kam ich sehr oft zu Resultaten, mit denen ich auf weiter Flur ziemlich alleine stand. Aber ich habe mich, wie soll ich sagen … ja, ich hab mich mit mir selbst ausgesöhnt. Heute genieße ich mich und die Menschen um mich herum, grinse mir einen und habe mir über die Jahre die Fähigkeit angeeignet, auch das zu akzeptieren, was mir fremd und unverständlich vorkommt. Ich kann Rätsel als solche stehen lassen, ohne sie lösen zu wollen und kann fasziniert sein von Phänomenen und so genannten Wundern, denen man schon mal begegnet – und belasse sie als solche, um das Mysterium nicht zu entzaubern, verstehn Sie?«

Fuchs nickte lächelnd.

»Ja, ich möchte das Mysterium wie ein Kind bestaunen. Das genieße ich!«

Burma machte eine nachdenkliche Pause – und der alte Schulleiter hütete sich, die eingetretene Stille zu stören. Schließlich sagte Burma spitzbübisch grinsend:

»Ja, mein Lieber, das kann man wohl sagen: Ich bin ein ausgesprochener Genießer und alles in allem deshalb ein Typ, der nicht zur Polizei gehören dürfte.«

»Oh, sagen Sie das nicht, Herr Rüttgersbusch! Menschen wie Sie sind das Salz der Erde. Glauben Sie einem alten Mann. Sie sind in der Verantwortung als Kriminalkommissar mit Sicherheit das Salz in dem bürokratischen Beamtenapparat. Davon bin ich überzeugt! Ich habe ja ein wenig mitbekommen, wie Sie in Ihrem Fall vorgehen, vor allen Dingen, wie Sie darum kämpfen, dass mein Mieter nicht einen Tag zu viel in Untersuchungshaft steckt. Das hat mich sehr beeindruckt.«

Die beiden Männer schauten sich in die Augen und der alte Fuchs sprach weiter:

»Sie haben mich sicherlich nicht außerhalb ihrer Dienstzeit aufgesucht, um mit einem alten Mann zu quasseln, sondern sind der höchst unwahrscheinlichen Möglichkeit nachgegangen, ein Alibi für die Zeit des Verbrechens zu bekommen! Wie gesagt: das hat mich sehr beeindruckt, Herr Kommissar!«

»Vielleicht haben Sie Recht … Es tut mir jedenfalls gut, dass mir das mal jemand sagt. Danke, Herr Fuchs.«

Burma war beschämt oder auch gerührt, jedenfalls überzog ein kräftiges Rot sein Gesicht.

Man plauderte angenehm noch über dieses und jenes und vergaß zwischendurch sogar den alles überschattenden Mord eine Etage tiefer. Der Schuldirektor a. D. forderte Rüttgersbusch alias Burma auf, endlich seine heiß geliebte Pfeife zu benutzen und steckte sich eine dicke Havanna, die er einem Glasröhrchen entnahm, zwischen die Zähne. Die zwei Männer genossen ihre frisch entdeckte Seelenverwandtschaft.

Sie offenbarten an jenem Abend viel über sich selber und diskutierten die Veränderungen in der Gesellschaft, landeten jedoch immer wieder bei dem vordringlichen Thema, dem Mord, der sich eine Etage tiefer zugetragen hatte. Burma vermied, so gut es ging, Einzelheiten preiszugeben, die der Geheimhaltung in einer laufenden Untersuchung unterliegen. Dennoch blieb das große Rätsel, das im Raum stand, die Frage nach dem Motiv. Rüttgersbusch versuchte schließlich, das Thema ohne rechte Überzeugung zu beenden:

»Vielleicht hat die ganze Sache überhaupt keine Bedeutung und ist nur Zufallstat eines verspielten, kranken Gehirns!«

»Bei der kurzen Zeitspanne – und so präzise ausgeführt? Das will mir nicht recht einleuchten«, wandte Fuchs nach längerem Zögern ein und Burma nickte langsam.

Schließlich kam Burma auf den ursprünglichen Grund seiner Anwesenheit zu sprechen und ließ sich von Fuchs handschriftlich eine eidesstattliche Erklärung geben, dass jenes Büchlein, das der Kommissar in Empfang nahm und die zeugenrelevanten Eintragungen enthielt, von ihm persönlich und nach bestem Gewissen verfasst worden war.

Zu vorgerückter Stunde tranken die beiden Männer Brüderschaft, angenehm überrascht über den Verlauf des Abends. Gegen ein Uhr morgens trennten sich zwei beschwipste Herren mit dem Gefühl voneinander, einen Freund gefunden zu haben.

Burma ließ sich ein Taxi kommen und schweren Herzens seinen Alfa-Romeo stehen. Während der Fahrt dachte er, so gut es sein Zustand noch zuließ, über den Abend mit dem alten Direktor nach, und er resümierte: Noch nie, soweit er zurückdenken konnte, hatte er jemandem so viel über sich selbst erzählt, auch nicht seiner Lydia, von der er glaubte, dass sie eh alles – auch das Verborgene – von ihm wusste. Vielleicht war es ein Fehler, sich derart zu offenbaren. »Man sollte nicht so viel von sich preisgeben«, hatte seine Mutter stets zu ihm gesagt, wenn er sich in jungen Jahren allzu offen anderen mitteilte. »Bleib deiner Umgebung ein Geheimnis – und man achtet dich!«

»So 'n Quatsch, Mama«, brummte der Kommissar laut vor sich hin und der Taxi-Fahrer wunderte sich. Dann nickte Burma ein.

Zu Hause in der Alteburger Straße angekommen, wartete seine Lydia, im Lesesessel einen spannenden Roman schmökernd, noch auf ihn. Sie machte ihm wegen seines Zustandes keine Vorwürfe, verabreichte ihm stattdessen lächelnd zwei deftige Frikadellen mit scharfem Senf und eine Doppelportion Aspirin.

Samstag

Es war gegen Mittag, ein lauer Wind wehte an diesem Herbsttag, aber die Sonne wärmte noch. Der anhaltende Föhn zeigte die ferne Gebirgssilhouette in solcher Klarheit, als begännen die Alpen direkt hinter den letzten Vororten der Stadt.

Ein Mann mit leichten Kopfschmerzen betrat ein kleines Antiquitätengeschäft in einer dunklen und engen Seitenstraße im Herzen Münchens. Er sah stattlich aus in seinem braungrauen Nadelstreifenanzug und den honigfarbigen Schuhen, denen man auf Anhieb die teure Handarbeit ansah. Der Mann trug eine Designer-Sonnenbrille und einen feinen Schnurrbart. Sein dichtes, graumeliertes Haar war nach hinten gekämmt. Er betrachtete ruhig und interessiert die geheimnisvollen Gegenstände, die hier aus allen Ecken und Winkeln der Erde zusammengetragen waren und von den unterschiedlichsten Kulturen und Epochen Zeugnis ablegten. Alles stand dicht aneinandergedrängt im Raum: Rüstungen, merkwürdige Möbelstücke, eine noch eingewickelte Mumie in einem versiegelten Glaskörper, mehrere Vitrinen mit uralten Devotionalien, gold- und silberverzierte Schädel und einzelne Knöchelchen von Heiligen, vormals als Reliquien gehandelt und verehrt, Orden, Schmuck und alte OP-Instrumente, die eher an Folterwerkzeuge erinnerten. An den Wänden hingen dicht an dicht Schwerter, Dolche, Lanzen, Kreuze in den unterschiedlichsten Ausführungen, Schrumpfköpfe, Ölbilder, Rosenkränze, ausgestopfte Tiere, unheilvolle Masken und vergilbte Radierungen – alles aus einer Zeit, in der offensichtlich die Angst als bestimmender Faktor einer Weltsicht vorherrschte. Ja, dieses Antiquitätengeschäft glich eher einem Gruselkabinett und war als solches in bestimmten Kreisen über die Grenzen Bayerns hinaus auch bekannt und nichts für sensible Gemüter.

Der Mann legte seine gepflegten Hände auf eine der Vitrinen und besah sich gerade – scheinbar fasziniert – die Dreiecksuhren und Orden offensichtlich freimaurerischer Herkunft, als eine hohe Fistelstimme den Raum durchschnitt:

»Kann ich Ihnen helfen?«

Hinter einem schwarzbraunen Vitrinenschrank mit sehr alten Fotoapparaten kam ein dürrer, über zwei Meter großer Mensch unbestimmbaren Alters hervor, der entfernt an Boris Karloff erinnerte.

»Ja ich hoffe, dass Sie das können«, antwortete der Kunde. Er wischte sich elegant mit dem Zeigefinger über die Lippen und fuhr fort: »Ich suche ein Samurai-Schwert, am liebsten ein sehr altes Katana und das dazugehörige Wakizashi!«

»Oh, der Herr kennen sich aus! Welch seltene Freude! Warten Sie einen Augenblick, ich werde Ihnen sogleich eines zeigen!«

Nach nur einer Minute kam der Antiquar lächelnd aus einer hinteren Stube mit einem länglichen, dunkelroten Holzkasten unter dem Arm zurück und legte diesen vorsichtig vor dem Mann auf die Glasplatte des Verkaufstresens. Er öffnete das Behältnis behutsam und zeigte den Inhalt: ein außergewöhnlich schönes Langschwert und ein ebenso beeindruckendes Kurzschwert – gebettet auf goldfarbiger Seide, mit der der Kasten kunstvoll ausgeschlagen war. Auf dem spiegelnden Stahl der Klingen befanden sich formvollendet gravierte Schriftzeichen. Auf den Handgriffen aus Fischhaut waren kunstvolle Epochensiegel zu bestaunen.

»Dies Ensemble ist im Makuri-Klingen-Verfahren im letzten Drittel des neunzehnten Jahrhunderts gefertigt worden«, erläuterte der düstere Händler die Waffe. »Eine sehr schöne Arbeit, der Herr … und nicht zu teuer.«

Der Angesprochene warf nur einen kurzen Blick darauf und sagte: »Das sind sehr schöne Schwerter, zweifellos! Aber – diese Waffen sind für mich bloße Dekoration – hergestellt in der Zeit des neu erstarkten Kaisertums unter Tenno Meiji … Dieser gute Mann hatte damals die Macht der Samurai-Clans gebrochen – und zwar endgültig. Das Tragen wie auch das Schmieden von Schwertern hat er unter strengste Strafe gestellt. Somit sind diese besseren Brotmesser – weil damals verboten – schon etwas Besonderes, für mich jedoch nur Dekoration. Außerdem sind sie vom Schmiedeverfahren her nur untere Mittelklasse!«

Dem Antiquar blieb die Luft weg. Er schluckte und piepte fast:

»Ich muss Sie höflichst um Entschuldigung bitten, ich dachte … Hm, vielleicht habe ich etwas, das Sie interessieren könnte! Wenn Sie so freundlich wären, ein wenig zu warten.«

Der lange Mensch sah plötzlich um Jahre gealtert aus und schien zu zögern. Schließlich verschwand er, um nach zehn Minuten mit einem grauen länglichen Samtbündel zurückzukommen. Er legte es vor dem Fremden ab, seine riesigen Hände darauf, als wolle er den Inhalt nicht herzeigen und sprach fast andächtig:

»Hier habe ich eine ganz besondere Waffe …« Er streichelte nachdenklich und mit verdüsterter Miene über das Tuch. »Sie stammt vom Anfang der Edo-Periode. Dieses Katana wurde in der aufwändigsten Form der Klingenkonstruktion geschmiedet – dem Soshu-Kitae-Verfahren. Vermutlich gibt es außerhalb Japans kein Schwert dieser Art außer diesem hier. Die Klinge dürfte über dreihundert Jahre alt sein und ist mein persönliches Eigentum.« Er sagte das fast flüsternd und sah dann den fremden Mann an, als würde er durch ihn hindurch schauen in Richtung eines fremden Planeten. »Dieses Schwert wurde von einem offensichtlich wahnsinnigen, fürchterlichen Samurai, einem unehelichen Sohn des von den Japanern bis heute hoch verehrten Miyamoto Musashi geführt. Der Name des Bastards wurde nahezu aus dem Gedächtnis Nippons gelöscht. Nur sehr wenige kennen ihn noch. Dieser Samurai metzelte mit diesem Schwert, welches hier vor ihnen liegt, aberhunderte Menschen grundlos nieder – Frauen, Kinder, Greise, Mönche und auch andere Samurais. Er machte keinen Unterschied. Er lebte in einem – wie soll man sagen – ja, einem

Blutrausch, der ihn allzu oft überkam. Er war ein Mensch gewordener Dämon, direkt aus der Hölle!«

Der Antiquar stieß die letzten Worte stoßweise und fast unhörbar aus, rieb sich dann mit seiner großen, knochigen Hand über die Augen und schien sich nur langsam zu beruhigen. Dann berichtete er weiter. Der Besucher des Ladens fieberte bei jedem Wort mit.

»Schließlich ist er von seinem eigenen Halbbruder, der den Namen seiner Familie reinwaschen wollte, nach langem Kampf überwältigt worden. Der *Höllenhund* wurde dann später durch das eigene Schwert – geführt von der Hand des Halbbruders – hingerichtet. Kopf und Körper wurden getrennt an zwei weit voneinander entfernt liegenden Orten von Shinto-Priestern verbrannt. So die Geschichte …«

Eine seltsame Erregung befiel den feinen Kunden. Ja, genau diese Waffe musste er haben. Er begann zu schwitzen, wohingegen sein Mund anfing auszutrocknen. Aber etwas anderes interessierte ihn noch: »Und wer sagt mir, dass die Geschichte, die Sie mir erzählt haben, auch stimmt?«

»Oh, die Geschichte hat sich genau so zugetragen, wie ich sie Ihnen schilderte, und jeder japanische Historiker wird sie Ihnen bestätigen – auch die Echtheit der Waffe. Aber wenn Sie nachfragen sollten, würden Sie keine Sekunde mehr ruhig schlafen können, denn die Regierung wie auch die Yakuza-Clans, jene bekannt grausamen Syndikate, würden alles daran setzen, dieses Schwert zu bekommen. Japaner sind vieles, aber in keiner Weise zimperlich!«

»Und warum sagen Sie es ausgerechnet mir?«

»Intuition. Weil ich glaube, Sie in Ihrem Wesen erkannt zu haben. Verzeihen Sie meine Indiskretion. Sie werden dies Katana kaufen, obwohl es dazu kein Wakizashi gibt – auch keine Scheide. Das Kurzschwert ist schon vor mehr als zweihundert Jahren auf mysteriöse Art und Weise verschwunden. Aber ich denke, es interessiert Sie auch nicht sonderlich.«

»In der Tat. Und wie sind Sie an die Waffe gekommen, wenn ich mir ebenfalls eine Indiskretion erlauben darf?«

»Sie dürfen, mein Herr! Ich erzähle es Ihnen gern, obwohl ich dazu keine unbedingte Veranlassung habe! Aber ich sehe Ihnen an, dass Sie Geheimnisse für sich behalten können«, antwortete der merkwürdige Riese hintergründig grinsend. Er straffte seine schmalen Schultern und wirkte nun noch größer.

»Nun denn: Mein Großvater selig, ein damals einflussreicher und hoher NS-Offizier, hat 1940 bei einem Staatsbesuch bei den japanischen Verbündeten dieses Schwert aus dem Historischen Museum in Kyoto stehlen lassen und – gedeckt durch die diplomatische Immunität, die er genoss – unkontrolliert von der Reise in seinem Diplomatengepäck mitbringen können. Das Schwert war ursprünglich von meinem Großvater als besonderes Geburtstagsgeschenk für den Führer gedacht, aber er behielt es aus einem unerfindlichen Grund. Er hat es mir kurz vor seinem Tod vor exakt zwanzig Jahren hinterlassen – wie auch dieses Geschäft. Ich kann nicht sagen, dass ich froh bin, diese Meisterwaffe loszuwerden, denn sie gehört irgendwie zu mir, aber ich brauche dringend Zahlungsmittel, um …«

Nach einigem Zögern pellte der Antiquar das lange Schwert aus dem Tuch. Es war nahezu schwarz. Die Klinge war mit einer dunklen Oxydationsschicht überzogen, der Griff mit fast schwarzem, zerschlissenem Leder, das von einem Rochen stammte. Eine unschöne Waffe mit einer unschönen Geschichte, und es schien, als würde etwas gewaltig Böses von ihr ausgehen.

Der Mann vor dem Tresen war sofort fasziniert. Er ergriff das Katana und prüfte die Schärfe am linken Daumen. Prompt fielen einige Tropfen Blut auf die Glasplatte des Ladentischs. Er schrie kurz auf, erblasste und musste sich am Tisch festkrallen, um nicht in Ohnmacht zu fallen. Sein eigenes Blut sehen – das hatte er noch nie ertragen können.

Der Antiquitätenhändler feixte und machte sich seine eigenen Gedanken, griff unter der Tresenplatte in eine Schublade, holte Heftpflaster hervor und klebte es über den hingestreckten Daumen.

»Ganz schön scharf, was? Mit so einem Schwert können Sie glatt einen Menschen mit einem Hieb durchhauen … Zumindest sagt man das!«

Der Mann ihm gegenüber, der das Schwert noch in der rechten Hand hielt, als klebe es fest, erholte sich schnell und hatte »gespitzte Ohren«. Er atmete schwer bei dem, was er gerade vernahm, riss sich aber zusammen und fragte schließlich:

»Wie teuer soll die Waffe sein?«

»Zwölftausend!«

»Wie bitte?« Der Mann mit der Sonnenbrille riss ungläubig den Mund auf.

»Zwölftausend Euro. Sie brauchen ja nicht zu kaufen! Allein das japanische Ministerium für Wissenschaft und Kultur würde garantiert ein Mehrfaches dafür bezahlen, ganz zu schweigen von den sogenannten Vätern der zweiundzwanzig untereinander rivalisierenden Clans der Yakuza. Kennen sie die Yakuza?«

»Ja – die japanische Mafia! Kennt doch jeder«, antwortete der Kunde ungeduldig.

»Sie können sich vorstellen, was für eine Symbolbedeutung ausgerechnet diese Waffe für so einen Clanchef hätte.«

»Pardon, und weshalb verkaufen Sie die Waffe dann nicht an so eine Adresse?«

»Ich bin so einiges, aber nicht lebensmüde! Außerdem sollte dieses Schwert nicht als Dekoration an der Wand hängen …« Der Mann grinste wissend mit spitzem Mund und fuhr dann fort: »Ich denke, bei Ihnen ist es … sehr gut aufgehoben. Nur handeln lasse ich nicht mit mir um diese Antiquität! Ich veräußere das gute Stück nur gegen Barzahlung – nicht auf Kreditkarte, und ich stelle auch keine Quittung aus!«

»Ungewöhnlich, aber … gut, ich verstehe … um Luzifer willen! In Ordnung …«

Um Luzifer willen, aha …

»Nur keine Hektik, der Herr, wir haben bis sechzehn Uhr geöffnet. Sie haben also eine volle Stunde Zeit, sich den Kauf ernsthaft zu überlegen.«

Der merkwürdige Riese lächelte in sich hinein. Es war kein freundliches Lächeln.

Der Mann mit dem schmalen Schnurrbart und der schicken Sonnenbrille entnahm seiner Jackentasche ein mit Gummiband zusammengehaltenes Bündel Geldscheine und blätterte Schein um Schein auf den Tresen, bis die geforderte Summe da lag.

Eine Stunde später lief der elegant gekleidete Herr hakenschlagend mit dem eingewickelten Schwert unterm Arm – sich immer wieder umsehend – durch die bayrische Metropole, um erst, als er sich ganz sicher war, dass ihm niemand folgte, in seinen Wagen zu steigen, den er extra weit von dem Geschäft entfernt in einem Parkhaus abgestellt hatte.

Als er endlich hinter dem Lenkrad saß, holte er erst einmal tief Luft, um sich zu beruhigen.

Niemand soll mich je bei den Vorbereitungen und der Durchführung der mir gestellten Aufgaben erwischen oder durch eine Identifizierung später zur Verantwortung ziehen. Ich muss daher immer mit dem Unmöglichen rechnen und schlauer sein als alle anderen! Aber genau das bin ich dank des Meisters!

Sein Lächeln war das eines Gewinners inmitten einer Menge von Verlierern.

*

Ein Münchner Antiquitätenhändler telefonierte über zwei Stunden mit verschiedenen Kollegen seines Metiers, mit einer Fluggesellschaft, mit seiner Bank und mit einem ihm vertrauten Anwalt. Dann ging er in die kleine Wohnung über seinem Geschäft und packte eine Reisetasche.

*

Ein distinguierter Herr Anfang fünfzig mit Oberlippenbärtchen und Sonnenbrille, in feinem Nadelstreifenanzug und honigfarbenen Schuhen brauste unterdessen, eingezwängt im

Schalensitz seines gelben Maserati 3500 GTI, bei geschlossenem Verdeck aus München heraus auf die A9 Richtung Köln. Im Kofferraum wusste er einen Schatz, und er wunderte sich, dass der ihm so problemlos in die Hände gefallen war.

Den Tipp für den nach außen hin unscheinbar wirkenden Antiquitätenladen in München hatte er von einem ehemaligen Bruder aus dem *Gewölbe der Letzten dieser Tage*, einer Satanisten-Vereinigung erhalten.

Ja, sagte er sich beim Dahingleiten über die Autobahn, *Satan ist wahrhaft allmächtig, und er bevorzugt mich, seinen angenommenen Sohn!*

Eine aufsteigende Euphorie bemächtigte sich seiner bei diesem Gedanken. Nassgeschwitzt hielt er wenige Kilometer vor Würzburg an einer Raststätte. Sein Herz raste, seine Hände zitterten.

Er musste sich beruhigen, griff ins Handschuhfach und entnahm ihr ein unbeschriftetes Pillenröhrchen. Er schluckte hastig zwei Tabletten, legte sich zurück in den Sitz und wartete auf die Wirkung. Langsam fiel die Anspannung von ihm ab. Er entledigte sich endlich des Oberlippenbärtchens und der grauen Perücke – nicht ohne peinlich darauf zu achten, dass ihm niemand dabei zusah. Bärtchen und Perücke würde er später an anderen Raststätten auf der Autobahn nach Köln getrennt voneinander entsorgen. Er war lieber eine Spur zu vorsichtig als zu nachlässig.

Und Morgen werde ich den ganzen Tag ausspannen. Ich muss Kräfte sammeln für das Finale …

Sonntag

Der Duft nach Kaffee weckte Burma. Der befürchtete Kater war ausgeblieben, aber der andere, der real existierende Kater namens Ossy, miaute ihm ins Gesicht, wie er es jeden Morgen zu tun pflegte. Burma nahm seine »schwarze Bestie« auf den Arm und schwang sich unternehmungslustig aus dem Bett. Dabei brüllte er:

»Mit kühnem Mut aus seinem Bett schwingt sich der Turner Hoppenstedt!«

Der Kater erschrak, machte sich wild strampelnd frei und verschwand wie der Blitz in die Küche, aus der Lydia laut fragte: »Loriot?«

»Nä, Wilhelm Busch«, brüllte er zurück und verschwand mit einem »Morgen, mein Schnuckelchen« ins Bad. Nach ausgiebiger Dusche und Rasur betrat er frisch gekämmt und angezogen die Küche.

»Herzlichen Glückwunsch zum Geburtstag, mein Lieber«, flötete Lydia im morgendlichen Kimono.

Burma war perplex und riss den Mund auf. Wie jedes Jahr hatte er auch diesmal die »überflüssigste Feier des Jahres«, wie er stets von sich gab, vergessen, freute sich aber dennoch wie ein Kleinkind, wenn man an seinen Geburtstag dachte.

Auf dem Esstisch in der gemütlichen Küche war ein fürstliches Frühstück vorbereitet. Ein Strauß gelber Röschen – er liebte gelbe Rosen – steckte in einer japanischen Vase, die noch von Lydias fernöstlicher Oma stammte, und ein liebevoll verpacktes Päckchen wartete zwischen Blumen, Kaffeekanne und frischen Brötchen darauf, geöffnet zu werden. Nestor Burma nahm seine Lydia in den Arm, küsste sie zärtlich und sagte – wie jedes Jahr zur selben Zeit – den Satz:

»Aber Liebling, dass du daran gedacht hast ... Ich hab's doch glatt vergessen!«

Dann kippte er – wie jeden Morgen – eine volle Tasse Kaffee mit ein wenig Frischmilch in sich hinein und setzte sich erst danach an den Tisch, neugierig aufs Geschenk.

»Jetzt pack endlich aus«, forderte sie ihn auf.

Burma ergriff das Päckchen und befreite es vorsichtig von den farbigen Samtschleifen. Eine runde Blechdose erschien.

»Ich werd verrückt«, rief er erfreut. »*Star Master full* von Orlik!«

Es war ein ziemlich teurer englischer Pfeifentabak, den er sich nie leistete, aber sehr liebte. Burma war gerührt. Woher wusste sie …

Eine längliche Schatulle, eingewickelt in Seidenpapier, befand sich noch unter der Dose. Burma öffnete sie und … sein Atem stockte. Eine wunderbar gearbeitete Pfeife lag in einem Samttuch vor ihm: Eine *Vauen Jahrespfeife* aus honigfarbenem Edelholz von sorgfältigster Verarbeitung.

»Und was für ein edles Design! Die muss doch ein Vermögen gekostet haben! Du bist verrückt, meine kleine Lotosblüte. Heute Abend werde ich sie feierlich einrauchen! Oh, wie ich dir danke!«

»Das bist du mir wert«, sagte sie vergnügt und goss Kaffee nach. »Sag mal, der Film gestern war doch irgendwie saudämlich!«

»Du sagst es, mein Schatz! Der Film war ausgesprochener Mist!« Er verschwieg den peinlichen Umstand, dass er über die Hälfte des Films schlicht verpennt hatte, und sie verschwieg aus Rücksichtnahme, dass sie es wusste. Ihr entging selten etwas, was mit »ihrem« Burma zu tun hatte.

»Aber der Samstag war ansonsten wunderbar«, bemerkte sie, und Burma pflichtete ihr lächelnd bei.

Sie hatten sich einen schönen Tag gemacht, und trotz des Herbstes hatte das Wetter mitgespielt. Als erstes waren sie mit einem Taxi nach Klettenberg gefahren und hatten den Alfa abgeholt, um ihn nach relativ kurzer Fahrt in der Domgarage abzustellen. Dann waren sie den ganzen Tag in der City umher gestreift, hatten ihr ein längst überfälliges Jackenkleid bei C&A gekauft, in der *Malzmühle* zu Mittag gegessen und waren dann über die Breite Straße die Ringe rauf und runter spaziert und hatten sich die Auslagen der »besseren« Geschäfte angeschaut. Dann waren sie ins *Rex* in einen Science-Fiction-Film gegangen und schließlich im *Früh* gelandet, dem angesagten Brauhaus in der Altstadt. Dort »versackten« beide regelrecht, was höchst selten vorkam.

Burma grinste, sah Lydia, die fleißig kaute, liebevoll an und erkundigte sich nach ihrem Wohlbefinden. Auch sie schien ausgesprochen fit zu sein. Sie wunderten sich beide über die noch vorhandene Kondition des anderen, lachten vergnügt und schmiedeten sogleich Pläne für den Sonntag.

»Weißt du was, wir bleiben einfach zu Hause und machen es uns gemütlich«, meinte Burma. Seine »Lotosblüte« schien sichtlich aufzuatmen. Sie waren nicht mehr die Jüngsten, und nach der Tour vom Vortag sehnten sie sich nach Ruhe.

Montag

Die Woche begann jahreszeitgerecht mit Regen – eine Woche, die für einige Bürger Kölns unvergesslich bleiben und bei einigen von ihnen auch Spuren fürs ganze Leben hinterlassen würde …

Im noblen Stadtteil Marienburg, ganz am südlichen Stadtrand, befand sich eine längs zum Rhein stehende zweistöckige, 1928 erbaute Bauhausvilla, ochsenblutfarbig getüncht, in einem großzügig angelegten Garten mit einigen großen Trauerweiden. Eine hohe Mauer umgab das Anwesen und ließ kaum eine Sicht auf das Gebäude zu. Am Eingangstor prangte ein großes Schild aus hellem Kunststoff. Darauf war in fast raumfüllenden feinen und grauen Gautami-Buchstaben zu lesen: *l.a.m.p.*, darunter in der Länge des Logos: *light art media-productions.* Fast unleserlich darunter standen Öffnungszeiten, Telefone und E-Mail-Adresse. All das verriet einen sicheren Geschmack.

Unterhalb der Villa befanden sich eine Tiefgarage mit mehreren Stellplätzen und drei große verschlossene Doppelgaragen, in denen sich die »Heiligtümer« des Besitzers befanden: drei komplett restaurierte Oldtimer, eine Limousine der gehobenen Klasse und ein moderner Sportwagen.

Das massive Unterdeck war nachträglich von der Gestapo 1940 eingebaut worden, die dieses Haus fünf Jahre zuvor konfisziert hatte.

Bernadette Börnster, die Chefin der l.a.m.p., saß hinter dem mächtigen Schreibtisch in ihrem Büro, das gleichzeitig als Konferenzraum genutzt wurde. Sie verlor sich fast darin, so groß war die Räumlichkeit. Sie saß grübelnd vornübergebeugt am Tisch und stützte ihr Kinn auf die übereinander gelegten Handrücken. Sie hatte eine schlaflose Nacht hinter sich – eine der unzähligen Nächte in den Jahren ihrer sogenannten Ehe mit einem Mann, dem sie im Grunde nichts Greifbares vorwerfen konnte. Dennoch war ihre Existenz von einer unbestimmbaren, aber permanenten Angst vor ihm geprägt.

Sie resümierte angesichts der siebzehn Ehejahre: Die Verbindung war kinderlos geblieben, was sie inzwischen nicht bedauerte. Sie schliefen auch seit Jahren nicht mehr im selben Zimmer miteinander. Ihr Mann war trotz allem merkwürdig großzügig und ließ sie machen, zu was auch immer sie Lust hatte. Nur hatte sie so selten Lust auf etwas, das mit ihr selbst zu tun hatte. Sie war mit der Zeit nahezu gelähmt in all ihren persönlichen Belangen, wusste schon lange nicht mehr, wer sie wirklich war. Sie funktionierte aber perfekt in seinem Sinn. Sie spielte gekonnt die glamouröse Erscheinung an seiner Seite: auf den feinen Partys, im Theater und in der Oper, die sie regelmäßig besuchten, und auf den Pflichtveranstaltungen der Museums-, Kunst- und Karnevalsvereine und den erbärmlich langweiligen Vernissagen, die sie insgeheim hasste. Sie bezeichnete die meisten der anderen Frauen, denen sie da begegnete, als *Beifrauen* oder *Zombinen*. Aber sie war mittlerweile selber zu einem Zombie mutiert: ein scheintotes, fremdbestimmtes Werkzeug.

Ihr Mann, Michael Börnster, war ein Teufel, der stets lächelte, die feinsten Umgangsformen zu wahren wusste und unvergleichlich elegant Konversation treiben konnte. Er war charmant, sah blendend aus – wenn er auch in den letzten Jahren füllig geworden war – und überaus gebildet. Er wusste scheinbar alles – und was für sie furchtbar war: immer besser als andere, was er aber bescheiden herunterspielte. So brauchte er sich vor keiner Kritik zu fürchten. Er war perfekt. Er war ein Gott oder besser – dessen Widersacher. Alle bewunderten ihn, und groteskerweise letztlich auch sie.

»Was für eine Infamie!«, schrie sie plötzlich schrill in den Raum. Die Tür wurde aufgerissen und ein blondlockiger Mitarbeiter stürzte erschrocken herein.

»Ist was passiert, Chefin?«, fragte er mit besorgten Augen.

»Alles in Ordnung, Esa. Sag bitte den Teamleitern, dass wir

die Sitzung um eine Stunde verschieben, so auf neun Uhr.« Sie war wieder ganz die Alte. Esa, der neu eingestellte Junggrafiker, frisch von der Medienakademie Helsinki, sah sie besorgt an und verschwand schließlich mit dem unbehaglichen Gefühl, dass etwas in diesem »Laden« nicht so war, wie es der äußere Schein vorgab.

Bernadette gab plötzlich ihre Haltung auf und weinte still in sich hinein. Wer war dieser Mensch, den sie da einst geheiratet hatte? Seine düsteren Reden und seine dunkle Musik, die er pausenlos hörte, die seltsamen Bücher, die er las und die sie sich scheute, auch nur in die Hand zu nehmen, als würde sie sich daran verbrennen. Und seine Reden, die immer undurchsichtiger wurden und dennoch eine nicht erklärbare Faszination bei ihr auslösten – ja, sie oftmals sogar seelisch irgendwie paralysierten, ohne dass sie imstande war, dem etwas entgegen zu setzen. Wie ein Zombie … bis auf …

Da trat Fabian urplötzlich wieder in ihr Leben. Nach fast zwanzig Jahren sah sie ihn wieder – in ihrer eigenen Wohnung auf dem Sofa: Fabian, der liebenswerte Spinner, Melancholiker, das Großmaul, der Suffkopp und einstige Weiberheld. Fabian, den sie damals fast unwirklich liebte, der aber nur Augen für seine Silvia hatte und sie schließlich auch heiratete.

Wie lange klebten die zähen Gefühle für ihn – die so schrecklich weh taten – nun schon an ihr? Zu lange. Ewig lang, bis in eine Ehe hinein, die sie in einer Mischung aus Resignation und Willenlosigkeit eingegangen war. Damals wusste sie nicht, ihre Gefühle zu benennen, war sich ihrer kaum bewusst. Erst heute, siebzehn Jahre danach, offenbarte sich ihr dieser tragische Irrtum in seiner ganzen Ausdehnung, in all seinen Auswirkungen.

Fabian … Gott, was habe ich getan. Ich hab dich geliebt wie ein ausgehungertes Tier … Es war so wunderschön … Ich hatte auf einmal keine Angst mehr … Dann hab ich dich wieder einschlafen lassen, dir geschrieben – und geweint … bis in den Tag hinein.

Die Tränen versiegten. Die Gefühle mussten verschwinden, sie sich zur Ordnung rufen! Ihr sonst so voller Mund geriet zu einem Strich. Sie trank eine Tasse schwarzen Kaffee, atmete mehrmals durch und nahm zögernd die Zeitungen der letzten Tage zur Hand, die sich vor ihr auf dem Tisch stapelten, um sie endlich durchzusehen. Das war nur eine der Pflichtaufgaben einer Chefin in diesem Gewerbe und das Erste, was sie jeden Morgen tat.

In der Samstagsausgabe des *Express* sah sie auf der Titelseite Fabians Bild und glaubte für einen Augenblick, den Verstand zu verlieren. Es dauerte, bis sie den dazu gehörigen Text wahrnahm, sich endlich zusammenriss und ihn las. Fabian wurde gesucht!

Er hat seine Frau, Silvia, getötet … Mein armer Fabian! Was ist nur mit dir passiert?

*

Burma verzog sich sofort in sein Büro. Es gab viel zu tun. Er zog seinen Trenchcoat aus und schmiss ihn über einen Stuhl. Dann setzte er sich in seinen zerschlissenen Sessel und warf den Computer an, als sich die Türe öffnete und ein schreckliches Getöse, das sich entfernt wie Gesang anhörte, ihn auffahren ließ.

»Happy Birthday to you! Happy Birthday to you! Happy Birthday, lieber Burma …«

»Seid ihr verrückt, mich so zu erschrecken?«, schimpfte der Kommissar, wobei er breit grinste. Mindestens zwanzig Kolleginnen und Kollegen umkreisten ihn beglückwünschend. Er wurde, wie immer bei solchen Anlässen, puterrot im Gesicht und begann zu schwitzen.

»Ach Leute, dass ihr daran gedacht habt …«

»Ich wusste gar nicht«, brüllte Schlemmermayer lachend, »dass du so beliebt bist bei den Kollegen, mein Alter!«

Der Chef der Mordkommission drückte Burma, dass ihm fast die Puste wegblieb. Eine Flasche Sekt wurde mit lautem Knall geöffnet, der perlende Inhalt in Gläser umgefüllt. Kommissarsanwärterin Elvira Schmitz kam mit einem riesenhaften

Fresskorb ins Büro, wobei sie merklich Schwierigkeiten mit dem Gleichgewicht hatte, und stellte ihn vor Burma auf den Tisch. Man klatschte in die Hände und lachte.

Burma sah sich den Inhalt des Korbes an und staunte: Exotische Gewürze, von denen er noch nie etwas gehört hatte, eine Flasche Hennessy VS Cognac in edlem Geschenkkarton, seltsame Kleinkonserven mit eigenartigen Delikatessen, Gläser mit eingelegtem Knoblauch und geschälten Mandeln, einzeln gesteckte Papierblumen, geräucherte Würste und so weiter. Zwischen dem exotischen Allerlei stak ein mit Goldschleifen und knallrotem Papier verpacktes Geschenk, das senkrecht in die Höhe ragte. Burma ergriff es neugierig und packte ein gebundenes Buch aus. Er las den Titel, wurde blass und schrie außer sich: »Das gibt's nicht!«

»Doch, das gibt's«, riefen alle wie einstudiert im Chor und lachten ausgiebig.

Burma hielt eine Übersetzung aus dem Französischen in der Hand und konnte es einfach nicht fassen:

»Léo Malets *Brüll das Leben an* – Frühe Texte und Gedichte«, flüsterte er ehrfurchtsvoll. Er war tief gerührt und hätte sich am liebsten sofort mit dem Buch irgendwohin verzogen.

Die Kollegen freuten sich über die gelungene Überraschung und blieben noch, um etwas zu quatschen und zu trinken. Selten genug blieb ihnen dazu die Zeit und Gelegenheit.

*

Ungefähr zur selben Zeit kaufte ein großer Mann in Jesuslatschen, der ein wenig zur Fülle neigte, mit langen schwarzen Haaren, die ihm bis auf die Schultern reichten und mit einem wilden Vollbart in der tiefsten Eifel bei einem Schlachter zwei Schweinehälften – für ein großes Grillfest, wie er dem verdutzten Metzger mitteilte. Nach längerem Handeln verstaute der Althippie, gekleidet in Klamotten aus einer vergangenen Welt, mit Hilfe des Schlachters die Schweinehälften in Industriesäcke aus strapazierfähigem Kunststoff und verfrachtete sie auf die Ladefläche eines im tiefsten Sauerland gestohlenen uralten Opel Caravan C.

Der halb verrostete Kombi dürfte erstmal nicht vermisst werden, ebenso wenig wie der Besitzer, der völlig allein und zurückgezogen in einem Waldgebiet gehaust hatte. Wie der Zufall es wollte, war der vor zweieinhalb Stunden in einer Talsperre im hintersten Sauerland ertrunken, zusammengeschnürt und mit schweren Steinen belastet. Er sah seinem Neffen – trotz des Altersunterschieds – bis auf die dunklere Haarfarbe im Gesicht zum Verwechseln ähnlich. Das wurde ihm zum Verhängnis …

Der ungepflegte Althippie fuhr grinsend, zufrieden mit sich und seiner Welt, im Opel Caravan die Landstraße in Richtung Bonn, um von dort nach Köln zu gelangen.

*

Mit hochrotem Kopf stammelte das Geburtagskind – immer noch sichtlich gerührt – Worte aufrichtig gemeinter Dankbarkeit.

»Liebe Kollegen, ich danke euch herzlich! Wie seid ihr bloß auf die Idee gekommen? Ich wusste überhaupt nichts von der Existenz dieser Ausgabe …«

Alle sahen lächelnd zu Kollegin Schmitz herüber.

»Ganz einfach«, kam es fröhlich von der Kommissarsanwärterin. »Dafür gibt es so was wie ein Internet und Fachbüchereien!«

Die Elvira! Ich hätte es mir denken können!

Schließlich wurden seine Gesichtszüge ernst und er sagte laut vernehmlich: »Schluss mit lustig, Leute: Wir haben einen Mord aufzuklären und noch viel zu tun! Herr Staatsanwalt, Frau Dr. Armbruster, Heinz – und du, Hanspeter, samt Frau Berthold, sowie Elvira, bitte in den Konferenzraum zu einer Lagebesprechung!«

Burma steckte sich sein Ungetüm ins Gesicht und begann zu paffen. Die neue Pfeife war ihm bei der Arbeit zu schade.

Bis auf Dr. Futzek, den Staatsanwalt, kramten alle wie auf Befehl ihre Zigaretten hervor, pafften um die Wette und warteten auf Burma, der sich plötzlich Zeit nahm und die Wichtigkeit seiner Person zu genießen schien. Burma ging zum Fenster und öffnete die Flügel zur Verwunderung der Anwesenden.

»Zum Gehirnabkühlen!«, grinste er und setzte sich auf den Rand eines Tisches. »Also los: Kollege Schlemmermayer hat mir die Leitung des Falls übertragen, an dem wir gerade alle arbeiten. Irgendwelche Einwände, Herr Staatsanwalt?«

Dr. Futzek verneinte – nicht ganz glücklich, wie es dem grinsenden Burma erschien. Der nun leitende Kommissar wandte sich an Schlemmermayer:

»Chef, alles klar mit Fabian Görtz? Ist er auf freiem Fuß?«

»Alles klar«, sagte der Dezernatsleiter, »der Herr Staatsanwalt hat heute Morgen die Entlassungspapiere, auf vorgestern zurückdatiert, unterschrieben. Ich habe den total verdutzten Mann Samstag früh auf freien Fuß gesetzt und ihm gesagt, dass du sein Alibi für die fragliche Tatzeit bestätigen kannst.«

»Danke, Hanspeter, prima! Und Ihnen auch vielen Dank, Herr Staatsanwalt! Das war sehr anständig von Ihnen …«

Dr. Futzek räusperte sich und bat den Gruppenchef, der neben ihm stand, aus lauter Verlegenheit um einen seiner Glimmstängel. Somit nahm – dank Schlemmermayer – eine neue Nikotin-Karriere ihren Anfang.

»Weiter im Text«, fuhr Burma fort. »Die Presse muss sofort benachrichtigt werden, dass der Ehemann aus der Schuldfrage raus ist und dass – na, dass wir noch auf der Suche nach dem Täter sind! Chef, übernimmst du das? Und nix mit Pressekonferenz – für so'n Scheiß haben wir keine Zeit! Rundfax oder Mail genügt! Weiter: Ich brauch dringend noch mindestens zwei Mann! Geht das in Ordnung?«

Schlemmermayer nickte. Dr. Futzek fragte:

»Kollege Rüttgersbusch – äh, Burma, haben Sie an die eidesstattliche Erklärung gedacht?«

Burma griff entschuldigend in seine Jackentasche und übergab dem Staatsanwalt die Erklärung samt dem Büchlein von

Fuchs. Futzek schien erleichtert, verstaute beides in seiner Tasche und verabschiedete sich eilig mit dem Hinweis auf einen dringenden Gerichtstermin.

»So, jetzt sind wir unter uns«, grinste Burma zufrieden in die Runde. »Weiter geht's! Wo waren wir stehen geblieben?«

»Bei zwei zusätzlichen Beamten, Chef«, äußerte sich Elvira.

»Richtig. Hanspeter, kannst du die Zwillinge herbeordern?«

»Welche Zwillinge?«, fragte Schlemmermayer verdutzt.

»Jürgen Kant und Horst Thomalla! Weil die ständig zusammenhocken, nennt man sie spaßeshalber bei uns die Zwillinge – absolut helle Burschen. Noch relativ frisch an der Front. Ich beobachte sie schon seit Längerem. Außerdem können sie hervorragend mit ihren Waffen umgehen … Ich habe das unbestimmte Gefühl, als bräuchten wir in der nächsten Zeit …«

Burma vollendete den Satz nicht und wischte sich fahrig über die Augen. Schlemmermayer griff zum Telefon und redete fast fünf Minuten, bis er anfing, ins Gerät zu brüllen, und legte danach zufrieden grinsend auf.

»Beide sind abkömmlich. Machen gleich zu uns rüber!«

Keine zehn Minuten später betraten zwei junge Beamte in Uniform den Besprechungsraum. Sie waren beide noch jung und strahlten jenen Optimismus des Berufsanfängers aus, um den Burma sie beneidete. Beide waren durchtrainiert und wirkten wie einer US-amerikanischen Krimiserie entsprungen.

Kant und Thomalla wurden kurz vorgestellt, in den Fall eingewiesen und reagierten unter den wachen Augen Burmas professionell, ohne emotionale Regung. Die SoKo Siebengebirgsallee war komplett und Burma vorerst zufrieden.

»So, Leute, was gibt's Neues vom Tatort? Heinz, du hast doch die Schuhabdrücke und das Schloss untersucht?«, fragte Burma den Mann von der Spurensicherung.

»Die Arbeit am Schloss der Hintertür war absolute Facharbeit. Die inneren Kratzer waren kaum auszumachen. Ich würde auf Einbruchsprofi tippen, wenn der dafür untypische Mord nicht wäre. Außerdem ist nichts entwendet worden, wie es aussieht.«

»Wer sagt uns das?«, fragte Burma.

»Mein Instinkt«, antwortete Hans Grummenohl kleinlaut.

»Kant oder Thomalla, bitte nachher ans Telefon und Görtz fragen, ob ihm was in der Wohnung fehlt. Heinz, könnte es sein, dass unser Mörder schon mal den Knast von innen gesehen hat und bei einem Profi ›in die Lehre‹ gegangen ist? Also auch in diese Richtung hin arbeiten!«

»Gut möglich, ja, sogar wahrscheinlich«, meinte Grummenohl erregt.

»Keine Euphorie! Wir sammeln erst mal. Und was ist mit den Schuhabdrücken?«

»Das gestaltete sich schwierig, denn die Schuhe sind an den Absätzen nachbesohlt worden. Diese typische Reparatur kann praktisch jeder Durchschnittsschuster gemacht haben. Die Lederabsätze waren Massenware. Die Laufsohlen dürften seltsamerweise noch die ursprünglichen sein. Das heißt, dass der Mann einen Cowboy-Gang hat und die Außenseiten der Absätze übermäßig malträtiert – oder entsetzliche O-Beine hat. Die Umrisse der Laufsohlen allerdings«, fuhr Grummenohl fort, »waren noch original und besaßen eine einmalige, seltene Charakteristik – wie ein Fingerabdruck –, die uns eine Zuordnung ermöglichte. Die Schuhe wurden in Norditalien in einem kleinen Ort in der Nähe Mailands gefertigt!«

Den Anwesenden blieb die Spucke weg und Heinz Grummenohl sonnte sich im allgemeinen Staunen.

»Es ist eine kleine Schuhfabrik, die seit über hundert Jahren unter dem Familiennamen Nepuloni firmiert. Das Unternehmen ist bekannt für Eigenkreationen in feinster Qualität!«

»Frau Berthold, Sie hängen sich an die Strippe und versuchen herauszubekommen, wo solche Schuhe verkauft werden! Erst mal nur Köln und nähere Umgebung. Vielleicht gibt es einen Schuhherstellerverband, der Auskunft geben kann – keine Ahnung!«

»Wäre es nicht besser, die Firma in Italien anzurufen? Die haben doch sicherlich ein Kundenverzeichnis«, warf Schlemmermayer ein.

»Ich werde wirklich alt – klar doch! Also, Frau Berthold rufen Sie Tonio in der ›Sitte‹ an, der beherrscht die Sprache noch perfekt. Er soll Nepuloni anrufen und die Liste anfordern. Wenn die sich taub stellen, soll er sich mit den dortigen Carabinieri in Verbindung setzen! – Elvira, schreibste auch alles mit?«

»Klar Chef! Muss mir aber 'nen neuen Block holen.«

»Wer schreibt, der bleibt!«

Burma wollte witzig sein, aber keiner lachte. Zudem ging seine Pfeife aus, was ihm missfiel. Prompt ließ er sein Team im Stich und verschwand in Richtung seines Büros, die neue Pfeife samt englischem Tabak holen. Sein Vorhaben, sie abends einzurauchen, vergaß er.

Einige Minute später pafften alle bei offenen Fenstern, tranken Kaffee, den die Sekretärin des Chefs, Brigitte Berthold, in Windeseile organisiert hatte und harrten der Worte ihres »Meisterdetektivs«.

»Frau Armbruster, gibt es bei Ihnen neue Erkenntnisse?«

»Ja-ha. Mir ist etwas Merkwürdiges aufgefallen. Aber vorweg: An der Leiche – ich spreche von Frau Silvia Görtz – ist von unserem Team nichts mehr entdeckt worden, was über das hinaus, was Sie bereits wissen, von Belang wäre. Ich habe den Abschlussbericht dem Staatsanwaltsbüro geschickt. Eine Kopie für Sie habe ich mitgebracht.«

»Geben Sie den bitte Frau Berthold. Ist es recht, Chef, wenn wir die Anlaufstelle für unseren Fall bei Kollegin Berthold einrichten? Auch als Sammelstelle für sämtliche Informationen und Ergebnisse, die unseren Fall betreffen?«

Schlemmermayer sah die Berthold fragend an, die strahlend mit dem Kopf nickte, und sagte dann, als wäre es seine Idee:

»Also ist der Beschluss, dass sämtliche Informationen in mein Vorzimmer kommen und Brigitte Berthold somit die Nahtstelle der SoKo Siebengebirgsallee ist!«, verkündete Schlemmermayer, der Chef des Dezernates, wichtig.

»Prächtig«, meinte Burma und die Berthold errötete glücklich.

»Ich möchte auf einen anderen Fall hinweisen, der eine merkwürdige Parallele zu dem hier Besprochenen aufweist«, meldete sich die Pathologin. »Ich hatte mir im Institut gestern eine Wasserleiche, die man aus dem Rhein gefischt hat, noch mal genauer vorgenommen. Der Todeszeitpunkt muss vor zirka einem Monat gewesen sein. Es war schwierig zu bestimmen, aber ich bin mir ziemlich sicher. Unter mehreren Fingernägeln habe ich winzige Reste von Farbpartikeln entdeckt, die sich im Wasser nicht aufgelöst haben. Partikel von verschiedenen – und jetzt kommt's –: Acrylfarben, wie sie nur Künstler benutzen!«

»Hochinteressant«, rief Burma und biss so hart auf das Pfeifenmundstück, dass seine Zähne kurz schmerzten. Ein Raunen ging durch den Raum. Die Gerichtsmedizinerin fuhr fort:

»Die mikroskopische Analyse ergab sogar den Hersteller der Farben: Die Schweizer Firma Lascaux. Jeder Farbenhersteller hat seine spezielle Mixtur – sprich: eigene chemische Zusammensetzung. Darauf habe ich meine pfiffige Mitarbeiterin angewiesen, herauszubekommen, wo man diese Farben kaufen kann. Die gibt es nur bei zwölf Händlern für Künstlerbedarf in ganz NRW.«

»Oh, das klingt nach einer heißen Spur«, bemerkte Burma.

»Können Sie vergessen, Chef«, warf Elvira Schmitz ein. »Wissen Sie, wie viele Freaks alleine in Köln rumkünstlern?«

»Na, so viele können es ja nicht sein«, meinte Burma.

»Von wegen: 1200 Registrierte – bei einer enormen Dunkelziffer an Nichtregistrierten. Hinzu kommen Hobbymaler und Volkshochschulkurs-Besucher!«

»Mir wird schlecht«, stöhnte Burma, griff sich an den Kopf und paffte stoßweise eine Wolke nach der anderen in die Gegend. »Das hätte ich wirklich nicht gedacht. Und woher hast du die Info?«

»Von Benning, einem der Obermacker vom BBK, dem Berufsverband Bildender Künstler in Köln. Fast alle benutzen – so sagte er mir – Acrylfarben. Mit den teureren Ölfarben arbeiten fast nur noch alte Damen mit guter Rente!«

Eine minutenlange Pause entstand. Kaffee wurde nachgereicht und neue Zigaretten angezündet. Die Pathologin räusperte sich laut und fuhr fort:

»Es geht noch weiter. Ich bin hellhörig geworden durch das verabreichte Gift – die Todesursache unserer Leiche Görtz – und rief meinen ehemaligen Kollegen an, der jetzt meine Stelle in Düsseldorf inne hat. Wir hatten es beide vor zirka einem halben Jahr mit einem ausgeführten Suizid zu tun. Sie erinnern sich, Kollege Burma, ich berichtete Ihnen kurz davon: Hydrochinon!«

»Oha – weiter!« Burma saß auf glühenden Kohlen und begann vor Aufregung leicht zu schwitzen.

»Ich bat den ehemaligen Kollegen, noch mal den Obduktionsbericht der Suizidleiche zu durchforsten, ob Spuren von Farbpartikeln am Körper gefunden wurden. Und was glauben Sie, was der gute Mann mir später telefonisch mitteilte?«

Sie machte eine Kunstpause.

»Winzige mehrfarbige Partikel in den Falten des Schambereichs, zwischen den Zehen, unter den Achselhöhlen und hinter den Ohren. Wir hielten damals – ich kann mich noch schwach erinnern – dies Detail nicht für so wichtig, stand doch der Suizid in direktem Zusammenhang mit einer enttäuschten Liebe. Aufgefallen war mir damals allerdings die ungewöhnliche Sauberkeit der Toten. Wie, äh, frisch gewaschen: sie roch nach Kernseife. Für den Typ Mädchen mehr als ungewöhnlich. Wir hätten dem mehr Aufmerksamkeit schenken müssen. Aber für uns war es damals nur ein Routinefall.«

Die Pathologin holte mehrfach tief Luft und fuhr dann fort:

»Eine Stunde später rief mich mein Kollege abermals an. Anhand der archivierten Rückstände konnten diese Partikel in der nun vorgenommenen Nachuntersuchung eindeutig als Acrylfarben identifiziert werden.«

Wieder entstand eine längere Pause. Schließlich löste sich Burma aus einer Art Erstarrung und presste durch die Zähne:

»Liebe Kollegen, es sieht so aus, als hätten wir es in unserem Fall mit einem … einem Serienkiller zu tun!«

*

Das Telefon schrillte in Bernadettes Gedanken hinein, die sich immer noch um Fabian drehten und um »die verlorene Zeit«, die viel zu lange währte und übermächtig im Raume hing. Sie nahm den Hörer und meldete sich.

»Ihr Mann ist dran, Frau Börnster«, meldete die Zentrale.

»Legen Sie bitte rüber, Adelheid!«

Die alte Angst kam unbarmherzig zurück und schnürte sie am Hals. Am liebsten hätte sie geschrien, den Hörer aufgelegt oder die Agentur verlassen.

Weglaufen … laufen … laufen …

»Bernadette, mein ewiger Glanz«, hörte sie die zynische Stimme ihres Ehemannes, »ich befinde mich in Cuxhaven. Kalt-Akquise! Hab da einen möglichen Kunden an der Angel. Der Name wird dir nichts sagen. Ich komme erst morgen im Laufe des Tages zurück. Ich übernachte hier!«

Du lügst! Vielleicht hast du mich immer schon belogen – mich und alle, die mit dir zu tun hatten.

Bernadette spürte eine ungewohnte Aggression in sich aufsteigen: die verzweifelte Wut eines gejagten Tieres.

»Bernadette, mein Zuckerengel, bist du noch dran?«

»Natürlich – was gibt's sonst noch?«

»Vergiss nicht, Düsseldorf anzurufen!«

»Ist längst erledigt. Habe einen Vorlegetermin für nächste Woche Montag ausgehandelt. Gegen vierzehn Uhr. War nicht ganz einfach. Bis dahin muss das Exposé fertig sein. *Team 1* arbeitet schon dran. Die Fotos sind ebenfalls schon im Kasten.«

»Was würde ich ohne dich machen, mein schöner Engel! – Im Übrigen: ruf den Fabian Görtz an! Am besten heute noch. Du kanntest den Typen, glaube ich. Hing damals immer mit uns rum. Ist auch egal. Er hat zurzeit keine Arbeit. Er war mal ein wirkliches Ass in der Chemigrafie. So einen können wir gut gebrauchen – in der Drucküberwachung hapert´s bei uns und vor allen Dingen in der Endabnahme. Außerdem ist er in der analogen Grafik einsetzbar. Tschüss denn!«

Als er aufgelegt hatte, brach Bernadette der Schweiß aus. Was sollte das? Hatte dieser Teufel doch etwas von der nächtlichen Geschichte mit ihr und Fabian gemerkt und spielte mit ihr eins seiner berühmten Spielchen? Hat er denn keine Zeitung gelesen und von dem Mord an Silvia nichts mitbekommen? Ziemlich unwahrscheinlich. Oder?

Bernadette überlegte kurz: Da man Fabian – laut Express – als möglichen Täter suchte, müsste er sich auf der Flucht befinden – oder bereits in Gewahrsam. Nur nicht zu Hause. Sie suchte trotzdem – wie unter Zwang – die Adresse aus dem Telefonbuch und wählte die Nummer. Fabian Görtz meldete sich und ihr Herz schlug bis zum Hals. Sie brachte keinen Ton heraus.

»Görtz. Wer ist da?«, meldete er sich wiederholt.

Bernadette legte zögerlich auf. Es vergingen einige Minuten. Sie zwang sich, sich zu beruhigen, wurde aber nur langsam wieder Herrin über ihre Aufregung. Sie begann, sich langsam nachzuschminken. Dabei betrachtete sie sich kritisch im Spiegel.

Was willst du, alte Frau? Hast du jemals wirklich etwas gewollt? Scheiße!

Sie steckte sich eine Marlboro an und spürte endlich eine Ruhe in sich aufkommen. Wieder griff sie zum Hörer und wählte die Nummer Fabians.

»Görtz!«

»Fabian«, sagte Bernadette, kaum hörbar.

»Bernadette – verdammich! Oooh, Bernadette«, stöhnte er.

»Fabian, wieso bist du zu Hause? Ich las im Express …«

Er unterbrach sie und erzählte ihr, was geschehen war.

»Ich bin froh, sehr froh, dass du kein Mörder bist, mein Fa…«, entfuhr es ihr, um dann, erschrocken über ihre eigenen Worte, sofort einzulenken: »Mein Göttergatte wünscht dich als neuen Mitarbeiter der Agentur. Du sollst die Drucküberwachung und die Endabnahmen übernehmen, außerdem dich mit analoger, also mit echter Grafik beschäftigen. Wir zahlen so ziemlich die höchsten Löhne im Gewerbe!«

Fabian blieb stumm. Bernadette sprach nach einer Pause, die sich beide gönnten, weiter: »Mach dich auf, Fabian. So kannst du dich auch am besten von dem schrecklichen Ereignis ablenken. Komm doch gleich … Am besten sofort!«

»Hm-ja«, sagte Fabian zögerlich. »Und … ich möchte dich auch sehen. Verrückt, was? Verstehe mich selbst nicht mehr.«

Fabian machte eine Gedankenpause.

»Es wird Schwierigkeiten geben mit Maiky, deinem Mann. Ich kann ihn nicht …«

»… ausstehen!«, vollendete Bernadette. »Ich kann es mehr als gut nachfühlen. Mein wunderbarer Ehegatte – vielleicht kann ihn niemand ausstehen. Aber, Fabian, das würde er nicht wissen – dank seiner unfassbaren Eitelkeit. Nein, mein Mann dürfte kein Problem werden, denn er ist selten da – angeblich stets auf Akquise, auf Kundenbetreuung. Außerdem geht er permanent repräsentativen Pflichten nach.«

»Bernadette, du schriebst mir auf dem Zettel, den du in jener Nacht in der Palanterstraße hinterlassen hast, ich sollte mich vor Michael in Acht nehmen. Du hast mich ausdrücklich gewarnt und mir geraten, ihm aus dem Weg zu gehen!«

»Ich weiß. Fabian, es ist alles so kompliziert und so wirr. Vielleicht hab ich auch übertrieben, ich weiß nicht. Vielleicht will ich dich auch einfach nur hier bei mir haben. Gleichzeitig habe ich Angst vor den Konsequenzen – Angst vor ihm und auch Angst um dich!«

Sie atmete hörbar mehrmals tief durch und sagte weiter:

»Michael hat sich im Lauf der Jahre immer mehr vom exekutiven Geschäft zurückgezogen und nur noch pro forma um die Firma gekümmert. Manchmal sehen wir ihn hier wochenlang nicht – und keiner, auch nicht einer, ist böse über seine Abwesenheit. Mit Malerei und Performances hat er schon längst aufgehört. Ich weiß nicht im Geringsten, was er treibt. Leitung und Verantwortung der l.a.m.p. – so nennt sich unsere Agentur – liegt mittlerweile komplett in meiner Hand. Also Fabian, du wirst es – denk ich mal – in erster Linie nur mit mir zu tun haben!«

Ihr Herz begann laut zu pochen. Hitze überkam sie.

»Genau das könnte schwierig werden«, meinte Fabian mit gesenkter Stimme nach mehreren Sekunden absoluter Stille.

»Ich weiß«, antwortete Bernadette flüsternd. »Bitte komm. Ich warte auf dich.« Dann gab sie ihm noch die Adresse der Werbeagentur durch.

»Bis gleich, Bernadette.«

»Bis gleich, Fabian.«

Beide legten auf mit dem süßen, aber auch Angst einflößenden Gefühl, einen fremden Korridor zu betreten, dessen Ende im Dunkel lag.

*

Kriminalhauptkommissar Rüttgersbusch alias Nestor Burma lief zur Höchstform auf. Ein seltsames Konglomerat aus Sinnesempfindungen bewirkte bei ihm eine Art Rausch, wie er es seit ewigen Zeiten nicht mehr erlebt hatte: Einmal war es die ganze Skala an Betroffenheit, die er jedes Mal empfand, wenn er es mit dem gewaltsamen Tod eines Menschen zu tun hatte, und die er selbst einmal als »unprofessionelles Verhalten« bezeichnete; zum anderen war es der Killerinstinkt, der ihn in bestimmten Situationen auszeichnete, wenn er auf Jagd nach einem Täter war; dazu kam bei ihm die Faszination für »das Böse«, das ihn schon immer beschäftigt hatte und ihn früh die entgegengesetzte Position einnehmen ließ. Diesmal kam noch das Bizarre des Mordes dazu, das ihn nahezu elektrisierte – und die Aussicht, in einen Fall von Serienmord involviert zu sein. Für Burma war ein Krieg angebrochen zwischen einem Serienmörder und ihm, dem Fahnder! Und er musste ihn gewinnen!

Burma wischte sich kurz den Schweiß von der Stirn und sagte zur Kriminalmedizinerin:

»Weiß man, wer die Wasserleiche war?«

»Noch nicht«, kam die Antwort. »Die Vermisstenabteilung arbeitet aber dran.«

»Frau Berthold, bitte rufen Sie gleich die Abteilung an! Wenn die zu irgendwelchen Ergebnissen bezüglich der Wasserleiche kommen, sollen sie uns sofort informieren! Alle sonstigen Anweisungen sind gleich nach der Sitzung zu erledigen! Berthold, sagen Sie außerdem der VA, sie soll uns schnellstens eine Liste aller vermissten Frauen im Bereich Nordrhein-Westfalen zukommen lassen – sagen wir: der letzten zwölf Monate! Okay?«

Burma schnaufte wie ein Bulle.

»Leute, mir ist es wichtig, dass wir alle möglichst alles wissen. Hier gilt es nicht, individuelle Lorbeeren zu gewinnen, hier gilt es, einen Serientäter schnellstens aus dem Verkehr zu ziehen. Weiter: Ich würde vorschlagen, dass wir uns jeden Morgen hier – sagen wir: um punkt neun – zur Lagebesprechung treffen!«

»Alles klar! Machen wir so«, äußerte sich Schlemmermayer.

»Also weiter! Mir persönlich fehlt jeglicher Schimmer über ein mögliches Motiv!« Burma sah jeden Einzelnen kurz an. »Wie geht es da euch?«, fragte er.

Betretenes Schweigen zeigte die Ratlosigkeit in der Runde.

»Denkt scharf nach, benutzt eure Fantasie – ruhig auch mal scheinbar Abwegiges denken! Vergesst die Fallstudien, die wir in der Polizeischule lernen mussten. Wir haben es – so sagt mir mein Gefühl – mit einem fantasiebegabten, aber pathologischen Täter zu tun, der mit anderen Maßstäben gemessen werden muss.«

Burma legte zum Durchatmen eine kurze Atempause ein.

»Chef«, wandte Burma sich schließlich an seinen Vorgesetzten, »haben wir zur Zeit einen fähigen Psychologen zur Hand, mit dem man zusammenarbeiten könnte?«

»Wir arbeiten mit einem von der Uni Köln zusammen, einem Professor mit zweifachem Doktortitel, Felix Krohneick; soll ein fähiger Mann sein!«

»Kenn ich. Hat seine Titel in Kriminologie und in Psychologie gemacht, soviel ich weiß«, meldete sich Heinz Grummenohl.

»Den krallen wir uns! Sofort anrufen! Brauche einen zeitnahen Termin!«

Brigitte Berthold verschwand und kam nach drei Minuten aufgeregt zurück.

»Hab ihn tatsächlich auf seinem Handy erwischt und ihm kurz erzählt, dass wir es wahrscheinlich mit einem perversen Serientäter zu tun haben. Der Professor kann aber erst gegen vierzehn Uhr kommen. Ich soll ihn zurückrufen, ob das in Ordnung geht, Herr Burma!«

»Vorzüglich, rufen Sie ihn an und bestätigen den Termin für hier in meinem Büro!«

Sie verschwand für kurze Zeit in ihr Vorzimmer. Als alle wieder zusammen waren, machte Burma weiter im Text:

»Hervorragend. Elvira, nun zu dir: Wie weit bist du gekommen auf der Suche nach Künstlern, die Körperbemalung machen?«

»Chef, ich hab noch gar nicht angefangen! Werde mich aber sofort nach der Sitzung daran machen.«

»Aber vorher besorgst du mir noch schleunigst so ’n dämliches Ding zum Telefonieren!«

Alle grinsten.

»Grinst ruhig! Ich hab es ja eingesehen«, grummelte Burma. »Aber wenn der Fall erledigt ist, schmeiß ich das Ding sofort in den Müll, das dürft ihr mir glauben! Jetzt brauch ich’s aber, um jederzeit mit euch in Kontakt zu sein, und ihr mit mir. Habt ihr überhaupt alle so ’n Gerät?«

Sie hatten alle eins und Burma staunte.

»Elvira, hast du alle Nummern der Kollegen?«

»Bis auf die von Frau Dr. Armbruster und der Kollegen Kant und Thomalla hab ich alle gespeichert!«

»Leute, tauscht jetzt bitte eure Nummern aus; meine bekommt ihr dann von Elvira!«

In das entstandene Durcheinander rief Burma in Richtung Schlemmermayer:

»Thomalla und Kant müssen sofort einen provisorischen Ausweis bekommen, der sie als Beamte der Mordkommission ausweist. Die beiden sollen in Zivil 'rumlaufen. Uniformiert können sie nicht mal Säuglinge erschrecken … Noch was – sind alle bewaffnet?«

»Alle – bis auf die Kolleginnen Armbruster, Schmitz und Berthold«, gab Schlemmermayer Auskunft.

»Okay, ich hab das unbestimmte Gefühl, als würde dieser Fall Waffen vertragen. Im Ernst, Leute«, sagte Burma besorgt.

»Und du, mein lieber Nestor? Du hast doch während deiner gesamten Dienstzeit noch nie eine Waffe getragen«, lachte der Chef.

»Doch – früher und auch gern. Nur kostete das einen Menschen das Leben, weißt du doch.«

Schlemmermayer schwieg betreten und starrte auf die hässliche Auslegware.

»Wie sieht es mit den Schießkünsten von Elvira aus? Ich habe mich nie drum gekümmert!«

»Es geht so, Chef«, meinte Burmas frisch ernannte Assistentin.

»Von wegen, Herr Kommissar«, meldete sich Thomalla. »Sie müssten sie mal beim Pflichtschießen erleben! Sie ist ein absolutes Ass, und das mit allen Kalibern!«

»Erstaunlich! Also Chef, rück für Elvira Schmitz eine vernünftige PK raus. Hat sie überhaupt einen Waffenschein?«

»Hat sie«, antwortete Schlemmermayer, »aber ob ich ihr …«

»Das machst du schon, mein geliebter Spitzenverdiener«, grinste Burma.

Verzweifelt blickte sein Vorgesetzter durch die Decke hoch zur Führungsetage und faltete zum zweiten Mal innerhalb kurzer Zeit die Hände in Brusthöhe wie zu einem Gebet.

»Thomalla, sind Sie mit dem Nachkriegskomiker gleichen Namens verwandt?«

Thomalla verneinte lachend.

»Ihr macht euch mit neuen Ausweisen und in Zivil nach Düsseldorf auf und interviewt den Fotografen – den Vater der Suizidtoten. Seid hartnäckig. Ich brauche alles – wirklich alles – über ihren Umgang, den letzten Freund, Liebschaften,

Vorlieben, Hobbys und so weiter. Wir müssen jeder Kleinigkeit Beachtung schenken, denn unserem Serientäter dürfte so schnell kein Fehler unterlaufen – wenn überhaupt …«

Elvira lief ein kalter Schauer über den Rücken, und Burma wandte sich an die Pathologin:

»Frau Doktor, vielen Dank für Ihre hervorragende Mitarbeit bis hierher. Sie sind ja in der Bearbeitung des Falles jetzt außen vor. Wenn Ihnen aber irgendwas einfällt, lassen Sie es uns bitte wissen. Auf alle Fälle bleiben wir in Kontakt und informieren Sie über den weiteren Verlauf. Äh, bevor ich es vergesse, seien Sie so freundlich und geben – wenn Sie die noch haben – den Herren Kant und Thomalla Namen und Adresse des Düsseldorfer Fotografen.«

»In der Tat habe ich seine Adresse, weil ich mich von ihm habe fotografieren lassen: schwarzweiß und nackt«, grinste sie verschmitzt, und die anwesenden Männer wurden auch prompt verlegen, hüstelten oder kramten in den Taschen nach Zigaretten. Dann lachte die Pathologin und fingerte anschließend eine Visitenkarte aus ihrer Brieftasche hervor. Polizist Kant nahm die Karte in Empfang. Dann verschwand die Medizinerin stilvoll mit wehenden Klamotten auf ihren hochhackigen Pumps und mit einem wohlklingenden »Tschüss, bis die Tage!«

Guter Abgang, dachte sich der Kommissar mit der kalt gewordenen Pfeife zwischen den Zähnen schmunzelnd. Dann sagte er in die Runde: »So Kollegen, ich glaub, das war's fürs Erste!«

Sie gingen aber dennoch zur Sicherheit noch einmal alles kurz durch. Schließlich löste sich die Runde gegen Mittag auf – jeder mit seiner Aufgabe betraut.

»Mir ist nicht ganz wohl bei der Sache, Elvira«, grummelte Burma vor sich hin.

»Dieser Fall ist auch zu mysteriös, Chef, da kann man direkt Angst bekommen. Wer weiß, wann der Irre wieder zuschlägt!«

»Das meine ich jetzt nicht; ich spreche von dem Handy, das du mir gleich besorgen wolltest.« Burma kratzte seine alte

Pfeife aus und stopfte sie mit seinem neuen Tabak. Endlich qualmte er missmutig. »Ja, das Handy«, stöhnte er. »Weißt du, ich seh's ja ein, zumindest in unserem Fall. Ich kapiere auch nicht … andererseits war ich ziemlich sauer, dass der Staatsanwalt am Freitagabend nicht zu erreichen war, weil er angeblich kein Handy besitzt.«

Burma legte kurz eine Pause ein, sah Elvira – die Stirne in sorgenvollen Falten – ernst in die Augen.

»Mir macht mittlerweile so einiges Angst. Unter anderem diese permanente Verfügbarkeit durch Handys. Da entsteht für mich eine – wie soll ich's am besten ausdrücken – ja: inflationäre Kommunikation. Die ursprüngliche Aufgabe des Wortes, nämlich die Vermittlung und das sich Mitteilen, wird in sinnlosem Geschwafel an der Oberfläche enden!«

Burma machte eine Kunstpause und Elvira hörte ihm zu, ohne sich zu rühren, dann sagte sie kurz: »Chef, wir haben 'nen Mord!«

»Nur das eine noch, Elvira: Alles wird irgendwie billig und gewöhnlich! Die Bezeichnung ›gewöhnlich‹ kommt nun mal von Gewöhnung. Gewöhnung ist ohne Rätsel, ohne Intelligenz und – ohne Abenteuer. Gewöhnung ist primitiv – einfach nur banal und billig. Somit wird durch die Vermassung etwas Besonderes – wie über eine große Strecke mit jemandem sprechen – zu etwas ganz Gewöhnlichem, dem man nicht den nötigen … äh, Respekt und die nötige Sorgfalt entgegenbringt. Denk nur mal an das laufende Bild – den Film. Das Kino war *das* Ereignis für uns damals. Ein Film hätte uns früher zu einem anderen Menschen machen können, solchen Eindruck hinterließ das Kino!«

»Boss, wir haben immer noch 'ne Leiche«, kam es wiederholt von Elvira, aber Burma dozierte unbeirrt weiter:

»Wir ließen uns verzaubern, waren manchmal irritiert, gingen glücklich oder auch wütend nach Hause und besprachen in endlosen Diskussionen den gesehenen Film. Heute langweilen fast alle Filmproduktionen und man hat sie augenblicklich vergessen. Sie bewirken wenig bis gar nichts in dir –

dank eines immer zur Verfügung stehenden Kastens, der die Filme fast inflationär auf Knopfdruck ausspuckt. Ich meine das Fernsehen!«

»Bitte, Chef!«

»Elvira, hab Geduld ... Was ich noch sagen wollte, ah ja: Dabei sind die gezeigten Filme nicht unbedingt schlechter geworden. Es geht um die Beliebigkeit, die keine Erfindung von Fernsehanstalten ist. Es gab zu allen Zeiten immer anspruchsvolle, gute Filme und Schrott. Die empfundene Beliebigkeit ist in unseren Köpfen entstanden durch die permanente Verfügbarkeit des im Grunde Besonderen, wie zum Beispiel die Fahrt mit einem Auto oder das Gespräch über Distanzen hinweg mit einem anderen Menschen, eben das Telefonieren! Ich sehe eine Gesellschaft kommen, die sich grenzenlos langweilt – wenn sie es nicht schon tut, und Dinge entstehen lässt, die gefährlich und unkalkulierbar werden können – vielleicht ist unser Serienmörder nur so ein zutiefst gelangweilter Mensch.«

»Chef ...«

»Ok, Elvira, was sein muss, muss sein. Kauf mir so ein Sch..., so 'n Handy. Wird sich eh nie durchsetzen!«

Das Telefon klingelte, Elvira hob ab. Sie hörte kurz zu, sagte »Augenblick bitte« und übergab den Hörer Burma mit der Bemerkung: »Professor Krohneick!«

»Herr Professor, hier Rüttgersbusch! Können Sie doch nicht?«

»Doch doch, Herr Kommissar, ich könnte sogar schon um dreizehn Uhr. Weil gerade ein Dozent absagen musste, und ich am Nachmittag zufällig Leerlauf habe. Unter uns: Ich bin froh, wenn ich hier mal rauskomme!«

»Das passt mir sehr, Herr Professor Dok...«

»Herr Rüttgersbusch«, unterbrach der Psychiater, »lassen Sie bitte die Titel weg! Die hör ich jeden Tag zigmal – ich bin der Krohneick! Noch was, Herr Rüttgersbusch, ich mag keine Büros, besonders die in Ihrem Gebäude, und das hat seinen Grund! Können wir uns nicht in einem Lokal draußen bequatschen?«

»Herr Krohneick – Sie sprechen mir aus der Seele! Kennen Sie die Malzmühle?«

»Rüttgersbusch, machen Sie Witze?«, lachte der Psychiater.

»Also dreizehn Uhr in der Malzmühle! Auf Wiederhören, Herr Krohneick!«

»Tschüs, bis gleich!«

Sympathisches Kerlchen, zumindest am Telefon, dachte Burma. Er lachte noch einmal kurz über das Gespräch und holte dann grinsend seine Geldbörse hervor, legte seiner »Assistentin« für die Besorgung des Telefons zweihundert Euro hin und teilte ihr mit, anschließend in die Malzmühle zu kommen.

»Weißt du, wo die Malzmühle ist?«

»Ja, logo, Chef! Das weiß doch wohl jeder«, antwortete Elvira und lachte.

Merkwürdig, alle scheinen die Malzmühle zu kennen, nur ich Trottel dachte, das wäre ein Geheimtipp.

*

Gegen zwölf Uhr dreißig betrat ein schüchtern wirkender Mann mit wirrem Haar in Ledermontur und einem Helm unter dem Arm das Büro II der äußerst schicken Werbeagentur l.a.m.p.

»Hi, Bernadette«, flüsterte er. Er war blass und registrierte ein leichtes Zittern in den Beinen, das er sonst nur nach längeren Motorradfahrten mit absoluter Höchstgeschwindigkeit kannte.

»Fabian!«, rief sie, als könne sie es nicht fassen, und kam nur zögernd hinter ihrem Schreibtisch hervor. Dann lief sie ihm auf halbem Weg plötzlich entgegen und warf sich in seine Arme. Er hielt sie fest umklammert, als gälte es, sie nie mehr herzugeben.

Was passierte hier eigentlich? Was passierte mit ihm? Und warum war es so herrlich lebendig, dass er auf eine für ihn unbekannte Weise glücklich war? Seine Frau, vor vier Tagen noch am Leben, war mit einem Mal unglaublich weit weg.

Auch Bernadette war glücklich, wenn auch auf eine andere Art. Zum ersten Mal seit unvordenklicher Zeit hatte sie sich in einen Menschen »fallengelassen«, der sie hielt. Sie empfand eine ungewöhnliche Wärme in sich aufsteigen und legte ihren Kopf an seine Brust.

Und er wird mich nicht fallen lassen. Welch eine Gewissheit!

Beide überhörten ein Klopfen an der Tür und sahen auch nicht den finnischen Lockenkopf, der lächelnd in der Tür verschwand.

Über eine halbe Stunde hatten sie geschwiegen, und hätten sich doch noch so viel zu sagen gehabt. Beide waren verstummt, als könnten Worte all das, was sie jetzt fühlen durften, nur wegzaubern. Eng umschlungen standen sie immer noch an der gleichen Stelle, bis Bernadette sich vorsichtig von Fabian löste und sagte:

»Ich will nicht sagen ›lass uns vernünftig sein‹ und werde es zu dir auch nie sagen wollen. Komm, ich zeig dir jetzt deinen neuen Arbeitsplatz und stelle dir deine neuen Kollegen vor. Okay?«

»Okay, Bernadette.«

*

Der Althippie fuhr unterdessen in seinem über dreißig Jahre alten Opel Caravan in die Tiefgarage der Bonner Universität. In der Nähe wusste er ein koreanisches Bistro, das vorzügliche Mandu, koreanische Teigtaschen, anbot. Er aß mit Appetit und las dabei sorgfältig die Tageszeitung. Man suchte einen Mörder in Köln. Er lachte in sich hinein. Danach ging er in ein nahe gelegenes Café und genehmigte sich hintereinander zwei Espresso und rauchte dazu genüsslich mehrere Zigaretten. Schließlich begab er sich zufrieden in die Tiefgarage, um seinen Plan weiter auszuführen.

Unten angekommen, erschrak er heftig. Um den alten Opel standen drei Polizisten, wovon einer am Türschloss hantierte.

Einer der drei war eine Sie, eine hoch gewachsene Beamtin, die mit gezogener Dienstwaffe die Garage aus dem Stand inspizierte. Ihre Blicke trafen sich, und die Waffe richtete sich langsam auf den bärtigen Mann in den Jesuslatschen.

Ruhig, bleib absolut gelassen! Dir kann nichts passieren – Satans Engel ist stets bei dir und du hast an alles gedacht.

Der ältliche Hippie ging betont lässig auf die Beamten zu und fragte, was da ablaufe. Der angesprochene Polizist fragte barsch, ob er der Besitzer des Wagens sei. Der Althippie bejahte und wurde darauf sofort von den Beamten umstellt.

Bleib ruhig und spiel deine Rolle. Setz ein leicht erstauntes Gesicht auf.

Er wurde von dem ältesten der drei Polizisten im Befehlston aufgefordert, seine Papiere vorzuzeigen. Der Hippie reichte lässig dem Beamten die gestohlenen Papiere. Der sah sie durch, verglich das Passbild mit dem Autobesitzer und brummte zufrieden.

»Und weshalb der ganze Aufstand, Herr Wachmeister?«

»Sehen Sie mal nach unten«, erwiderte der Uniformierte, ihn dabei scharf fixierend. Der vergammelt erscheinende Hippie sah nach unten und erschrak zum zweiten Mal innerhalb kurzer Zeit. Eine Blutlache war unter dem hinteren Teil des Caravans auf den Boden getropft.

Ruhig bleiben. Mime weiterhin den Lässigen!

Der Mann zog hörbar die Nase hoch, öffnete mit dem Schlüssel die völlig verschmutzte Hecktüre, sah dann die Ursache der Lache.

»Was für eine Sauerei! Dem Metzger ziehe ich die Ohren lang!«, brüllte der Träger von Jesuslatschen mit echter Wut im Bauch.

»Sehen Sie sich diese Schweinerei an!«, rief er den verdutzten Beamten zu und öffnete einen Sack, aus dem das Blut heraussickerte und durch eine blecherne Laderinne seinen Weg durch ein Loch, das offensichtlich durch eine Durchrostung entstanden war, nach draußen fand. Die Polizisten sahen die Schweinehälfte und entspannten sich. Die Beamtin lachte sogar und steckte etwas verlegen ihre Walther PK ins Futteral. Der Althippie schloss den Sack diesmal gründlicher und fragte: »Und was mach ich jetzt mit der Sauerei auf dem Betonboden?«

»Nicht so schlimm, das zieht ein. Das kann man nicht wegputzen. Wir sagen jemand Bescheid, der kippt einfach Sägemehl darauf – mehr kann man nicht machen!«

Der ältere der Beamten gab dem Bärtigen die Papiere zurück, und der berichtete im Plauderton dem Beamten von der bevorstehenden Party, die im Freien mit vielen Gästen aus ganz Nordrhein-Westfalen anlässlich eines Jubiläums stattfinden sollte. Die Schweinehälften sollten über offenem Feuer am Spieß gebraten und somit lukullischer Höhepunkt der Feier sein. Die Beamten wünschten, nachdem einer feststellte, dass der Opel nur noch einen Monat TÜV hatte und es wohl nicht mehr zu einer neuen Plakette schaffen werde, gutes Gelingen für die Party und weiterhin gute Fahrt. Schließlich ließen sie einen grinsenden Althippie in der Tiefgarage vor seinem altersschwachen Opel Caravan zurück.

*

Fabian ging an Bernadettes Seite durch die Ateliers der Agentur. Was er da sah, gefiel ihm einerseits, weil es rundum nette und junge Menschen zu sehen gab, die, emsig beschäftigt, ihn freundlich und offen begrüßten, nachdem Bernadette ihn vorgestellt hatte. Auch die hellen Räume sagten ihm zu. Andererseits sah er auf jedem Tisch die verhassten Computer stehen, die seine Existenz vernichtet hatten.

»Keine Angst, Fabian«, raunte Bernadette ihm zu. »Du wirst mit den Apples nichts zu tun haben, es sei denn, du würdest irgendwann mal Interesse bekommen.«

Beide gingen dann in den letzten großen Raum, wo auf Edelstahltischen haufenweise Andrucke lagen, die für eventuelle Korrekturen bestimmten Proofs. An den Wänden standen Regale mit Belegexemplaren: Bücher, Kataloge, Modelle, einzelne Produkte und etliche Videokassetten, unterbrochen von aufwändig gerahmten Plakaten. Alles ehemalige Projekte, die in der Agentur entstanden waren. Fabian war beeindruckt und ging an einen Tisch, nahm sich einen Andruck zur Hand und war sofort in seinem Metier.

»Zuviel Magenta, mindestens … nein, genau fünfzehn Prozent zu viel. Und da muss der Hintergrund mindestens zwanzig Prozent abgeschwächt werden, damit das zu bewerbende Produkt, das im Übrigen zu wenig Gelb hat, im Vordergrund steht!«

»Willkommen im Club, Fabian«, lachte Bernadette. »Schreib die Korrekturen an den Rand der gedruckten Bilder und besprich das dann mit den zuständigen Grafikern.«

Fabian Görtz befand sich in seinem Element und arbeitete wie ein Tier bis in den Feierabend hinein. Zum ersten Mal seit viel zu langer Zeit verspürte er eine tiefe Befriedigung bei dem, was er tat. Selbst den Tod seiner Frau und auch Bernadette, die in ihrem Büro ganz in der Nähe saß, vergaß er vorübergehend vollständig. Er wurde wieder gebraucht – mit dem, was er wirklich konnte.

*

Nestor Burma meldete sich bei der Vorzimmerdame seines Chefs, Brigitte Berthold, ab, die ihm noch einen vielsagenden Blick nachschickte, und begab sich auf den Weg zur Malzmühle. Er brauchte ungefähr eine halbe Stunde zu Fuß und genoss den Spaziergang in der noch angenehm wärmenden Herbstsonne. Am Ziel angekommen, betrat er über eine kleine Außentreppe den Schankraum, angefüllt mit lärmenden Gästen, die ungehemmt frisch gezapftem Kölsch zusprachen. Im hinteren Speisesaal war an einigen Tischen noch Platz, da entdeckte er seinen Chef, genüsslich ein Bier kippend. Burma blieb für einen Moment die Luft weg:

»Ich dachte, das Chefchen wäre in unserem schnuckeligen kleinen Vorort Bonn in einer wichtigen Nachmittagssitzung«, äußerte sich Burma süß säuselnd und voller Hohn.

»Red kein Blech, Alter, und setz dich zu mir … Köbes!«, brüllte er durch den Raum einen vorbeihuschenden Kellner an. »Zwei Kölsch und zwei Korn!«

Burma verdrehte die Augen und dachte sich sein Teil. Er setzte sich dem Freund und Vorgesetzten gegenüber an den Tisch und schimpfte: »Du bist vielleicht eine Pflaume …«

»Quatsch keine Opern, mein Lieber, das ist jetzt ein Dienstgespräch«, bellte der Chef, schon leicht angebläut. Der Köbes brachte das Gesöff und man prostete sich bestens gelaunt zu.

»Und was machst *du* zu dieser Zeit in der Malzmühle, mein hoch verehrter Herr Burma?«

»Erstens, du Spinner, hab ich Pause, und zwotens treffe ich mich mit dem Professor, den du mir genannt hast … Aber gut, dass du so zufällig hier bist, dann wirst du in das Gespräch mit eingebunden, und ich brauch dir nicht aus dritter Hand zu berichten, was der Mann gesagt hat.«

»Aus zweiter!«

»Auch egal! Prost, Hanspitter!«

»Prost, Nestorius!«

Man unterhielt sich zwanglos nur kurz über dies und das, um dann schnell auf das Thema zu kommen, das sie mehr bewegte, als sie bereit waren zuzugeben. Sie rätselten über den Mord, über ein mögliches Motiv und einen Mörder, der als Serienkiller bereits wieder unterwegs sein könnte. Diese Vorstellung ließ sie verstummen und dumpf vor sich hin brüten. Die Stimmung war gekippt.

»Ich denke, das ist ein Irrer! Ein massiv Gestörter! Die Vorgehensweise ist völlig abnorm!«, nahm Schlemmermayer das Gespräch wieder auf.

»Ist nicht jede Person, die vorsätzlich tötet, irgendwie gestört, ergo krank? Die Vorgehensweisen sind in unserem Fall äußerst exotisch … Entschuldige, aber mir fiel kein besseres Wort ein, aber tot ist tot. Ob einer seinen Mitmenschen einfach erschießt oder ihn nach einem Mord ausstaffiert und bemalt, bleibt sich gleich. In beiden Fällen ist ein Opfer zu beklagen.

Ein Opfer, durch einen Menschen entstanden, der zu der Auslöschung eines Lebens nicht das geringste Recht hat.«

»Nicht schon wieder«, kam es flehend vom Chef.

»Ich weiß, Hanspeter, die Diskussion darüber ist vermutlich so alt wie die Menschheit, seit sie das Reflektieren für sich entdeckte. Und man wird die Diskussion irgendwann leid!«

»Genau das meine ich«, warf Schlemmermayer müde ein.

»Wir dürfen aber nicht aufhören, uns darüber Gedanken zu machen. Sonst werden wir wie die, nach denen wir fahnden: Amoralische Kreaturen. Sei es durch eine Störung im Gehirn oder … Kannst du den Satz weiterspinnen?«

»Ich fürchte, nein.«

»Ich auch nicht. Deshalb bleibe ich gern bei meiner These, dass ein bewusster Mord in jedem Fall das Ergebnis einer psychischen Störung ist … und trotzdem bin ich mir nicht sicher. Vielleicht lehrt uns der neue Fall …«

»Was meinst du?«

»Keine Ahnung, oder doch! Ich hab die schleichende Ahnung, dass dieser Fall uns verändern, uns lehren könnte, fremdartig denken zu müssen. Ich habe Angst, Hanspeter.«

»*Du* machst mir Angst, Burma«, entgegnete der Chef und meinte es ungewohnt ernst. Eine Pause trat ein und beide hingen ihren düsteren Gedanken nach.

»Wenn man aber die Konsequenz aus dem, was du da von dir gibst…« Burma unterbrach ihn und kippte dabei ein halbvolles Schnapsglas um:

»Ich weiß, dann dürfte es keine Gefängnisse geben. Weiter gesponnen bräuchten wir keine Richter mehr! Nur noch Klapsmühlen und ein unübersehbares Heer von Psychiatern und Krankenpflegern«, meinte Burma laut und schüttelte sich. »Irgendwie ist so eine Vorstellung zu einfach und zu kompliziert. Vor allen Dingen ist sie schrecklich.«

»Jetzt fangen wir schon selber an zu spinnen«, meinte Schlemmermayer.

»Ich glaube nicht«, entgegnete Burma. »Die so genannten Irren – und ich denke, wir haben es in unserem Fall mit einem ganz speziellen zu tun, Hanspeter – haben eine reduzierte Wahrnehmung, einen Tunnelblick. Dadurch, dass sie so ziemlich alles außerhalb ihrer Wahrnehmung ausschalten, sogar *nach Bedarf* ausknipsen können, sind sie in der Lage, ihre gesamte Energie und Kreativität auf den reduzierten Innenraum ihres Tunnels einzusetzen. So sind diese Menschen für uns kaum greifbar und uns oftmals überlegen. Wir können nur darauf warten, dass so einer einen Fehler begeht. Verstehst du?«

»Oh Gott … Ich befürchte ja«, murmelte der Chef vor sich hin und stierte in sein Glas. »Mir wird schlecht!«

»Mir auch!«

»Hochinteressant, was Sie da sagen! Gestatten: Krohneick mein Name!«

Ein kleiner, drahtiger Mann Mitte dreißig, mit Stirnglatze und zu großer John-Lennon-Brille auf der gebogenen Adlernase verbeugte sich kurz und grinste die Kommissare gewinnend an.

»Sie entschuldigen«, sagte der Mann im Rücken Burmas, »dass ich Ihr Gespräch unbeabsichtigt mit verfolgt habe, aber ich wollte Sie um keinen Preis unterbrechen. Kommissar Rüttgersbusch, nehme ich an?«

»Richtig, und das hier ist mein Vorgesetzter, Kriminalhauptkommissar Schlemmermayer! Ich freue mich, dass Sie sich Zeit für uns nehmen wollen, Herr Krohneick!«

Die Herren gaben sich die Hände und der Professor nahm am Tisch Platz. Wie selbstverständlich bestellte der Chef eine Runde und Krohneick nickte dazu.

»In meinem Job ist Alkohol oft eine Art Insel im Meer nicht mehr zu bewältigenden Wahnsinns – des naturgegebenen und des gemachten! Ich glaube, da geht es Ihnen wie mir! Man muss nur aufpassen, dass man dabei nicht zum Säufer wird!«

Der Professor lachte kurz auf und Burma schielte zu seinem Chef, der so tat, als hätte er nichts gehört.

Der kleine Mann zog seine Cordjacke aus, denn es war in dem Raum sehr warm, und kam schnell zur Sache. Vorerst aber kramte er aus seiner Jacke ein Notizbuch und einen Kuli hervor und ließ sich schließlich von Burma den Fall in allen Einzelheiten erzählen. Burma wurde von dem mitschreibenden Professor unterbrochen, und zwar beim Bericht über den ominösen Text, der in der Wohnung Görtz' an die Wand geschrieben war.

»Faszinierend! Ich glaube, den Text zu kennen. Zu Beginn meiner Studienjahre habe ich mich erst in der Theologie verlaufen, katholische Theologie. Im Ernst! Unglaublich. Also: Der Text ist – ich erinnere mich noch sehr gut – hebräisch, aber alexandrinischer Herkunft und steht im Buch der Weisheit im Alten Testament. Irrtümlich wurde der Text Salomon zugeschrieben. Der ägyptische Autor wird leider nicht mit Namen angegeben. Große Literatur, meine Herren!«

Burma holte den Zettel mit dem Text hervor und reichte ihn dem Professor. Der überflog ihn kurz, nickte wie zur Bestätigung und machte sich eine Notiz. Dann fuhr er fort:

»In dem kompletten Artikel – ich glaube, im zweiten Kapitel – wird die Verblendung des so genannten Ungläubigen behandelt, der mangels Glauben an den hebräischen Gott überzeugt ist, sich jegliche Moral sparen zu können. Er stellt sich außerhalb des Gesetzes – gemeint ist das Gesetz Gottes – und hält sein asoziales Verhalten und auch die Verbrechen, die er begehen will, für legitim. Hochinteressant und – hochaktuell! Es gibt die nicht bewiesene Aussage unter einigen Historikern, dass der Text über 2400 Jahre alt sei. Sehr spannend! Wenn Sie diese Fassung aus dem Kontext gerissen so lesen, erhalten Sie den Eindruck, als handele es sich um das Manifest eines literarisch begabten Verbrechers aus der Antike. Unglaublich! Unser Serientäter muss sich in der Bibel auskennen. Das wird immer skurriler! Wer käme da in Frage außer ein Pfaffe oder einer, der mal Theologie studiert hat?«

Burma schüttelte den Kopf und stöhnte: »Also müssen wir auch in dieser Richtung forschen!«

»Ich denke, ja! Das Tollste aber …«, wollte Krohneick seinen Monolog weiterführen. Da stieß Elvira Schmitz mit einer beschrifteten Tüte unterm Arm zu der Runde und wurde dem Professor wie selbstverständlich als Kollegin vorgestellt. Der zweifache Doktor war von Elvira sichtlich angetan und kam für kurze Zeit aus dem Konzept. Burma nutzte die Pause, um Elvira das gerade Gehörte in kurzen Worten mitzuteilen. Der Professor griff das Thema wieder auf und sagte mit leuchtenden Augen:

»Noch unfassbarer aber ist die Tatsache, dass ich kürzlich im Stadtmuseum Siegburg, anlässlich eines relativ unbedeutenden Kurzfilm-Festivals, mit genau diesem Text – aus dem Kontext gerissen – konfrontiert wurde!«

Burma bekam spitze Ohren und gab ein »Ach was!« von sich. Elvira riss augenblicklich ihren Notizblock hervor und notierte in Windeseile das Gehörte.

»Ein Kölner Künstler, der aber in Siegburg lebt, macht nebenbei Kurzfilme«, erzählte der Professor weiter. »Einer davon wurde im Rahmen des Festivals gezeigt. Bemerkenswert professionell gemacht! Der Kunstmacher filmte sich beim Auf- und Abgehen einer kurzen Strecke vor einer monströs schönen Grabmalskulptur aus dem neunzehnten Jahrhundert auf dem Melaten-Friedhof in Köln. Und jetzt kommt es: Während er, völlig in Schwarz gekleidet, über die gesamte Länge des Films mit einer Bibel in der Hand von links nach rechts und von rechts nach links ging – jeweils mit einer kurzen Drehung außerhalb des sichtbaren Bildes –, las er laut vernehmlich … genau dieses Fragment – herausgerissen aus dem Gesamttext, wie er uns hier vorliegt. Ein unglaublicher Zufall, meinen Sie nicht auch?«

»Das könnte der Mann sein, den wir suchen!«, rief Burma aufgeregt.

»Für mich schwer zu glauben, aber man weiß nie!«, entgegnete Professor Krohneick. »Also weiter: Ich habe mich kurz nach dem Festival mit dem Filmemacher unterhalten. Hochinteressant der Mann. Er verdient sein Geld als Kulturdezernent des Städtchens, in dessen Museum das Festival stattfand, schließlich muss der Arme eine Familie mit drei Kindern ernähren. Er arbeitet künstlerisch nur noch in seiner spärlich bemessenen Freizeit. Der dürfte kaum Zeit für solche – äh, Sperenzchen haben, wie sie sich unser Serienkiller erlaubt. Aber ich wiederhole: Man weiß nie! Der Filmkünstler hinterließ bei mir eher einen liebenswerten Eindruck, wenn nicht gar einen etwas naiven. Ich habe mich lange mit ihm unterhalten und auch eine signierte Videokopie von dem Film gekauft. Er ist Vollblutkünstler und mit normativer Beurteilung dürfte man sich bei ihm schwer tun. Er ist einerseits – heutzutage würde man sagen –: ein ziemlicher Grufti, anderseits aber ist er ein ausgemachter Spaßvogel – und trotzdem ein verantwortungsvoller Familienvater, der den Pflichten und seinem Beruf engagiert versucht nachzugehen. Bemerkenswert.« Krohneick kratzte sich am Kopf und machte sich umständlich eine Zigarette an.

»Zufällig habe ich seine Adresse dabei, weil ich ihn in seinem Atelier besuchen und Arbeiten von ihm sehen möchte!«

Dr. Krohneick blätterte in seinem Büchlein und las Namen, Telefonnummer und Adresse vor. Silvia notierte sich alles.

»Herr Dr. Krohneick, wären Sie bereit, mit mir und meiner Assistentin diesen Mann aufzusuchen?«, fragte Burma den Professor.

»Gleich morgen, wenn Sie Lust haben! Da hab ich meinen freien Tag!«

»Hervorragend. Hoffentlich kann der – äh, Grufti auch«, sagte Burma aufgeregt.

»Haben wir gleich, Herr Kommissar!« Der kleine Professor holte ein Handy hervor und wählte die eben aufgeschlagene Nummer. Es wurde abgenommen.

»Hier Professor Krohneick, Sie erinnern sich? Genau. Ich hätte morgen früh Zeit und würde gerne mit zwei Freunden, die ebenfalls Sammler sind, Ihr Atelier aufsuchen. Sie haben momentan Urlaub? Das passt ja. Sehr schön! Hervorragend, ja, ich schreib auf. Bis morgen gegen zehn. Ihnen noch einen schönen Tag! Auf Wiedersehen, Herr Stanescu!«

»So, ich hab die Atelieradresse, und ich würde sagen, wir treffen uns dann gegen neun Uhr fünfzehn am Haupteingang des Präsidiums am Waidmarkt.«

»Alles klar! Super«, ereiferte sich Burma.

»So, Herr Rüttgersbusch, wenn Sie jetzt so freundlich wären, mit Ihrem Bericht fortzufahren, damit ich mir ein genaues Bild machen kann. Mir kommt es auf Ihre Meinung an, die Sie bei diesem Fall entwickelten. Lassen Sie nichts aus. Auch Frau Schmitz soll sich ruhig zu den einzelnen Punkten äußern!«

Elvira Schmitz wurde verlegen und wurde sich einmal mehr bewusst, dass sie zu einer gleichgestellten Akteurin für ihre Umgebung geworden war.

Burma berichtete akribisch jede Einzelheit, unterstützt von Elvira, und ließ auch seine mitunter kruden Gedanken zu. Die Männer tranken noch jeder ein Kölsch und Elvira frisch gezapftes Malzbier. Alle aßen die berühmte Ochsenschwanzsuppe und den obligatorischen halven Hahn, jene kölsche Spezialität, die so manchen Tourist irritiert sich an den Kopf greifen lässt, bestehend aus einer Scheibe altem holländer Käse, Roggenbrötchen, Butter und Senf. Gegen achtzehn Uhr sah man das Informationsgespräch etwas erschöpft als beendet an.

»Ich werde zuhause meine Notizen durcharbeiten und versuchen, ein Profil des Täters zu erstellen. Vielleicht ergibt sich so ein mögliches Motiv. Beim Zeus – das wird eine harte Nuss! Äußerst bizarr das Ganze!«

Beim Verlassen des Brauhauses fiel Elvira noch etwas ein, und sie gab dem Professor noch schnell die Telefonnummer, mit der Burma jetzt über Handy zu erreichen war, und etwas verschämt ihre Karte mit Adresse und Telefon-nummer.

»So, jetzt ist aber Feierabend für heute«, sagte Burma draußen zu den anderen. »Morgen ist auch noch ein Tag! Wenn das so weitergeht mit meiner Sauferei, haben wir demnächst einen zweiten Alkoholiker im Dezernat!«

»Wer ist denn der erste?«, fragte Schlemmermayer nuschelnd.

*

Der Zeiger der alten Küchenuhr an der Wand zeigte auf acht. Es war zwanzig Uhr. Burma dachte kurz – durch die blechern klingenden Schläge der Pendeluhr – an die erste Küche in seinem Leben. Er erinnerte sich deutlich an die zu enge Wohnküche, in der seine über alles geliebte Mutter immerzu kochte, nähte und hantierte, wenn sie nicht gerade bei Fremden putzen ging. An den Vater konnte er sich nicht mehr erinnern, der krank aus dem Krieg heimkehrte und nur noch drei Jahre zu leben hatte. So lebten sie zu zweit in der zu kleinen, aber gemütlichen Zwei-Zimmer-Wohnung, die im Grunde nur aus besseren Verschlägen bestand. Aber für Burma war diese Welt in Ordnung. Köln lag nach dem Krieg in Schutt und Asche, und es gab demzufolge viel zu wenig Unterbringungsmöglichkeiten für all die Menschen, die überlebt hatten und jene, die aus den Ostgebieten flüchten mussten und in die im freien Westen gelegenen Städte nachdrängten. Man war froh, überhaupt ein Dach über dem Kopf zu haben. Und für die Kinder gab es den spannendsten Spielplatz der Welt: die Trümmer der Stadt.

Er hatte im Grunde eine schöne Kindheit bei seiner Mutter gehabt, ohne Vater und nur mit dem Nötigsten. Die alte Uhr war neben einem Bettgestell das einzige, was seine Mutter aus dem zerbombten Haus in der Breite Straße, wo sie alle lebten, retten konnte. Nun hing sie in einer anderen, in einer großen Küche in der Alteburger Straße. Burma und seine kleine »Geschiedene« fanden das Ding zwar »hübsch-hässlich«, aber man konnte sich nicht von ihr trennen.

Nestor Burma wurde jäh aus seinen Gedanken gerissen.

»Chef, Sie haben gar nicht zugehört!«, beschwerte sich Elvira mit einem funkelnagelneuen Handy in der Hand. »Also, weil's so schön war, noch mal von vorn.«

Elvira erklärte ihm mit Engelsgeduld die Funktionen des Gerätes und schrieb ihm in Stichworten das Wesentliche auf. Frau Lydia Kim, die sich mit dem Dünsten von Kohlrouladen beschäftigte, nebenbei Kartoffeln stampfte, eine Soße zubereitete und Salat anmachte, hatte längst alles verstanden, als Burma noch den An- und Ausknopf studierte, und grinste still vor sich hin. Schließlich hatte er die Handhabung intus und rief aufgeregt seinen alten Kumpel Heinz Grummenohl an, um ihm die Sensation mitzuteilen, dass Ewald Anton Rüttgersbusch, Kriminaloberkommissar der Mordkommission Köln, endlich im 21. Jahrhundert angekommen war.

»Da kann man ja beinahe gratulieren, du Knallkopp«, war alles, was der Freund von sich gab, bevor er auflegte.

Sie aßen zusammen die besten Kohlrouladen der Welt, wie Elvira feststellte, und rauchten als Abschluss des Abends zu einem Espresso. Elvira war dabei merklich stiller geworden und Lydia fragte mütterlich:

»Elvira, welche Laus ist dir über die Leber gelaufen – hast du Kummer?«

»Meine Eltern, Frau Rüttgersbusch … Es wird Zeit, dass ich sie wieder mal besuche. Ich habe schon über ein halbes Jahr nicht mehr bei ihnen vorbeigeschaut. Eigentlich sollte ich mir das ersparen.«

Die Rüttgersbuschs wussten über das Verhältnis ihres »Schützlings« zu ihren sogenannten Eltern und schwiegen aus Takt zu dem Thema. Es war eine unangenehme Geschichte.

Elvira steckte sich die dritte Selbstgedrehte an und nahm von Lydia – die sie insgeheim als Ersatz-Mama ansah – dankend den zweiten Espresso entgegen.

Gibt es ein unausweichliches Schicksal, dem man sich nicht entziehen darf? Geht die Verantwortung für andere so weit, dass man sich von ihr bestimmen und immerwährend erpressen lässt? Muss ich damit leben? Was würde meine liebe Uroma dazu sagen? Ich werde sie fragen müssen.

Dies etwa dachte Elvira Schmitz.

*

Es war bereits gegen neunzehn Uhr und dunkel. Der Althippie fuhr in seinem schrottreifen Opel Kombi bereits zum dritten

Mal an der feinen Werbeagentur in Köln-Marienburg vorbei und fluchte laut vor sich hin. Immer noch war Licht in dem Gebäude, obwohl maximal bis achtzehn Uhr dreißig darin gearbeitet werden durfte. Die für eine Werbeagentur ungewöhnliche Maßnahme hatte er in weiser Voraussicht angeordnet – angeblich aus Rücksichtnahme auf die für die Kreativität so wichtige Freizeit des Teams.

Bis auf zwei Personen hatten auch alle Mitarbeiter die Agentur bereits verlassen. In Büro 2 löste sich gerade Bernadette aus der Umarmung mit Fabian, küsste ihn kurz auf die Nasenspitze und sagte: »Komm, fahren wir zu dir nach Hause, Geister austreiben!«

Als der zerzauste Bartträger mit seinem Kombi zum vierten Mal an der Agentur vorbeifuhr, sah er zu seiner Erleichterung gerade noch ein Motorrad und dahinter einen Mini-Cooper Richtung Bonner Straße verschwinden.

Geht doch … Und viel Spaß miteinander, ihr Langweiler!

Dann lachte er fast hysterisch auf und schlug sich vor Vergnügen auf den Oberschenkel.

*

Gegen zweiundzwanzig Uhr stand eine junge Frau Mitte zwanzig, völlig durchnässt von einem Sturzregen, mit zerrissenen Jeans und abenteuerlich gestyltem Haar vor der Wohnungstür einer Mietskaserne in Köln-Riehl. Sie verharrte fast fünf Minuten vor der Türe, hinter der eine ohrenbetäubende Musik lief. Sie erkannte unschwer die »Nationalhymne« einer ganzen Generation, die nun Mitte Sechzig war: *Satisfaction* von den Rolling Stones.

Nicht schon wieder, stöhnte Elvira Schmitz in sich hinein und drückte auf die Klingel. Nichts rührte sich. Sie klingelte Sturm und wartete ungeduldig. Sie klingelte abermals Sturm. Nach dem dritten Mal verstummte endlich die Musik und Elvira vernahm ein Schlurfen und Schnarren hinter der Tür. Im Türspalt zeigte sich ein Gespenst von einer Frau, die ihre

Würde offensichtlich vor Jahren achtlos in einen imaginären Mülleimer geworfen hatte. Sie stank penetrant, auch aus dem Mund, in dem nur wenige schwarz-braune Zahnstummel verblieben waren, und gab ein undeutliches Krächzen von sich:

»Na, lässt du dich auch mal bei den Eltern sehen? Die feine Kriminal... wie war das noch? Aaah ja, Kommissarsanwärterin gibt sich die Ehre. Kommen Sie doch herein in unsere Suite, gnädiges Fräulein!«

Wieder besoffen und vollgekifft, stellte Elvira fest. *Wie komme ich dazu, diese Menschen, die so weit weg von mir sind, immer wieder in ihrer selbst gewählten Hölle zu besuchen? Erwarte ich jedes Mal, wenn ich hier ankomme, ein Wunder?*

»Unsere Brut erweist uns armen alten Eltern tatsächlich die Ehre, Wolfgang«, krächzte die spindeldürre Alte hustend nach hinten, wo sie ihren Ehemann wusste.

Von wegen alt! Gerade mal knapp über fünfzig sind sie und sehen aus wie zusammen zweihundert kurz vorm Abnippeln.

»Hey, Püppchen«, nuschelte der Vater. Er saß augenscheinlich besoffen zwischen allerlei Gerümpel auf dem Boden und zog sich zusätzlich zum Alkohol einen riesigen Joint rein. Sein Mund, der ebenfalls enorme Zahnlücken aufwies, lachte kurz und leicht hysterisch Elvira entgegen. Seine Haare hingen verfilzt bis zur Brust, und seine bis auf die Knochen abgemagerten Arme guckten aus einer unglaublich verschmutzten Fellweste heraus und fuchtelten unartikuliert mit dem Joint in der Gegend herum. Er versuchte aufzustehen, um sogleich wie eine Marionettenfigur in sich zusammenzufallen.

Es war stickig im Zimmer. Es stank nach Haschisch, billigem Fusel, Billigpizza aus dem Supermarkt, kaltem Schweiß, Patschuli, Schimmel und Zigarettenasche. Und über allem lag der ganz spezielle Geruch sterbender Menschen hohen Alters, die vor Zeiten vergessen hatten, sich zu waschen.

Elvira wurde übel, als der Vater ihr den Joint anbot und die Mutter unwirklich kichernd eine Fuselflasche leerte und sich dabei verschluckte.

Diese Menschen haben mich zu oft hungern lassen. Das Schwein hat mich zu oft geschlagen, und meine sogenannte Mutter zu oft feixend zugesehen.

Elvira sah sich die zwei menschlichen Wracks abwechselnd an, so als müsse sie sich dies Bild des Niedergangs für alle Zeiten einprägen. Die Eltern registrierten die Anwesenheit der Tochter schon nicht mehr. Sie waren ihrer ultimativen Auslöschung verdammt nahe gekommen. Der Alte fischte im Sitzen aus dem Prüll eine völlig zerkratzte Schallplatte, grinste Elvira an und schmiss sie auf den Teller eines uralten Plattenspielers.

»Kennst du das noch, Täubchen – weißt du noch?«

Die Alte kicherte dazu.

»*Kick Out The Jams* …«, dröhnte es aus den Boxen. Es war die erste Platte der legendären MC 5, Elviras ehemaliger Lieblingsband aus der Zeit mit ihrer Eltern.

Ich musste damals mit abgetragenen Klamotten in die Schule gehen, wo man sich über mich lustig machte. Mein lieber Onkel durfte mich im hinteren Zimmer vögeln – ich war gerade mal dreizehn – und ihr tatet so, als hättet ihr nichts gemerkt. Vielleicht habt ihr dank eurer permanent zugedröhnten Köpfe wirklich nichts mitgekriegt. Euch war ich stets scheißegal! Ob ich in der Schule war oder nicht; ob ich krank war oder nicht; ob ich zu einem sozialen Wesen heranwachse, auf den Strich gehe oder zu so was werde wie ihr – es war euch alles scheißegal. Nun seid ihr mir endlich auch egal. Ich hab alles ertragen: Schule, Therapie, Sozialamt, hab alles alleine gestemmt. Jetzt mach' ich Schluss – endgültig! Ich werde mich nicht weiter an eure Privat-Apokalypse ketten lassen.

»Ich verschwinde aus eurem Leben. Ich werd euch nicht mehr besuchen! Tschüss dann«, brüllte Elvira mit einem Kloß im Hals gegen die Musik an.

Weinend verließ sie die Wohnung des hässlichen, heruntergekommenen Sozialbaus und rannte zur nächsten Straßenbahn-Haltestelle. Eine dreiviertel Stunde später klopfte sie an der Tür ihrer Mitmieterin, Heidi Langermuth. Heidi, Anfang zwanzig und im dritten Lehrjahr als Friseuse tätig, war ein prachtvoller Kumpel – ohne jegliche Aggression, nie launisch, immer lustig, liebenswert, mitfühlend, hilfsbereit und zudem bildschön. Sie war stets modisch, schick und auch sehr originell gekleidet. Trotzdem war sie ohne Freund, was keiner so recht begriff. Heidi öffnete Elvira die Tür, umarmte sie quietschend, als hätten sie sich seit Jahrzehnten nicht mehr gesehen und zog sie in ihr Zimmer.

»Da bist du ja! Wo warst du denn die ganzen Tage?«, fragte Heidi und registrierte besorgt die Blässe ihrer Freundin. »Siehst schlimm aus! Liegt dir was auf der Seele? Geht's dir schlecht?«

»Geht so«, log Elvira.

»Was kann ich für dich tun … Kaffee oder Tee?«

»Ein Kaffee wäre jetzt genau das Richtige!«

Heidi stürzte sofort in die Küche.

Wenig später saßen sie zusammen, rauchten, tranken – ohne Rücksicht auf die folgende Nacht ohne Schlaf – einen starken Kaffee und knabberten Gebäck dazu.

»Versuchen wir es noch mal, Elvira: Was bedrückt dich – na, sag schon!«

Elvira erwähnte kurz den Besuch bei ihren Eltern. Dann weiteten sich ihre Augen wie in einer plötzlichen Eingebung. Sie zeigte auf den blauen Irokesenkamm auf ihrem Kopf und sagte:

»Heidi – kannste mir das wegmachen?«

»Im Ernst?«

»Todernst … Auch die Farbe muss raus!«

»Du warst mittel- bis dunkelbraun, nicht?«

Ja, ich glaube!«

»Du hast Glück, hab heute frei und alles zum Schneiden und Färben im Haus!«

Heidi kramte eifrig und hoch erfreut die Utensilien zusammen und begann ihr Werk.

Im Nu wurde die Kommissarsanwärterin bearbeitet, und sie musste während der Prozedur noch einmal, nun aber ausführlich berichten. Nach dem Umfärben ging Heidi wie selbstverständlich daran, die Haare zu schneiden, um aus einem spät pubertierenden Punk eine junge Frau zu zaubern. Dann wurden die Piercings aus dem Gesicht entfernt.

Beide konnten sich nachher kaum beruhigen, so staunten sie über die Veränderung. Lachend und albern rumblödelnd gingen sie hinüber in Elviras Wohnbereich auf der anderen Seite des Flures und wühlten mit Hingabe und kindlicher Entdeckerfreude im Wäscheschrank nach Klamotten.

Sie wurden mehr als fündig. Elvira hatte sich aus unerfindlichen Gründen zwischendurch immer wieder schicke Kleidungsstücke und auch ausgefallene Schuhe gekauft, sie aber nie angezogen. Was Heidi fast den Atem benahm, war der überraschend gute Geschmack ihrer Nachbarin.

Es wurde eine lange Nacht mit viel Kaffee, Unmengen an vertilgtem Gebäck und zwei schönen jungen Frauen, die sich inmitten von Klamotten kurz vor dem Ausflippen befanden. Elvira konnte sich nicht erinnern, jemals so glücklich gewesen zu sein, sich jemals so befreit gefühlt zu haben.

*

Es war noch nicht Mitternacht und ein nasskaltes Unwetter tobte über der Stadt. Davon merkte der Mann in rotem Leder nichts. Er hievte mit Hilfe eines schweren Flaschenzugs, der an der Decke befestigt war, eine Schweinehälfte in Augenhöhe, ging dann in den hinteren Raum und blieb vor einem Tisch stehen, auf dem ein längliches Etwas eingepackt in schwarzem Samt lag. Nach einem Moment des Zögerns schlug er das Tuch feierlich auseinander und murmelte dabei unverständliche Sätze durch den geschlossenen Reißverschluss. Auf dem Samt lag das fast schwarze Katana – ein Samurai-Schwert, von dem eine spürbare Bedrohung ausging, so als wäre es lebendig und könnte Befehle erteilen, die keinen Widerspruch dulden.

Der Mann in Rot ergriff langsam und schwer atmend den mit Fischhaut überzogenen Tsuka, den Schwertgriff, und begab sich in den Saal, in dessen Mitte die noch bluttriefende, langsam hin und her schwankende Schweinehälfte hing. Er holte aus und hieb mit voller Wucht in das Schweinefleisch. Das Schwert blieb im Fleisch stecken. Der Mann fluchte. Er musste wohl erst die Technik erlernen, das Katana zu führen! Aber wie?

Nach langer Pause, die er nutzte, um eine Platte mit merkwürdiger alter Musik aus dem fernen Japan aufzulegen und eine in Rotwein aufgelöste Tablette zu sich zu nehmen, nahm er kurz entschlossen diesmal beide Hände, wie er es in einem alten Kurosawa-Film gesehen hatte, zu Hilfe und ließ sich mehr vom Katana führen. Er durchschnitt so mehrmals die Luft mit weit ausholenden Streichen und registrierte dabei eine Art Übernahme des eigenen Willens durch die Waffe. Das Katana führte seinen Arm, und die Bewegungen folgten scheinbar einem uralten Ritus. Subjekt und Objekt erfuhren einen Rollentausch. Den Mann im dunklen Gewölbe überlief ein Schauer, den er genoss und der ihn in eine unwirkliche Euphorie versetzte. Dann hieb das Langschwert mit erstaunlich geringem Kraftaufwand die Schweinehälfte von oben bis unten durch. Das Fleisch klatschte laut schmatzend in die Blutpfütze.

Unter dem geschlossenen Reißverschluss der roten Ledermaske grinste der Mann zufrieden. Dann drehte sich in ihm alles wie eine Spirale. Er wurde von innen hinausgeschleudert in eine höchste Form der Ekstase.

Dienstag

Der frühe Morgen versprach einen angenehmen Herbsttag mit viel Sonne. Vom gestrigen Unwetter war nichts mehr zu merken. Burma und Lydia waren prächtig gelaunt.

Die Radio-Nachrichten berichteten nichts wirklich Neues; sie konnten sich ausgiebig dem Frühstück widmen. Danach verabschiedete sich der Kommissar von seinem »Schnubbelchen« mit dem obligatorischen Kuss und machte sich zu Fuß auf zum Polizeipräsidium am Waidmarkt. Sein Alfa stand noch in der Garage des Präsidiums, wo er ihn wegen des genossenen Alkohols am Vortag hatte stehen lassen. Er ging gern zu Fuß und die frische Luft tat ihm gut. Die Strecke von der Wohnung zum Präsidium war eh relativ kurz und führte durch die herrlich bunte Severinstraße, die er jedes Mal genoss.

In seinem Büro angekommen, erwartete ihn eine hübsche junge Dame, die, in ein dunkelbraunes Jackenkleid gehüllt, mit übereinandergeschlagenen Beinen lässig rauchend in Burmas Besucherstuhl saß. Sie hatte dunkelbraunes Haar, das zu einer eigenwilligen Frisur gelegt war und perfekt zu dem dezent geschminkten und klassisch geschnittenen schönen Gesicht passte. Ihr Schwanenhals steckte in einer gestreiften hellbeigen Bluse, die mit weit geöffnetem Kragen ein »aufregendes Dekolleté« zeigte. Burma blieb für einen Moment die Luft weg.

»Guten Morgen, Chef«, gab die elegante Erscheinung von sich. Burma japste »Elvira!« und musste sich erst mal setzen.

»Was … was ist denn mit … *dir* passiert?«

Es fiel ihm schwer, sie zu duzen. Mehr aus Verlegenheit denn aus Gewohnheit kramte er seine neue Pfeife hervor.

»Das, Herr Burma, ist der sichtbare Ausdruck meiner unsichtbaren inneren Veränderung«, sagte sie gewichtig und mit gehobener Stimme. »Einer notwendigen Veränderung, die ich endlich zulassen konnte! Ich will nicht mehr bloß ›anti‹ sein, sondern eine positive Rolle spielen – nicht als asoziales, sondern als soziales, aber auch kritisches Wesen!«

»Uff«, kam Burmas Seufzer der Überwältigung, während er sich in seinen Bürostuhl fallen ließ.

»Meine kritische Distanz zu vielen Erscheinungen in dieser Gesellschaft wird sich nie groß ändern, Chef – eher im Gegenteil, aber ich möchte in bescheidenem Maße dazu beitragen, ihr zu etwas mehr menschlicher Substanz zu verhelfen!«

»Uff«, machte Burma ein zweites Mal.

»Dazu, Chef, muss man sich erstmal selbst akzeptieren. Ich will keinen Krieg mehr gegen mich selber führen. Das wird irgendwann einfach nur lächerlich ...«

Elvira holte mehrmals tief Luft. Sie drückte die Zigarette in Burmas Aschenbecher aus und sah ihren Vorgesetzten aus wunderbar braunen Augen erwartungsvoll an. Der staunte aus mehrerlei Gründen und erwiderte ihren Blick unsicher. Schließlich sagte er:

»Du siehst einfach fabelhaft aus! Daran muss ich mich erstmal gewöhnen. Und was du da von dir gibst ... wo hast du das alles her?«, fragte er etwas dümmlich.

»Ach, von wem wohl, lieber Herr Burma, von wem wohl?«

Sie machte eine Pause, als müsse sie erst nachdenken. Dann sprach sie weiter:

»Ich hab in der letzten Zeit über vieles nachdenken müssen. Und gestern Abend, nachdem wir bei dir – Verzeihung: bei Ihnen fertig waren mit der Einweisung in das Handy, da hab ich meine Eltern besucht!«

Nestor Burma unterbrach sie: »Du Ärmste ... Aber weißt du was, Elvira, bleib bitte beim Du. Wir kennen uns jetzt schon so lange, und es ist mir langsam peinlich, dich zu duzen, während du mich andauernd wie einen Fremden anredest. Lydia hat das Thema auch schon mehrmals angesprochen!«

Da schossen Elvira die Tränen in die Augen. Sie sprang auf, umarmte Burma und flüsterte ihm ins Ohr:

»Ich bin ja so happy … danke … dir … *euch beiden* – von ganzem Herzen!«

In dem Moment ging ohne vorheriges Anklopfen die Tür auf und Hanspeter Schlemmermayer trat, laut »Morjen« brüllend, ins Büro. Er blieb abrupt im Türrahmen stehen, sichtlich schockiert. Mit offenem Mund und aufgerissenen Augen erblickte er seinen Freund und Untergebenen mit einer äußerst attraktiven jungen Frau in enger Umarmung.

»Ich fass es nicht – Burma«, rief er entgeistert, »bist du von allen guten Geistern verlassen?«

»Fass es, du Blödmann«, lachte Burma und gab Elvira frei. Die gab ein wohlklingendes Lachen von sich und begrüßte den Chef. Der war, wie man es von ihm gewohnt war, äußerst begriffsstutzig und erwiderte den Gruß mit einem »Entschuldigen Sie, gnädige Frau! Ich wollte nicht stören!«

Da begann sich in seinem Gehirn langsam etwas zu regen. Dann erkannte er sie plötzlich.

»Frau Schmitz … Ich … Ich fasse es nicht!«

»Du wiederholst dich, alter Junge«, lachte Burma. »Komm, setz dich, lasst uns endlich arbeiten, wir haben viel zu tun … Ach, und Hanspeter: Mach den Mund besser zu, es zieht.«

*

Fast zur gleichen Zeit wurde Bernadette in Fabians Armen wach, der noch leise vor sich hin schnarchte. Wie angenehm war seine Wärme. Sie kuschelte sich noch enger an ihn.

Beide haben wir etwas fast Tabuisiertes getan. Wir sollten uns eigentlich schämen! Ein Quäntchen schlechtes Gewissen müsste bei jedem von uns beiden Alarm schlagen. Tut es aber nicht. Beide fühlen wir uns im Recht … auf gegenseitige Wärme. Was aber, wenn das alles für ihn nur eine zeitweise Flucht aus einer nicht zu bewältigenden Realität ist? Ich werde nicht darüber nachdenken! Ich will leben … jetzt!

Am Abend zuvor hatten Fabian und Bernadette die Wohnung in der Siebengebirgsallee betreten, in der noch Tage zuvor Silvia das Regiment führte, er aber seit Jahren nur noch so etwas wie ein schwer zu entsorgendes kaputtes Möbelstück gewesen war.

Erst mussten sie für die neu angebrachten Sicherheitsschlösser den alten Schuldirektor herausklingeln, der die neue Sachlage schnell peilte und grinsend die neuen Schlüssel übergab.

Eine angenehme Erscheinung, diese neue Frau, konstatierte der alte Mann. Ging allerdings ein bisschen sehr flott, das Ganze! Hoffentlich geht das gut aus! Dann stieg der alte Schuldirektor langsam und seufzend hinauf zu seiner plötzlich unsagbar leer erscheinenden Wohnung.

Die beiden jüngeren Menschen gingen durch die Räume im Erdgeschoß, als müssten sie erst jemanden um Erlaubnis bitten, sie betreten zu dürfen. Schließlich ergriff Bernadette die Initiative und riss alle Fenster zum Lüften auf, denn es stank penetrant nach Chemikalien und Putzmitteln. Fabian vermutete, dass ein sogenannter »Tatortreiniger« auf Anweisung des Hausbesitzers am Werk gewesen war.

Man sah Bleichspuren an der Wand, wo noch vor kurzer Zeit ein Kreuz aus Blut und Farbe geprangt hatte. Kurz entschlossen rissen sie die Tapete herunter. Fabian holte Wandfarbe, Raufaserrollen und Malerutensilien aus dem Keller, und sie tapezierten die Wand kurz entschlossen neu. Später, nach dem Durchtrocknen, wollten sie die Tapete streichen.

Beide waren sie schnelle Arbeiter. Im Nu waren die Spuren beseitigt. Nur der voll befleckte Berberteppich wurde eingerollt und bis zum nächsten Sperrmüll in den Keller verfrachtet. Die Möbel wurden in allen Räumen in andere Positionen verschoben, das Ehebett neu bezogen und an die entgegengesetzte Wand gerückt. Selbst die Bilder in der »Galerie« wurden untereinander vertauscht. Schließlich entfernten sie aus dem Bad Silvias sämtliche Kosmetika und Parfüms und taten sie in den Müll.

»Wir sind wahnsinnig, Fabian! Was machen wir da?«

»Wir *machen*, und nur das ist wichtig! Wir machen was …

für uns! Wann haben wir beide das letzte Mal etwas mit der Überzeugung getan, es sei das Richtige?«

Bernadette nickte stumm. Sie griffen sich an den Händen und sahen sich lange an.

Hätten sie dies in einem Film gesehen, Fabian und auch Bernadette hätten es als grotesk, kitschig oder »an den Haaren herbeigezogen« abgetan, das Kino verlassen oder den Fernseher ausgeschaltet. Ihre Moralvorstellungen waren ins Wanken geraten. Sie fühlten sich einer Toten und einem allgemeinen Verhaltenskodex gegenüber gleich unfair, fühlten sich wie Akteure in einer Farce, aber trotzdem gut, ungewöhnlich gut. Beide wussten, sie hätten warten müssen, aber sie fühlten sich nicht mehr jung genug, auch noch Zeit zu vergäuden. Sie fanden, sie hatten in ihrem Leben genug Zeit verplempert.

Zwischendurch schaute Dr. Fuchs, vorbei, ließ sich von Fabian, der nicht wusste, dass er ihm die schnelle Entlassung aus dem Gewahrsam verdankte, von der Zeit in Untersuchungshaft berichten. Fuchs klärte ihn über den Umstand der Alibifindung auf, worauf sich Fabian aus tiefstem Herzen bedankte. Fuchs wehrte ab und fragte seinen Mieter, was für eine reizende Dame da in der Wohnung hantierte. Fabian, der zu dem Rektor ein unerklärliches Zutrauen bekam, erzählte ihm dieses »Wunder vom Himmel«. Fuchs zeigte vollstes Verständnis, wenngleich die »Geschichte« – so sagte er lächelnd – etwas holterdipolter gekommen sei und wünschte Fabian und seiner Bernadette Gottes Segen, obwohl er seit jeher als ausgemachter Atheist galt. Dann verschwand er kurz und kam Minuten später mit einer Flasche altem Rioja zurück.

»Wenn die Geister vertrieben sind, genehmigt euch diesen Tropfen«, sagte er so laut, dass auch Bernadette, die im Hinterzimmer gerade Bücher aussortierte, die Worte mitbekam.

Seltsam, dachte Fabian, als der Rektor verschwunden war, *die gleichen Worte, die Bernadette benutzt hat: ›Geister vertreiben‹.*

Morgens gegen drei Uhr war die Wohnung nicht wiederzuerkennen und Fabian wunderte sich, was man in kürzester Zeit so alles bewerkstelligen kann. Sie tranken etwas von dem wirklich guten Wein und legten sich völlig erschöpft und todmüde, aber unendlich glücklich miteinander in das große Bett, ein jeder mit dem neuen Gefühl einer merkwürdig süßen Freiheit, die er in dem Anderen gefunden hatte. Ganz entfernt aber, irgendwo im Hinterkopf der beiden, hauste auch eine Spur von schlechtem Gewissen der Toten gegenüber, und das Fragezeichen, das der bizarre Mord ein paar Meter weiter im Wohnzimmer hinterlassen hatte.

Gegen Morgen wurde Bernadette wach. Sie hatte einen Albtraum gehabt, an den sie sich nur undeutlich erinnern konnte. Sie sah nachdenklich auf den noch schlafenden Fabian herab und flüsterte: »Vielleicht kann man Geister nicht vertreiben. Vielleicht bleiben sie wie Schatten stets mit einem verbunden. Aber vielleicht gibt es auch gar keine Geister, und wir benennen so nur vage unsere Ängste?«

Sie sah auf die Uhr. Sieben Uhr dreißig!

»Fabi! Aufwachen! Wir müssen in die Agentur!«

»*Silvia,* bitte lass mich noch schlafen! Ich bin noch so müde!«

*

Michael Börnster wurde mit einem Ruck wach und schrak hoch. *Beim Satan, ich bin eingeschlafen! Wie viel Uhr haben wir?*

Er sah auf seinen Chronometer. Der zeigte sieben Uhr dreißig. Er versuchte sich zu beruhigen, sprang vom Sofa und pellte sich mühsam aus dem verschwitzten Leder. Er stank entsetzlich. Wie konnte das geschehen? Er versuchte, den Vorabend zu rekonstruieren. Nachdem er mit dem Schwert die Schweinehälfte zerteilt hatte, war er erschöpft gewesen und hatte sich kurz auf dem Sofa ausruhen wollen. Dabei hatte er leise Musik gehört, eine Zigarette geraucht und ein wenig von seinem Lieblingswhisky getrunken.

Dabei muss ich eingeschlafen sein. Das ist mir, solange ich denken kann, noch nie passiert. Bei Luzifer! Werde ich langsam nachlässig? Das darf auf keinen Fall wieder vorkommen. Ich muss besser Acht geben! Ich habe noch so viel vor …

Erschrocken über seinen Kontrollverlust lief er in einem der hinteren kleinen Räume achtlos an einer toten Frau vorbei, die wie gekreuzigt an der Wand hing. Sie interessierte ihn nicht mehr. Sie war – wie das zerschnittene Schwein – nur noch ein Entsorgungsproblem.

Die junge Frau war als solche nicht mehr zu erkennen. Sie war über und über bemalt, geritzt und geschnitten. Ein Gemisch aus Fleisch, Blut und Farben. Das alles lag im fahlen Licht und an der voll bespritzen Wand und war schon aus geringer Entfernung kaum erkennbar.

Er betrat einen der hintersten Räume und machte Licht. Ein luxuriöses Bad, in leise Musik getaucht, zeigte sich, das so gar nicht zu dem kargen Ambiente der unterirdischen Bunkeranlage passte. Wände, Decke und Boden des Bades waren gekachelt mit feinstem hellrosafarbenen Stein, den man in jener Zeit nur für teures Geld aus Italien beziehen konnte. Die futuristisch anmutenden Armaturen waren sämtlich vergoldet, Duschwanne, Badewanne und Waschbecken bestanden aus schwarzem Marmor. Ein alter, überdimensionaler Spiegel bedeckte fast die gesamte Wand, an der das Waschbecken montiert war. Auf dem Spiegel befand sich ein zirka Din/A3 großes, mit Flusssäure kunstvoll geätztes, seitenverkehrtes Hakenkreuz – mittig in Brusthöhe. Sah man sich mit nacktem Oberkörper, am Waschbecken stehend, im Spiegel, erhielt man die Illusion, dass das Hakenkreuz sich auf der eigenen Brust befände – eine akkurate Verätzung auf eigener Haut. Passend dazu hörte man dezent die Ouvertüre von Wagners *Lohengrin* aus einem versteckten Lautsprechersystem, das verbunden war mit einem automatisch anspringenden Plattenspieler plus Anlage, die in einer hinteren Kammer installiert war und durch Öffnen und Schließen der Badezimmertür aktiviert oder deaktiviert wurde.

Als Börnster hinter den Mechanismus kam und die für damalige Zeiten revolutionären Möglichkeiten einer ultramodernen Musikanlage entdeckte, die erst Jahrzehnte später ähnlich auf den Markt kam, begann seine Begeisterung für die

Nazis unwirkliche Dimensionen anzunehmen. Klugerweise behielt er diese »Leidenschaft« aber für sich.

Börnster sprang unter die Dusche und wusch sich ausgiebig. Anschließend rasierte er sich gründlich, benutzte ein exquisites Rasierwasser, das er sich aus New York schicken ließ und zog sich in einem Nebenraum, der ihm als großzügig ausgestattete Kleiderkammer diente, vollständig an.

Keiner hätte in dem elegant gekleideten Mann nun noch den in rotes Leder gezwängten Serienkiller vermutet, der lustvoll in Blut »arbeitete«.

Börnster verließ das Gewölbe durch verwinkelte Gänge und strebte dem Ausgang zu. Er öffnete mit einem Spezialschlüssel eine schwere Stahltür, die in eine tiefe Kfz-Grube führte. Diese gehörte zur Ausstattung einer »getürkten« Reparaturwerkstatt für Fahrzeuge, die sich in einer der drei Garagen jenes unterirdischen Parkdecks der Werbeagentur l.a.m.p. befand, die noch von der Gestapo Hitlers erbaut worden war.

Börnster hatte den Eingang zu dem unterirdischen Gänge-System mit anschließenden Zellen, Zimmern und Sälen, die teilweise noch mit alten, teils wertvollen Möbeln ausgestattet waren, bei einer Reparatur an einem Oldtimer zufällig in der Grube entdeckt. Das unterirdische Areal musste sich unter einem beachtlichen Teil von Marienburg erstrecken, mutmaßte Börnster, der noch immer nicht alle Gänge ausgekundschaftet hatte. Er hatte alle Zeit der Welt, dachte er jedes Mal, wenn er sich vornahm, weiter zu forschen. Er wollte sich nicht eingestehen, dass er ein unerklärliches Unbehagen davor hatte, weiter in die Tiefe der Katakomben vorzustoßen. Er vermutete irgendwo an einem Ende der teilweise mit altem Prüll zugestellten Gänge einen Fluchtweg mit Ausgang. Aber auch das würde er noch zu regeln wissen. Vorerst begnügte er sich mit der teilweise unter großen Mühen und absoluter Geheimhaltung erfolgten Einrichtung, die er benötigte, um adäquat »arbeiten« zu können.

Er verschloss sorgsam die massive Stahltür, die sich fast nahtlos in die Wand einfügte. Auf einem Werkstattwagen in der Grube lagen zwischen dem Werkzeug übergroße, verschmierte Gummihandschuhe, die er vorsichtig über seine Hände zog. Dann ergriff er einen Ballen Putzwolle aus einer Plastikschüssel, in der sich eine Mischung aus Schmierfett und einfachem Schmutz befand. Er verschmierte das Gemisch mit der Putzwolle über die in Beton flach gearbeiteten Stahlzargen und auf der Wand. So entstand der perfekte Eindruck einer ganz normalen Grubenwand, die durch jahrelange Verschmutzung bei Reparaturen und Ölwechseln nicht anders aussehen konnte. Von der Stahltür sah man nicht das Geringste, denn die Fugen waren durch die Schmiere überspachtelt.

Börnster lächelte breit übers ganze Gesicht vor Zufriedenheit. Über eine kurze Leiter verließ er die Kfz-Grube und schob fast mühelos den vierzig Jahre alten karminroten MG TD über die Grube. Dem Roadster fehlte der Auspuff, und ein perfekter Nachbau lag noch eingepackt neben der Grube; ebenso englisches Spezialwerkzeug, Schrauben und die Reste des abgerissenen und verrotteten Auspuffs. So wurde der Eindruck einer Privatwerkstatt, in der jemand seinem kostspieligen Hobby nachging, absolut glaubhaft vermittelt.

Rechts neben dem Tor, innerhalb der Garage, war in Augenhöhe ein Monitor angebracht, der mit einer winzigen Weitwinkelkamera verbunden war, die unsichtbar von außen das gesamte Parkdeck erfasste. Er erblickte im Monitor mindestens neun Autos, darunter den Mini Bernadettes und ein Motorrad englischer Bauweise. Kein Mensch war zu sehen. Er drückte auf einen Knopf unterhalb des Monitors, und das Stahltor schwang kaum hörbar auf. Die Garage verschloss er schnell mit Abdruck seines rechten Daumens auf einem winzigen Bildschirm, der einen Sensor enthielt und außen, direkt neben dem Tor, in Augenhöhe installiert war. Im Inneren schob sich ein schwerer Stahlbolzen quer über das heruntergelassene Stahldach. Ebenso konnte er das Tor auch öffnen.

Das kostspielige System hatte er sich vor anderthalb Jahren von einem Sicherheitsspezialisten in New York vorführen lassen und es sofort in dreifacher Ausführung gekauft. Die kostspielige Anschaffung und die ebenso teuren Umbaumaßnahmen an den drei Garagen erklärte Börnster seiner Ehefrau mit der Angst um seine Oldtimer. Er war ein äußerst guter Schauspieler und als Oldtimer-Narr absolut überzeugend. In Wirklichkeit gingen ihm die alten Karren »am Arsch vorbei«.

Er ging zu der mittleren Garage, wo sein Maserati abgestellt war, öffnete das Tor, setzte sich ins edle Leder und ließ den Motor an, um ihn dann kurz, aber laut aufheulen zu lassen. Jetzt konnte man oben mutmaßen, dass er gerade erst angekommen sei.

*

»Leute, die für den frühen Vormittag angesetzte Besprechung muss leider auf den frühen Nachmittag verschoben werden, sagen wir dreizehn Uhr!«

Burma ruderte mit den Armen, als würde er Fliegen fangen.

»Ich hab eine heiße Spur. Wir, das heißt: der Professor, Schmitzebill und ich müssen nach Siegburg!«

Schlemmermayer wunderte sich nicht im Geringsten über den Ausfall der Sitzung – im Gegensatz zu Frau Berthold, die sich angesichts der wundersamen Verwandlung der Elvira Schmitz kurz vor einer Ohnmacht befand.

Die zwei Fahnder und der kleine Professor trafen sich pünktlich vor dem Haupteingang des Präsidiums. Der Psychologe konnte sich über die Metamorphose der »Punkerbraut« nicht genug wundern. Er war hin und weg von der attraktiven Erscheinung. *Was für ein Geschöpf!* dachte er.

Sie fuhren schließlich mit dem Alfa Romeo, über dessen Ästhetik sich der Akademiker ebenso wenig beruhigen konnte, über die A3 nach Siegburg, die rechtsrheinisch gelegene Kreisstadt zu Füßen der riesigen Abtei auf dem Michaelsberg. Keine halbe Stunde später hielten sie vor einem verfallenen Fabrikgebäude inmitten des Städtchens an.

»Laut Adressangabe sind wir hier richtig. Also auf!«, bemerkte Burma unternehmungslustig. Die drei kämpften sich durch einen mit Industriemüll zugeschütteten Flur und mussten zwei abenteuerliche Treppen ersteigen, um endlich vor einer riesigen Eisentür kurz zu verschnaufen. Auf der dunkelgrauen Türe war mit breitem Pinsel in gelber Farbe geschrieben:

BRÜLL DAS LEBEN AN!

»Ich werd nicht mehr!«, zeigte Burma auf die Schrift. »Der Titel von Léo Malet! Du weißt doch …« Er stupste Elvira in die Seite. »Das Buch zum Geburtstag …«

»Merkwürdiger Zufall«, meinte Elvira und kratzte sich ungläubig den Kopf.

Der Professor verstand nichts und wollte etwas fragen, da wurde die Tür aufgerissen und ein Mann Anfang Fünfzig begrüßte mit sonorer Stimme strahlend die Gäste und machte eine theatralisch einladende Geste.

»Willkommen in der virtuellen Vorhölle, verehrte Herrschaften! Ich freue mich aufrichtig, Menschen in meinem Refugium begrüßen zu dürfen, die sich tatsächlich für die wohl antiquierteste Art der Kommunikation interessieren – die der hehren Kunst!« Er lachte dabei fröhlich die Ankömmlinge an.

Der Künstler war von oben bis unten in Schwarz gekleidet, trug das dunkle Haar bis über die Schultern glatt herunter und war spindeldürr. An fast all seinen langen Fingern trug er ungewöhnliche Silberringe, denen man ansah, dass sie Unikate waren. Sein Dreitagebart und auch sein Habitus ließen in ihm einen Mann vermuten, der wusste, was ihm gut stand, ohne einem Mode-Postulat zu entsprechen.

Seine Augen sind welche, die gern lachen, aber oft auch weinen müssen. Interessant, sympathisch im Grunde. Trotzdem: ein Killertyp?

Burma scannte und hinterfragte blitzschnell alles, was er sah. Da geschah etwas sehr Merkwürdiges: Er fühlte sich plötzlich wie ein kleiner Junge vor Weihnachten …

*

»Er ist da!«, flüsterte Bernadette und erbleichte.

»Lass ihn doch«, meinte Fabian gleichmütig beim Betrachten eines riesigen Probedruckes für eine Museumsaktion. Bereits seit einer halben Stunde arbeiteten er und Bernadette in der Agentur an dem wichtigen Auftrag.

»Na, du hast Nerven ... Du hast mich im Übrigen heut Morgen *Silvia* genannt«, meinte Bernadette und griff unbewusst nach der freien Hand des Partners. Ihre zitterte leicht.

»Was? Ich soll ... «, antwortete Fabian irritiert.

»Ach, lassen wir das! Ist nicht so wichtig«, meinte Bernadette. »Er wird gleich hier sein!«

Michael Börnster ging, ein fröhliches Lied pfeifend, die Auffahrt hinauf in den Vorgarten des Gebäudes.

Welch teuflischer Zufall, dass die Einfahrt von keinem Fenster der Agentur einsehbar war. Er hatte diesen Umstand beim Kauf der Immobilie sogar noch moniert und damit den Preis gedrückt. Später erwies sich dieser Mangel jedoch als Segen. Ein Segen für ihn, denn er konnte ungesehen kommen und gehen.

In einer Wolke von *Sandalwood*, einem seltenen Herrenparfüm, betrat Börnster strahlend gelaunt das Atelier, in dem Bernadette und Fabian über Andruckfahnen gebeugt an einem Arbeitstisch standen und so taten, als würden sie diese kritisch besprechen.

»Sieh da – der alte Fabiator bei der Arbeit! Gut so! Macht's Spaß, mein Alter?«

Noch einmal »Alter« und ich polier dir die Fresse.

...Dachte Fabian. Sagen tat er jedoch: »Und wie! Grüß dich, Michael! Übrigens, ich hab auch schon eine Idee, wie man die Korrekturen kostensparend erleichtern kann!«

»Ganz der alte Fabian – super! Komm gleich mit. Ist die kosmische Adelheid schon da?«, wandte er sich an Bernadette.

»Vor zehn Minuten gekommen«, sagte sie. Er strich ihr mit dem Rücken seines Ringfingers unendlich langsam über die

Nase, dann über den Mund und lächelte dabei geheimnisvoll. Sie versteifte sich merklich und bewegte sich schließlich heftig von ihm weg, als wäre er ein giftiges Reptil.

»Also, mein Fabiator, kommst du bitte mal mit in mein Büro«, sagte Börnster, Bernadettes abweisende Reaktion ignorierend. Er lachte nur still vor sich hin und zog Fabian mit sich in den hinteren Teil der Agentur, wo die zwei Chefbüros lagen.

Büro 1, Michaels Büro, war für Fabian eine geschmackliche Offenbarung in jeder Hinsicht, und er teilte es Michael sogleich mit. Aber irgendetwas stimmte in diesem Raum trotz der offensichtlichen Ästhetik ganz und gar nicht. Etwas bereitete ihm Unbehagen, ohne dass er einen Grund dafür hätte nennen können.

Börnster quetschte sich hinter den riesigen Schreibtisch aus poliertem Schiefer und wies Fabian den Platz ihm gegenüber an. Da entdeckte er an der Wand im Rücken die *Lucrezia*, das Original-Ölgemälde des französischen Malers Félix Labisse. Fabian wurde blass. Da hing das Bild von der dunkelblauen, nackten Afrikanerin mit vor den Brüsten verschränkten Armen und dem spitzen Dolch in ihrer rechten Hand, das er nur von Büchern kannte und als Plakatdruck selbst mal erwerben wollte.

»Da staunste, was?«, fragte Börnster.

»In der Tat, Maiky … äh, Michael«, bemerkte Fabian.

Börnster grinste süffisant und drückte auf eine Sprechanlage.

»Adelheid, komm mal rasch in mein Büro«, schnarrte er in die Anlage. Nach wenigen Sekunden erschien ein auf »Avantgarde« gestyltes glatzköpfiges Wesen, deren metallstoffliche Klamotten mehr zeigten, als sie aus Anstand hätten verbergen sollen, bewaffnet mit Stenoblock und Stift hinterm Ohr auf der Bildfläche.

Science fiction, dachte Fabian, die Zukunft hat schon begonnen – grauenhaft!

»So, liebe Adelheid! Mach bitte unserem alten Fabian Görtz einen unbefristeten Anstellungsvertrag! Setz ein Monatsgehalt von – sagen wir – 8000 Euro brutto rein. Beeil dich – ich unterschreib dann sofort. Hab heute wenig Zeit!«

8000 Euro? Der Börnster spinnt jetzt komplett! Aber mir soll es recht sein.

Fabian spürte, dass er nach all den erniedrigenden letzten Jahren innerlich hoch erfreut war. Sogar die Sekretärin aus der Zukunft japste ungläubig und musste an ihr eigenes Salär denken, das – wie sie stets betonte – gerade fürs Essen langte. Sie notierte sich pikiert Fabians Daten, und auf eine unwillige Handbewegung Börnsters hin entschwand die Kommandantin von »Raumschiff Enterprise« in die Nachbar-Galaxie.

»Zufrieden, *mon cher?*«, fragte Börnster breit grinsend.

»Äh, jaaa … zufrieden. Vielen Dank auch«, sagte Fabian, noch immer schwer beeindruckt. Börnster winkte ab, zündete sich betont langsam eine Zigarette an und sagte zwischen zwei Zügen:

»Ach, Geld … Du bist das wert, Alter … Im Übrigen, gefällt dir eigentlich meine Angeheiratete, die Bernadette?«

Bei dieser Überraschungsfrage schaute Börnster seinem Gegenüber mit gespielt unschuldigem Blick tief in die Augen. Fabian lief rot an und stotterte:

»Äh … hm … ja doch!«

»Dann wünsche ich dir viel Glück mit ihr!«

*

Sie betraten eine kleine ehemalige Fabrikhalle. Burma wähnte sich in einer anderen Welt. Einer Welt, die sich jeglicher Beurteilung entzog, in der es kein Gut oder Böse gab. Es roch nach Ölfarben, Terpentin und Zigarettenrauch. Der Saal lag im Halbdunkel und wurde durch einen auffälligen Tisch mit enormen Ausmaßen geteilt, auf dem sich alles in scheinbar chaotischer Anordnung befand, was zum Malen, Zeichnen oder zum Werkeln von Objekten notwendig war: Farbtuben und Pinsel, Stifte, Gläser, Tücher et cetera und zwei Zeichenbretter, auf denen Zeichnungen in Arbeit waren. Auf einer großen Staffelei befand sich ein Ölgemälde, von dem man noch nicht mal im Ansatz erahnen konnte, was daraus werden sollte. An den Wänden standen uralte Regale mit Kuriositäten wie in einem Kabinett: Schädel von Menschen, Schlangen und Affen aller Art, Fetische und Masken – offensichtlich afrikanischer Herkunft. Palmen und andere exotische Pflanzen verliehen dem Ganzen noch zusätzlich eine dschungelhafte Atmosphäre.

Was noch auffiel, und zwar störend, waren die leeren Bier- und Schnapsflaschen, die überall herumstanden und -lagen. Schaufensterpuppen beiderlei Geschlechts ruhten an den Regalen oder saßen vereinzelt auf Stühlen und der ausgelutschten Leder-Sitzecke, die einmal auberginefarben gewesen sein musste. Eine der weiblichen Schaufensterpuppen befand sich in obszöner Pose mit einem echten Skelett, was den Professor besonders faszinierte. Elvira strahlte. Das alles gefiel ihr, und sie kam sich vor wie Alice im Wunderland.

Überall Kunstwerke! Meist düstere und surreale Zeichnungen und Gemälde, aber auch großformatige, übermalte Fotografien und mehrere bizarre Skulpturen auf dünnen Stelen.

Aus den Lautsprechern einer alten Anlage hörte man die düsteren Klänge von *Black Celebration* der Gruppe Depeche Mode. Elvira wiegte sich, ohne dass sie es merkte, zu dem langsam stampfenden Rhythmus.

Plötzlich bewegte sich eine kleine, irrwitzig kostümierte Puppe, die sich dadurch als lebendiges Wesen zu erkennen gab. Die drei Gäste erschraken bis ins Mark.

»Guten Tag, die Damen und Herren«, sagte die Kleinwüchsige perlend. Sie lachte angenehm und stellte sich mit Mira vor.

»Meine Assistentin … Und vor allen Dingen: meine unbezahlbare Muse«, sagte der Künstler, der sich nun endlich selbst vorstellte: »Stanescu, Jo Stanescu!«

Elvira und Burma stellten sich ebenfalls vor, und der Professor, keine Zeit verlierend, wollte sofort an den großen alten Zeichenschrank, »Bilder wühlen«, wie er sich ausdrückte. Er durfte.

Stanescu lud Elvira und Burma ein, Platz in der Sitzgruppe zu nehmen. Mira werkelte eifrig an einer Kaffeemaschine, Krohneick sah sich derweil die abgelegten Arbeiten an und gab öfter ein »aaah!«, ein »spannend« oder ein »interessant« von sich.

Burma stopfte sich die neue Pfeife und ließ seine Blicke neugierig und interessiert umherschweifen. Er saugte förmlich jede Einzelheit mit der Gier eines Dorfkindes auf, das zum ersten Mal in die Großstadt kommt.

Draußen setzte wieder mal heftiger Regen ein, der unversehens einen düsteren Schatten über die Kleinstadt warf und das Atelier sanft verdunkelte. Stanescu knipste an einem Schalter und ließ einen mächtigen, vorsintflutlichen Kristallkronleuchter, der in der Mitte des Ateliers von der Decke hing, stimmungsvoll aufleuchten. Es entstand eine nahezu sakrale Atmosphäre, die ihre Wirkung auf die Gäste nicht verfehlte.

Elvira schüttelte den Eindruck von sich ab und fragte schließlich den Kunstmacher nach der möglichen Diskrepanz zwischen der Innenwelt, die sich in den Kunstwerken offenbare und der prosaisch-äußerlichen Welt einer Verwaltung, der er als Amtsleiter vorstand. Der Künstler lachte:

»Sie vergessen, dass ich zusätzlich noch bürgerlich verheiratet bin und drei prächtige Kinder habe!«

Das sich anschließende Lachen überzeugte die drei wenig. Es klang etwas gequält.

»Ich frage mich allen Ernstes, wie man so viele Leben unter einen Hut bekommt; mit der ganzen Verantwortung, die Sie sich aufgehalst haben, Herr Stanescu«, sagte darauf die indiskret werdende Elvira und setzte ihre glatte Stirn in Falten. Sie misstraute dem, was man ihr da als mögliches Lebensmodell »servierte«.

»Nicht so schwierig, wie es den Anschein hat«, ging Stanescu auf die Frage ein. Er erzählte offen und ohne Schönfärberei von seinem momentanen Leben, das nicht konfliktfrei war, und auch von dem zuvor in der äußerst spannenden Kunstmetropole Köln, bevor die Ehe eine einschränkende Struktur erzwang. »Aber die Kinder aufwachsen zu sehen – das ist für mich unverzichtbar in vielerlei Hinsicht!«

Er war ein unterhaltsamer Gastgeber und dozierte wie nebenbei über Kunstgeschichte, sogenannte Kulturpolitik und streifte immer wieder Religion und Philosophie.

Während sich Burma und Elvira von Mira mit Kaffee und Gebäck verwöhnen ließen und aufmerksam dem Künstler und Dezernenten in seinem permanenten Rollentausch zuhörten, bestaunte Krohneick Arbeiten, die, wie er dachte, in Museen und gute Galerien gehörten – und nicht abgelegt in alte Papierschränke, wo sie keine Beachtung fanden. Ihm entging trotzdem kein einziges Wort, das gesprochen wurde – auch kein ungesprochenes, denn er war nicht nur mit dem Kopf Psychologe.

»Und wie kommen Sie damit klar, hier in der Provinz leben zu müssen, wo Sie doch in Köln mehr Anregungen und Auseinandersetzungen hätten?«, fragte der Kommissar interessiert – um sofort zu spüren, dass er mit dieser indiskreten Frage zu weit gegangen war. Der Künstler ließ die Maske der Unbekümmertheit fallen, die er bis dato so überzeugend getragen hatte.

»Familie kostet Geld, viel Geld«, sagte Stanescu, »und mit Kunst kann man – zumindest in diesem Land – kein Geld verdienen. Das ist, äh, nicht ganz richtig … Was ich meine, ist, dass der Produzent von seiner Kunst in der Regel selbst kaum leben kann, während eine ganze Kulturindustrie von dem lebt, was berühmte Künstler vor Zeiten produziert haben oder heute produzieren. Der Kunstmarkt ist gigantisch mit seinen Kunstmessen, Galerien, Auktionshäusern, Museen, Kunstbuchverlagen und -autoren, Dozenten, Professoren, Restauratoren, Journalisten, Kritikern, Talkmastern, sogenannten Kulturpolitikern, an die Geschäfte und Großmärkte für Künstlerbedarf, Farbenfabriken, Pinsel-, Papier- und Leinwandproduzenten, Rahmenhersteller und Einrahmungswerkstätten, die Glasindustrie, die Weiterbildungsstätten…« Stanescu holte tief Luft und fuhr dann missvergnügt fort: »Und denken sie an die enorm prosperierende Kunstkriminalität – ein Geschäftszweig für sich!«

Stanescu referierte mehr als eine Viertelstunde lang über die »drei K's« Kunst, Kommerz und Kriminalität. Elvira und Burma, aber auch der Professor, während er eine Zeichnung nach der anderen aus dem Schrank zog, hörten gespannt dem fundierten, mit Fakten unterlegten Bericht zu.

»Das ist ja eine regelrechte Parallelwelt«, kam es entgeistert von Elvira. »Davon hatte ich echt keinen Peil!«

Jo Stanescu nickte zustimmend, nahm missgestimmt einen Schluck Kaffee und steckte sich eine neue Zigarette an.

»Verdienen tun letztendlich auch jene, die oftmals Kultur zu verhindern suchen, die so genannten Kulturdezernenten – wie ich es einer bin!«

Er lachte kurz auf und eine längere Pause entstand, in der ein jeder seinen Gedanken nachhing. Es mochten so einige Minuten vergangen sein, da fragte Elvira: »Wie sind Sie denn an den Verwaltungsjob im Öffentlichen Dienst gekommen?«

Und Burma sagte: »Wollt' ich auch gerade fragen!«

»Ganz banale Geschichte! Mein Vorgesetzter ist seit Jugendtagen in meine Frau verknallt. Sie kommt aus der hiesigen Gegend. Er wollte ihr was Gutes tun, indem er mir – nicht ihr – Arbeit gab! Ich musste den Job annehmen, denn ich hatte Mäuler zu stopfen. Außerdem war ich zufällig in der »richtigen« Partei. So wie man auch in der »richtigen« Kirche sein muss, um hier was zu werden! Das ist in solchen Nestern von primärer Bedeutung!«

Darauf folgte ein herzerfrischendes Lachen, in das die zwei Fahnder und der Professor fröhlich einstimmten. Nur Mira fand das nicht komisch und tat so, als hätte sie nichts gehört.

Dann plauderte Stanescu über den Nachteil des »stehenden« Bildes gegenüber dem »laufenden« und kam noch mal auf die meist abwesende Kulturpolitik des Staates zu sprechen.

Der Professor blätterte sich immer noch durch die Arbeiten und fragte den Künstler nach dessen Intention. Zögernd gab Stanescu Auskunft und verwies auf die düstere Romantik des neunzehnten Jahrhunderts und auf den Surrealismus, in dessen Tradition er sich sah.

Als Burma *Surrealismus* hörte, bekam er spitze Ohren, suchte und fand Analogien zwischen den Bildern und Objekten, die er im Atelier sah, und »seinem« Léo Malet, dessen surreale Texte er in der vergangenen Nacht angefangen hatte zu lesen.

Es dauerte nicht lange und Stanescu begann seinerseits, die Gäste auszuhorchen, ohne dass sie es merkten. Schließlich ging er zu einem kleinen Kühlschrank und angelte sich daraus eine Flasche. Er bot den Gästen finnischen Wodka an. Burma und Elvira lehnten dankend ab.

»Vielen Dank – wir sind im Dienst«, sagte Burma entschieden.

»Aha, hab mir sowas Ähnliches doch gedacht!«

Stanescu grinste frech und fragte dann lachend, was er für die Polizeibeamten denn tun könne. Burma wurde knallrot und entschuldigte sich förmlich. Es war ihm hochnotpeinlich, dass der Künstler sie durchschaut hatte.

Es half alles nichts, er goss Stanescu »reinen Wein« ein und erklärte den »Überfall«. Der fühlte sich nicht im Geringsten hintergangen, war im Gegenteil eher neugierig.

Burma ließ kaum etwas aus, denn er fühlte sehr genau, dass dieser Mensch unmöglich mit den Morden in Verbindung stand, aber zu der Fahndung nach dem Serienmörder womöglich etwas Erhellendes beitragen konnte.

Sie tauschten ihre Visitenkarten aus und Stanescu versprach, über einen möglichen Täter unter dem Kunstvölkchen seiner Umgebung nachzudenken. Spontan fielen ihm drei äußerst merkwürdige Zeitgenossen ein, die sich mit ihrer Kunst in offensichtlich »ungesunden« Bereichen bewegten.

»Solche wie mich«, ergänzte er und lachte wieder schallend.

Burma war überhaupt nicht zum Lachen und bat um die Namen dieser »merkwürdigen« Zeitgenossen der Kunst.

Jo Stanescu ging zu einem Regal mit Katalogen und Büchern und fischte sich ein Taschenbuch aus einer bestimmten Reihe.

»Ich kann mich vorerst nur auf die Kölner Szene beschränken. Die kenn ich ziemlich gut«, bemerkte er. »Hier ist ein Almanach von Künstlern in Köln. Herausgegeben vom Kölnischen Kunstverein. Schon zwei Jahre alt und nicht mehr aktuell. Aber die Kunstmacher, von denen ich sprach, dürften hier drin stehen. Mit Telefon und Adressen. Stanescu blätterte in dem Buch und kreuzte die Betreffenden mit Rotstift an.

»Und … Künstler, die sich unter anderem mit Bodypainting beschäftigen?«, fragte der Professor von hinten, gebeugt über eine besonders interessante Arbeit.

»Oh, da gibt es mindestens zwei Kategorien: Künstler, die das mal nebenbei machten und solche, die das nahezu ausschließlich betreiben. Ich werde mit Blau die zweite Kategorie ankreuzen und mit Gelb die Gelegenheits-Ferkel!«

Stanescu sah Elvira direkt an und sagte merkwürdig grinsend: »Könnte ich auch mal probieren – hätten Sie Lust, Objekt meiner … Begierde zu werden?« Daraufhin lachte er wieder sein helles Lachen.

»Um Gottes willen, nein!«, lehnte Elvira brüskiert ab. Das war ihr nun doch zu viel des Guten, und das sagte sie auch.

Burma, der Professor und Mira, die Assistentin und Muse des Künstlers, kicherten darauf voller Verständnis.

Burma wurde schnell wieder ernst und sah auf seine Uhr. Eine innere Nervosität befiel ihn. Das Jagdfieber meldete sich. Hier im Atelier von Jo Stanescu gab es nichts mehr auszurichten.

Beim Abschied fragte Elvira den Künstler noch, woher der fremdartige Namen käme, den er trug.

»Aus Rumänien, aus den östlichen Karpaten, der Heimat Draculas!«, sagte Stanescu geheimnisvoll. »Da stammen meine Vorfahren her – aus der direkten Nachbarschaft des Grafen.

*

Währenddessen saßen sich immer noch zwei ungleiche Männer im luxuriösen Büro einer Werbeagentur in Köln-Marienburg gegenüber.

»Was redest du da? Bist du noch ganz bei Trost?«, stieß Fabian ungläubig aus.

Michael Börnster sah sein Gegenüber erst durchdringend an und sagte dann mit belustigt hochgezogenen Augenbrauen:

»Und wie ich bei Trost bin, Fabian! Sieh mal, man darf im Leben nicht in alles so viele Emotionen legen, man muss auch loslassen können. Ich gebe zu, dass so etwas wirklich schwer ist, weil wir es nie gelernt haben. Im Gegenteil: Wir haben gelernt, alles anzuhäufen, bis wir dran ersticken – Materielles wie auch Immaterielles. Wir häufen sogar das an, was uns objektiv schadet! Lächerlich, die Menschen!«

Von denen du offensichtlich im Begriff bist, dich zu verabschieden, dachte Fabian mit einer Mischung aus Ablehnung und Zustimmung.

Draußen wurde es immer dunkler. Regen peitschte von Westen her laut gegen die Fensterscheiben. Michael Börnster knipste die Schreibtischlampe an und räusperte sich.

»Tja, mein Lieber, loslassen ist eine seltene Tugend und meist Ergebnis einer wahrhaft weisen Entscheidung! Weißt du, Fabian Eduard Kurt Görtz … Wunderst du dich, dass ich deine weiteren Vornamen kenne, dein still gewahrtes Geheimnis? Oh, ich weiß mehr, als du in deinen kühnsten Träumen erahnst!«

Er genoss sichtlich die Verblüffung Fabians und grinste über sein schönes Gesicht. Die Augen aber waren kälter als Eis.

»Also Fabian, was ich immer wieder zu bedenken gebe: Man lebt nur einmal! Wenn man den Zirkel um seine mickrige Existenz weiter schlagen will, muss man unter Umständen Altlasten entsorgen – bewusst entsorgen! Nicht wie bei dir … Ich las in der Zeitung, was da mit Silvia passiert ist, paar Stunden nur vor unserem Männerabend – ziemlich skurrile Geschichte! Heute las ich von deiner Freilassung! Hast wohl nicht kräftig genug zugeschlagen, mein sensibler Fabian! Weißt du: Auch töten will gelernt sein!«

Er lächelte wie ein hinterhältiges Kind, stand aus seinem Chefsessel auf, ging zu einem Schränkchen und holte eine Flasche Single Malt Whisky und zwei Gläser hervor. Fabian lehnte höflich, aber bestimmt ab und Börnster goss sich – merkwürdig grinsend – ein Glas voll ein.

Ein Gewitter tobte mittlerweile draußen und Blitze erleuchteten grell für Sekundenruchteile das Büro.

»Prost, mein Fabiator!«

Börnster kicherte über seinen lauen Witz, nahm einen kräftigen Schluck, knallte das Glas auf die Tischplatte und starrte dann kalt in die Augen seines Gegenübers. Leise sagte er:

»Ich hasse Einschränkungen, Fesseln und Konventionen wie die Pest – und werde mich ihrer mit aller mir zu Gebote stehenden Konsequenz entledigen. Ja, sie liquidieren!«

Er machte eine Pause, fuhr sich übers Gesicht und sprach, etwas lauter werdend, eindringlich: »Du magst mich nicht, nicht wahr, mein lieber Fabian? Aber das ist nicht so wichtig. Mir ist wichtig, dass du meine Beweggründe erahnst. Du warst mir kurioserweise immer wichtig, auch in der ganzen Zeit, in der wir uns nicht begegneten. Oh nein, ich habe den Fabian aus alten Zeiten nie vergessen. Du warst mir stets gegenwärtig. Da wunderst du dich, was? Wieso? Du besitzt eine kaum mehr anzutreffende Unschuld – und das imponierte mir schon immer an dir … erschreckte mich aber auch!«

Börnster steckte sich eine weitere Zigarette an und wirkte auf Fabian zum ersten Mal wirklich ernst. Er wollte etwas antworten, irgendetwas, aber ihm fiel nichts ein.

»Du wirst deine Unschuld, die du trotz deiner Intelligenz besitzt, nie verlieren können – lächerlich, doch auch irgendwie beneidenswert. Aber mein Ding ist das nicht! Mein Ding ist die rücksichtslose Erforschung von Grenzen – meinen Grenzen! Bedingungslose *Auf*klärung als oberstes Prinzip der … meiner Existenz, während du für *Ver*klärung stehst, armer, naiver Fabian!«

Fast zischte er den letzten Satz. Seine Augen bekamen immer mehr eine merkwürdige, fast irre »Fernsicht«, wie Fabian schien, und ihm lief ein Schauer über den Rücken.

Der Mann ist irgendwie wahnsinnig und trotzdem teuflisch intelligent! Bernadette hat Recht.

Fabian wollte sofort aufstehen, um das Büro zu verlassen, aber er klebte wie gebannt auf dem Besuchersessel.

Michael Börnster starrte einige Minuten durch Fabian hindurch. Es war absolut still geworden. Nur das Rauschen des Regens draußen war zu vernehmen, unterbrochen vom Donner, der sich langsam verzog.

Plötzlich verwandelte sich Michael Börnster in einen völlig unemotionalen Geschäftsmann.

»So, mein Lieber, das war's, mach dich jetzt an die Arbeit und schick bitte Bernadette zu mir!«

Fabian Görtz verließ ohne ein Wort, nassgeschwitzt und verwirrt, Büro 1. Als er Bernadette mitteilte, dass sie zu ihrem Mann kommen solle, wurde sie blass und begann leicht zu zittern.

»Oh Gott, mir wird schlecht«, flüsterte sie und ließ die Korrekturfahne achtlos auf den Boden fallen. Fabian legte etwas linkisch seinen Arm um sie, um sie zu beruhigen. Dabei merkte er, dass er darin keine besondere Erfahrung besaß. Sie machte sich unwillig von ihm los und ließ ihn wortlos stehen. Fabian kam sich wie ein unfähiger Trottel vor und fühlte mit einem Mal seine emotionale Ohnmacht. Er konnte ihr nicht helfen und fühlte sich deshalb merkwürdig niedergeschlagen.

Bernadette betrat Büro 1 und wurde sogleich mit aufgesetzter Liebenswürdigkeit empfangen.

»Mein schöner Engel«, begann Börnster und kam mit ausge breiteten Armen auf sie zu. Sie wich ihm aus und setzte sich unaufgefordert auf den Besucherstuhl. Ihr schwante Unheil, denn sie wusste aus Erfahrung, dass er in einer derartigen Stimmung am gefährlichsten war.

Er tat grinsend so, als übersähe er ihren Widerwillen, ging hinter seinen Schreibtisch, ließ sich ächzend in den Ledersessel fallen und begann emotionslos zu reden, als würde er in ein Diktiergerät sprechen.

»Wie du sicher weißt, kenne ich dich besser als deine Mutter dich jemals kannte, auch besser, als du dich zu kennen glaubst. Ich wusste natürlich um deine sogenannten Gefühle für diesen Versager, für diesen naiven Penner mit dem treffenden Namen Fabian. Und das seit Beginn unseres trauten Zusammenseins!«

Er machte eine Pause und beobachtete sie plötzlich wie eine ausgehungerte Kobra. Er angelte sich lässig eine Zigarette aus seinem vergoldetem Etui und bot ihr eine an. Sie lehnte ab. Er zuckte nur mit den Schultern und steckte sich seelenruhig einen Glimmstängel an. Er blies mehrmals Rauch in die Luft und sprach weiter:

»Zugegeben, anfangs war ich ein wenig gekränkt, sogar oft traurig – anfangs ... Ich dachte, diese Gefühlsverirrung würde bei dir mit der Zeit vergehen, aber ... na ja. Der Alltag mit der Übernahme des Elternhauses und der anfangs zähen Firmengründung überdeckte peinliche, pubertäre und völlig überflüssige Emotionen. Später schließlich bestimmten das Geschäft und die Vermarktung meiner Kunst unser beider Alltag. Wir waren sehr erfolgreich – unglaublich erfolgreich, und ich muss dir ein großes Kompliment machen! Du warst mehr als fleißig und besaßest eine enorme Begabung fürs Geschäft. Ohne dich wäre ich nicht annähernd so weit gekommen. Doch, doch – das muss einmal gesagt sein, meine Liebe!«

Wieder machte er eine Pause und lehnte sich grinsend zurück in den Sessel.

»Die Jahre mit dir haben uns beide wohlhabend gemacht, um nicht zu sagen reich. Sehr reich!«

Er stand aus seinem Chefsessel auf, stellte sich vor *Lucrezia* und schien in das Bild vertieft.

Das Gewitter war weitergezogen und der Regen hörte allmählich auf. Es wurde merklich heller im Büro.

»Die Gewitter, sie kommen und sie gehen ... Wir beide, liebe Bernadette, werden nun langsam aber sicher älter, ob wir wollen oder nicht. Und es liegt allein in meiner – Pardon, in unserer Hand, ob wir diese Existenz, die mich mittlerweile langweilt, entsetzlich langweilt, fortführen wollen!«

Wieder machte er eine für Bernadette quälend lange Pause. Er drückte seine zu Ende gerauchte Zigarette sorgfältig im Aschenbecher aus.

Mein Gott, komm doch endlich zur Sache!

»Ich will mich von dir scheiden lassen, mein Täubchen, ich gebe dich frei!«

Bernadettes Atem setzte kurz aus. Sie spürte ihr Herz bis zum Hals schlagen.

Börnster kostete ihre Erregung aus und redete erst nach einer ganzen Weile in einem kalten, geschäftsmäßigen Ton weiter:

»Der Anwalt ist bestellt und tanzt hier gegen elf Uhr an. Ich bitte dich, anwesend zu sein. Der Anwalt wird alle lästigen Formalitäten für uns beide erledigen – die gerichtlichen und die notariellen. Das erwirtschaftete Kapital soll gleichmäßig zwischen uns aufgeteilt werden. Glaube mir, die Höhe des Kapitals ist exorbitant und wird dich überraschen, da du derzeit nur eine Teileinsicht hast. Das Haus in der Palanterstraße sollten wir verkaufen – es sei denn, du willst es für dich alleine oder in neuer Zweisamkeit bewohnen. Mir gleich! Ich habe es mir von den Alten beizeiten überschreiben lassen; es ist somit mein alleiniger Besitz, wie du weißt. Entscheide dich! Du kannst damit machen, was du willst!«

»Ich will es nicht«, stieß Bernadette atemlos aus.

»Um so besser! Dann können wir beide mit dem Auszug aus Ägypten beginnen.«

Bernadettes Herz raste.

»Das Wochenendhaus im Sauerland soll dir allein gehören. Die Yacht will ich für mich allein. Die Hälfte des aktuellen Wertes geht dann auf dein Konto. Die Agentur soll komplett in deine Hände übergehen. Ich will sie nicht mehr, außerdem hast du sie schon seit Jahren mehr oder weniger selbstständig geleitet. Auch die Immobilie Marienburg überlasse ich dir.

Lediglich – ich denke so – fünfundzwanzig Prozent des Reingewinns kannst du mir jeweils zum Jahresende auf mein Konto überweisen.«

Michael Börnster strich sich lässig das lange Haar aus dem Gesicht, grinste Bernadette rätselhaft an und steckte sich eine weitere Zigarette an, ohne ihr eine anzubieten.

»Meine Oldtimer, der Maserati und die drei Garagen auf dem Unterdeck sollen ausschließlich in meinem Besitz bleiben, logischerweise mit dem verbrieften Recht, sie jederzeit benutzen zu können. Die Garagen, meine ich.«

Er nippte an seinem Whisky, als hätte er alle Zeit der Welt.

»Der Anwalt wird die Modalitäten mit dir besprechen. Dann wäre ich praktisch stiller Teilhaber! Außerdem soll der Anwalt ein Testament aufsetzen, worin ich dir nach meinem Ableben alles vermache, was sich noch in meinem Besitz befindet. Das bist du mir wert, meine wunderbare und einzigartige Bernadette!«

Bernadettes Gefühle spielten Achterbahn. Sie befürchtete eine Hinterlist und witterte einen Haken an der Geschichte.

Michael Börnster breitete lächelnd seine Arme aus, als wolle er sie segnen und legte sie dann überkreuz auf den Tisch. Er beugte sich vor und fuhr in seiner Rede an sie fort:

»Weitere Formalitäten kannst du später mit der Anwaltskanzlei regeln. Ich lasse dir da völlig freie Hand. Wie auch immer … Ich will mit der ganzen Bürokratie nichts mehr am Hut haben! So kannst du, meine verehrte Noch-Ehefrau, endlich auch ein freies Leben führen – oder die nächste Zwangskiste eingehen mit deinem Fabiman.« Er lachte leise und ausgiebig. »Den kannst du dann ja als Teilhaber in der Firma einsetzen! Aber das alles ist ab heute dein Bier! Ich wünsche dir aufrichtig viel Glück für deine Zukunft. Das kannst du als sehr ernst gemeint auffassen. Ich hab dich einmal sehr geliebt, Bernadette. Vergiss das bitte – nie!«

Er machte eine Pause, fuhr dann plötzlich von seinem Sessel auf, ging zur Rückwand und hing seine *Lucrezia* ab. Dann steckte er noch seinen goldenen Füllfederhalter ein, packte

Laptop und die Flasche mit dem Single Malt Whisky in seine schweinslederne Aktentasche und stellte diese neben der Lucrezia auf den Boden. Dann schmiss er sich wieder in den Sessel hinter dem mächtigen Schreibtisch und lächelte seine Frau an.

»Das nehm ich natürlich mit! Mit allem anderen hier kannst du machen, was du willst!«

Bernadette fand keine passenden Worte. In ihren Ohren begann es leise zu pfeifen, und sie krallte ihre Hände in die Stuhllehnen. Sie hätte am liebsten hysterisch aufgelacht.

»Du bist sehr angespannt, meine Liebe! Komm, trinken wir noch etwas zur Besiegelung und auch zum Abschied!«

Michael Börnster goss ihr ein und prostete ihr zu. Er stürzte den Rest Whisky in sich hinein. Bernadette ließ ihr Glas unangetastet stehen, was Börnster gleichgültig ließ. Sie erhob sich und war endlich entlassen.

Wie betäubt stolperte sie durch den langen Gang und musste sich zwischendurch an die Wand lehnen. In ihrem Büro angekommen, warf sie sich in den roten Ledersessel und rang erst mal nach Luft. Endlich beruhigte sie sich und drückte einen der vielen Knöpfe der Sprechanlage. Sie hatte einem bestimmten Menschen so viel zu erzählen.

»Fabian, bitte komm zu mir!«

*

»Was für ein Scheißwetter!«, fluchte der Kommissar, als er sich pitschnass in den Alfa Romeo schwang. Seine beiden Mitfahrer stimmten schimpfend zu. Der Professor hatte zudem noch eine Heidenangst um seine kostbaren Neuerwerbungen. Zehn kleinere Zeichnungen hatte er dem überglücklichen Künstler abgekauft, mit Scheck bezahlt und nicht einmal versucht zu handeln.

»Das war wohl ein Schuss in den Ofen«, meinte Elvira während der Fahrt, »aber ein Erlebnis erster Sahne! Was es doch alles gibt … Echt cool, der Typ!«

»Dem Letzteren kann ich nur beipflichten«, meinte Burma. »Jedenfalls kein Mörder. Aber was das andere betrifft: ob so eine Befragung ergiebig war oder nicht, das entscheidet sich meist erst viel später. Wir haben zumindest einige Adressen merkwürdiger Zeitgenossen, die sich künstlerisch austoben. Leute, ich denke, es geht irgendwie voran!«

»Dem möchte ich beipflichten«, meldete sich der Professor von der Rückbank. »Wir kommen zumindest einem möglichen Täterprofil näher, da Stanescu einige, ich würde sogar sagen, viele Gemeinsamkeiten mit unserem Serienmörder aufweist. Was ich daher fragen wollte, Herr Burma, woher nehmen Sie die Gewissheit, dass wir in Stanescu nicht doch unseren Täter gefunden haben?«

»Intuition, Professor! Ich spür's einfach«, antwortete Burma.

»Ich fühle ähnlich, Herr Burma, ich *fühle* wohlgemerkt, aber wissen tue ich es nicht!«

»Och, das ist doch ein ganz harmloser Künstler – bisschen verrückt, aber total korrekt«, ließ sich Elvira aus. Der Professor nickte hinten zustimmend und dozierte weiter:

»Stanescu ist selbst unter Künstlern ein Einzelkämpfer. Ich denke, da kenne ich mich ein wenig aus! Im Hecheln nach Kundschaft und Anerkennung sind Künstler meist eher bereit, die eigene Person in den erwarteten Gleichklang zu setzen als meinetwegen ein simpler Würstchenverkäufer, der sich einen eigenen Charakter erlauben kann, solange er nur gute Ware an den Mann bringt!«

Elvira verstand nur die Hälfte, aber Burma nickte heftig mit dem Kopf. Er sah es ähnlich wie der Professor, der versuchte, den Faden weiter zu spinnen:

»Stanescu ist ein ausgesprochener Nonkonformist – mit einer sich jeder Ein- und Zuordnung sperrenden Vita. Das sieht man an den Arbeiten. Sein Erfassen von Phänomenen und seine Rückschlüsse daraus sind keine Eklektizismen, die wir leicht zurückverfolgen könnten – in Büchern, Aufsätzen, Traktaten, Manifesten und so weiter, sondern intellektuelle Eigenleistung, und er setzt diese um in völlig eigenständige

Kunst! Solche Menschen machen eine Kategorisierung oder Einschätzung für Normalos wie uns nahezu unmöglich!«

Krohneick räusperte sich geräuschvoll und dozierte weiter:

»Wir dürfen bei unserem Täter nicht in gewohnten Kategorien denken. Sie verstehen?« Burma nickte zustimmend und dachte: *Hier ist ein Mann, der uns unter Umständen tatsächlich weiterbringen kann.*

Burma merkte gar nicht, dass er die ganze Zeit – entgegen seiner Gewohnheit – mit Vollgas über die Autobahn jagte.

Eine Pause entstand. Jeder hing seinen Gedanken nach. Elvira machte sich eifrig Notizen. Nur das charakteristische Röhren des Alfa Romeo-Motors war zu hören. Schließlich unterbrach der Professor die Gedankengänge der Anderen:

»Stanescu bringt uns dem Täter verdammt nahe – glauben Sie mir. Beide scheinen sich sehr-sehr ähnlich zu sein: Nur: der eine hat sich für das Gute entschieden und der andere für das Böse, um es mal sehr platt auszudrücken. Aber vieles ist zuweilen sehr einfach in der Erklärung!«

»Da dürften Sie Recht haben! Ich denke, wir sollten unbedingt mit diesem Stanescu in Kontakt bleiben«, meinte der Kommissar.

»Das sehe ich genauso«, bestätigte der kleine Professor und streichelte seine Stirnglatze. Elvira schloss endlich ihren Mund, den sie die ganze Zeit beim Zuhören und Mitschreiben vor Staunen offen stehen hatte.

Es hörte auf zu regnen. Der Himmel klarte auf, die Herbstsonne schien hell – just in dem Moment, als der Dom endlich in Sicht kam.

*

Michael Börnster war immer noch allein in Büro 1, rauchte, nippte ab und zu an seinem Whisky und überlegte:

Habe ich irgendwo irgendwann einen Fehler gemacht, der zu mir führen könnte? Habe ich durch irgendeine Unachtsamkeit eine Spur zu meiner Katakombe gelegt?

Börnster ging stets systematisch vor. Also holte er einen Bogen Papier aus dem Drucker und begann mit seinem geliebten Goldfüller, eine Liste zu erstellen.

Acht Engel
- *Alle unterschiedlicher Herkunft*
- *Ganz unterschiedliches Aussehen: Dick, dünn, groß und klein*
- *Unterschiedliche Haarfarben*
- *Bildung unterschiedlich*
- *Beruf u. Niveau: Völlig verschieden.*
- *Unregelmäßige Zeitabstände zwischen der Arbeit.*
- *Alle unterschiedlich bearbeitet und vernichtet.*
- *Unterschiedlich und sorgsam entsorgt an verschiedenen Orten.*
- *Bis auf S. alle zwischen 17 und 30 J.*
- *Bis auf S. alle Malerei mit Pinselreiniger und Kernseife gereinigt; absolut keine Rückstände, die zu konkreten Schlüssen führen könnten …*

Arme Kripo!

Börnster nuckelte am Füllfederhalter, überdachte noch einige Details und ließ dann mehrmals das Environment in der Siebengebirgsallee Revue passieren. Er versuchte, in der Überlegung systematisch vorzugehen.

Die Angelegenheit mit Silvia erscheint mir im Nachhinein der einzig mögliche Schwachpunkt gewesen zu sein. Ich hatte noch nicht einmal Zeit, das Werk fotografisch zu dokumentieren! So eine ausgemachte Scheiße! Noch nicht mal die Zeit für eine Entsorgung! So ein Risiko werde ich nie wieder eingehen. Aber die Versuchung war zu groß, mit ihr – mit den beiden mein Spiel zu treiben.

Er hatte am vergangenen Donnerstag alles in den Kofferraum seines Maserati verfrachtet, wie immer, wenn er unterwegs war. Sein Mini-Atelier passte in eine Sporttasche, alles andere in eine kleine Werkzeugkiste. Allerdings hatte er diesmal vergessen, die Rollei 35S, seine winzige Kleinbildkamera, einzustecken, was ihn im Nachhinein ärgerte.

Trotzdem war es ein gelungenes Kunstwerk geworden – ein besonders schönes Exemplar für den Meister.

Er goss sich noch einen Whisky ein. Wieder kehrten seine Gedanken zurück zu jenem Donnerstag, als er *das Werk* in Klettenberg vollbrachte, und zu den Wochen davor.

Er hatte Silvia – den heimlichen Schwarm seiner Jugendzeit – und ihren Fabian schon seit Wochen observiert, nachdem er schnell herausbekommen hatte, wo die zwei in all den Jahren abgeblieben waren.

Fabian, diesem latenten Widersacher, den er schon in früheren Zeiten wegen so mancher Begabung beneidet hatte – und der ausgerechnet auch noch die Silvia bekam, wollte er einem ganz speziellen »Spiel« aussetzen – ohne allerdings eine Vorstellung zu haben, wie das Ganze ablaufen sollte. So beobachtete und studierte er das Ehepaar mit Hilfe eines Richtmikrofons und eines Nachtsichtgeräts – alles von einem Vertreter der russischen Mafia in Wien für billig Geld unter der Hand erworben. Ebenfalls von dem Russen stammte ein kleines Wunderwerk der Mechanik, ein Türöffner, dem kein noch so kompliziertes Schloss Widerstand leisten konnte, wie der Russe versprach. Das Gerät war allerdings dreimal so teuer wie die *Mauser C96*, eine wunderschöne Pistole, die um die Wende zum zwanzigsten Jahrhundert in Deutschland konstruiert wurde, und die er immer schon haben wollte. Mehrere Schachteln mit den dazugehörigen Patronen waren im »Gesamtpaket« enthalten.

Der Einkauf fand vor zwei Jahren statt, und es führte von dort nicht die geringste Spur nach Köln, geschweige denn zu ihm. Er hatte sich bei seinen Transaktionen stets perfekt und stets anders verkleidet, zudem auch die verschiedensten Mundarten benutzt, die er schon als Schuljunge zur Gaudi seiner Mitschüler imitieren konnte.

Es machte ihm diebisches Vergnügen, das Ehedrama bei Görtz zu beobachten. Auf einmal schlug Fabian, der Spinner, unverhofft zu und verschwand auf seiner »Ratterkiste«. Welch eine Gelegenheit, die schöne Silvia sofort zu »verarzten«!

Alle Geräte und kleineren Einrichtungsgegenstände für seinen Bunker hatte er innerhalb Deutschlands, Belgiens und Österreichs erworben. Von den unterirdischen Gängen und Sälen war öffentlich nichts bekannt, und es gab natürlich auch keine Bauzeichnungen oder Fotografien. Das war das erste, wonach er akribisch suchte. Er durchstöberte die Unterlagen im Liegenschaftsamt, war tagelang im Stadtarchiv, ja, sogar im EL-DE-Haus, dem NS-Dokumentationszentrum. Es gab nicht den geringsten Hinweis auf das unterirdische Gewölbe in Marienburg. Die geheime Staatspolizei nannte sich nicht umsonst »geheim«. Börnster musste bei dem Gedanken lachen.

*Wen haben die Jungs da wohl in die Mangel genommen, und wen so feudal versteckt gehalten? Das Bad war doch nicht für die üblichen »Feinde des Volkes« so verschwenderisch gebaut worden? Oder war es schlicht als ein vorübergehendes Versteck für die Oberbonzen gedacht? Mir egal, ich bin Luzifer dankbar für meine »Katakombe«. Ich muss sie mehr erforsch*en. *Da gibt es bestimmt noch einige Geheimnisse zu entdecken!*

Er ging die letzten Aktionen noch einmal durch: Den Opel seines bedauernswerten Onkels hatte er gleich nach dem Transport der Schweinehälften kurz vor Mitternacht ganz einfach ohne Nummernschild auf einem nahe gelegenen Schrottplatz abgestellt. Darüber machte er sich keine Sorgen, da er die Motor- und die Karosserienummer kurz vorher in seiner Garage ausgefräst und danach die Nummernschilder in den Rhein geschmissen hatte. Letzteres in unkenntlicher Maskerade. Im Grunde alles so simpel, wenn man sich vor Wiederholungen in acht nahm.

Seinen Onkel in der sauerländischen Talsperre würde man, sollte er tatsächlich vermisst werden, kaum finden. Selbst wenn die Leiche durch Zufall irgendwann auftauchen sollte, könnte man ihn, Michael Börnster, in keiner Weise damit in Verbindung bringen. Etwas brisant war allerdings die Geschichte in der Bonner Tiefgarage gewesen. Aber die dusseligen Beamten hatten weder die Nummernschilder noch die Nummern seines *ausgeliehenen* Ausweises notiert. München war auch völlig problemlos verlaufen. Der Fall in Düsseldorf war als Suizid durchgegangen, und die anderen Storys liefen ebenfalls glatt ab. Nichts würde ihn je mit einem Mord in Verbindung bringen, geschweige denn mehreren. Er musste sich bewundern und hatte nur tiefe Verachtung übrig für die Dilettanten, die sich fassen ließen.

Dann dachte er über die nächsten Schritte nach.

Als erstes musste er unbedingt die Autos tauschen. Der Maserati war zu auffällig. Er hatte ihn zu oft benutzt. Bahnfahrten, die sicherste Möglichkeit, waren ihm ein Gräuel und auch nicht flexibel genug. Seine Oldtimer waren als Identifizierungsobjekte nahezu prädestiniert und völlig ungeeignet für seine heimlichen »Eskapaden«. Er würde sich nach einem unauffälligen Wagen umsehen müssen; einem Mittelklassewagen von Ford, Opel oder einem Mittelklasse-Japaner. Bei dem Gedanken verzog er das Gesicht. Er würde sich noch heute darum kümmern müssen.

Das Spiel mit Bernadette und ihrem Fabian würde sich noch ergeben. Er hatte Zeit und war erstmal gespannt, wie sich das mit den zweien entwickelte. Er würde sie beobachten. Vielleicht ließ er sie ja auch in Ruhe. Er konnte sich schließlich jede Form von Großzügigkeit erlauben. Er war Herr der Lage. Er hatte schließlich auch wichtigere Aufgaben, die ihm außer den Erkenntnissen jenseits gesteckter Grenzen zusätzliche Kicks verpassten, wie er es in dieser Intensität früher nie für möglich gehalten hatte; ein satanischer Taumel von Stresshormonen in einer nie geahnten Synthese mit einem Höchstmaß an einer neu entdeckten Art sexueller Erregung! Für diese Erfahrungen würde er immer wieder töten, und wenn er selbst dabei irgendwann einmal zugrunde gehen sollte. Aber der Meister war dankbar für die ihm liebevoll dargebrachten Opfer, infolgedessen würde er ihn auch weiterhin von allen unwägbaren Risiken fernhalten und ihn in Zukunft, wie bisher, großzügig belohnen.

Börnster lehnte sich wieder völlig entspannt und zufrieden in seinen mächtigen Bürosessel zurück, leerte genüsslich sein

Glas und wollte bereits zur Flasche greifen, da klopfte es laut an der Tür. Michael Börnster schrak auf, zerknüllte rasch und reflexartig das Blatt mit seinen Notizen, warf es in den Papierkorb und rief:

»Herein!«

*

»Ich mach nicht mehr mit, Burma, ich hab die Schnauze gestrichen voll«, brüllte Schlemmermayer seinen Mitarbeiter an. Burma erschrak über die ungewohnte Heftigkeit seines Freundes und fragte:

»Was hab ich denn jetzt wieder verbrochen, du Spinner!«

»Ach was, um dich geht's doch nicht … Wir haben bis zur Besprechung noch 'ne halbe Stunde Zeit. Bitte sei so lieb und komm zu mir ins Büro. Ich muss mich mal unter vier Augen auskotzen«, sagte er ein wenig ruhiger.

»Brigitte, zwei Käffchen mit ›Juckobim‹ für meinen Freund und für mich«, rief er seiner Sekretärin zu und verschwand mit Burma im Schlepptau in sein Büro.

Brigitte Berthold seufzte resigniert und holte kopfschüttelnd den Cognac hervor.

Burma machte es sich auf dem Besucherstuhl bequem. Schlemmermayer stellte sich mit auf dem Rücken verschränkten Armen vors Fenster und starrte in das herbstliche Grau der Stadt.

»Setz dich, mein Alter«, brummte er.

»Sitze schon.«

Burma spürte eine ungute Spannung im Raum. Es dauerte einige angespannte Minuten, bis der Chef, immer noch nach draußen starrend, schließlich anfing zu reden:

»Ewald, ich hab keinen Bock mehr«, seufzte Schlemmermayer.

»Mensch Hanspeter, was ist denn passiert?«

»Es passiert pausenlos etwas, ohne dass du groß was davon mitkriegst. Man nennt die ganze Scheiße, die mich langsam aber sicher unter die Erde bringt, Umstrukturierung, Agenda und und und!« Er machte eine kurze Pause.

»Bei uns ist der komplette Wahnsinn ausgebrochen, Burma! Tagtäglich bekomme ich von oben neue Instruktionen, gespickt mit schwachsinnigen Oberbegriffen, denen ebenso schwachsinnige Inhalte folgen. Es ist nur noch die Rede von Paradigmenwechsel, Evaluation, Innovation, Effektivität, Controlling, Zertifizierung, Kommunikationstraining, Bestandsaufnahme, soziale Kompetenz, Führungskompetenz, Kreativität – aber nicht wie wir den Begriff verstehen, Burma! –, Qualitätssicherung, Förderungsstrategie, Brainstorming, interdisziplinäre Potenz, Scientific Management, intermediärer Strukturwandel, Clusterbezug, Zielvereinbarung, Motivationstraining, Gruppendynamik …«

»Hilfe, hör auf«, rief Burma in den Rücken seines Chefs. Als hätte der nichts gehört, machte er weiter in der Aufzählung:

»Interkulturelles Selbstverständnis, Schulungen und Seminare, Verbesserungsansätze, Qualitätsmanagement und natürlich die Medienkompetenz! Letzteres, mein lieber alter Freund, heißt für uns alle: Wir müssen uns jeden technischen Scheiß, den sich ein geldgeiler Spinner in Silicon Valley ausdenkt und auf den Markt schmeißt, reinziehen; und wenn nicht, biste schnell am Arsch!«

Die letzten Wörter brüllte der Sektionsleiter fast. Burma verstand vorerst kaum etwas von dem, was da auf ihn einprasselte. Der Kaffee wurde von der erschrockenen Brigitte gebracht und Schlemmermayer wandte sich endlich vom Fenster ab und warf sich erschöpft in seinen Chefsessel hinter dem Schreibtisch. Die Kommissare sahen sich an und tranken ihren »geschmacksverstärkten« Kaffee.

»Von mir aus können die Penner im Ministerium und bei uns in den oberen Etagen ja rumspinnen wie sie wollen und versuchen, sich wichtig zu machen, aber – und jetzt kommt es: Wir sollen dem ganzen Humbug leistungsgemäß entsprechen. Das bedeutet für uns eine ungeheure Zunahme bürokratischer Maßnahmen, verbunden mit der permanenten Angst, etwas falsch zu machen, denn alles wird geprüft und nach dem jeweils neuesten Paradigmenwechsel bewertet. Das wird dann unter so Headlines wie *Evaluierung* oder *Controlling* dem menschenverachtenden *Mobbing* untereinander Tür und Tor öffnen. Jeder wird vor lauter Angst vor dem Kollegen im Sinne des angeblichen Gemeinwohls nach oben kriechen und auf dem herumtrampeln, der es nicht schafft. Glaub mir, die Zukunft gehört den Schleimern und Ja-Sagern, den rückgratlosen Kriechtieren – den Zecken, wie zum Beispiel unserer Lächelfresse Mechthild Redelix!«

»Oh Gott, ich beginne zu verstehen«, seufzte Burma gequält. Was er da von seinem Kollegen und Vorgesetzten hörte, bestätigte eigene Beobachtungen, und er war mit einem Mal froh, das Alter erreicht zu haben, um der Arbeitswelt endgültig den Rücken kehren zu können.

Schlemmermayer holte hörbar tief Luft und fuhr fort: »Es wird nicht mehr um die Arbeit gehen, Burma, nur noch um eitle Fassadenschmiererei. Die Büchse ist wichtig, nicht die Raviolis da drin. Falsch: Nicht mal die Büchse, sondern die buntbedruckte Papierbanderole um die Konserve ist zum absoluten Nonplusultra avanciert!«

Schlemmermayer legte eine kurze Verschnaufpause ein. Burma war sprachlos und starrte seien Freund bestürzt an.

»Und alles brüllt Hurra!« rief Schlemmermayer. Fast flüsternd fuhr er fort: »Unsere Arbeit werden wir bald mit noch weniger Personal erledigen müssen, aber der Verwaltungsapparat – du wirst sehen – wird um einiges aufgestockt werden und die Papierberge, trotz der Computer, werden in den Himmel wachsen!«

»Übertreibst du nicht ein wenig, Hanspeter?«, fragte Burma vorsichtig. Der Chef zeigte auf einen meterhohen Papierstapel auf der niedrigen Anrichte neben dem Tisch und rief: »Alles aus den letzten zwei Monaten!«

»Au weia«, entfuhr es Burma sichtlich geschockt.

»Per Mail und dann ausgedruckt, oder noch per Post oder durch die Hauspost. Alles aus den letzten zwei Monaten! Und zu jedem Blatt erwartet man von mir als sogenannter Führungskraft Kommentare, Bestätigungen und die obligatorische Weiterleitung an die Mitarbeiter, die ihrerseits darauf reagieren sollen. Letzteres habe ich bewusst nur in von mir selbst bestimmten Ausnahmen getan. Ich habe euch mit dem Mist verschonen wollen, so gut es ging. Der große Knall, der garantiert kommen wird, wird mir aber am Arsch vorbeigehen, glaub mir!«

»Hanspeter, beruhige dich doch! Das hört sich zugegeben alles plausibel an, was du mir da verklickerst. Wir gehen komischen Zeiten entgegen …«

»Mir ist mittlerweile alles scheißegal geworden! Ich habe lange genug den zivilisierten und folgsamen Oskar gespielt!«

Schlemmermayer fingerte sich umständlich vor Erregung eine Zigarette aus der Schachtel, steckte sie sich an und sog gierig den Qualm in die Lunge.

»Zu was, Burma, haben wir diesen Scheißberuf erlernt? Was war ursprünglich mal unser Ethos?« Er lachte unglücklich auf und sprach weiter im gehetzten Ton und mit hochrotem Kopf: »Wir sollen Gesetzesbrecher einer Gerechtigkeit zuführen, die wir als solche zu akzeptieren haben, um den Bürgern das Gefühl der Sicherheit zu geben. Ich denke, dafür bezahlt uns der Steuerzahler. Wir sind aber nicht dazu da, dem hyperbürokratischen Meta-Schwachsinn irgendwelcher glatt gewichster, eitler Yuppies zu entsprechen, die sich überall breit machen! Oder doch?«

»Oh, Mann!«, war das einzige, was Burma von sich geben konnte. Schlemmermayer hing ausgelaugt, wie eine vergessene Lagerkartoffel, in seinem Sessel. Er tat seinem Freund Burma plötzlich unendlich leid.

»Bin völlig verdattert! Das konnte ich alles nicht ahnen, Hanspeter«, versuchte Burma das Thema herunterzuspielen. »Mein Alter! Entweder leidest du an altersbedingtem Kulturpessimismus, so wie auch ich im Übrigen, oder du hast tatsächlich Recht. Im letzteren Fall kann ich nur sagen: Prost Mahlzeit!«

»Wie auch immer … Weißt du, ich sauf nicht, weil meine Olle mich damals plus unserem Sohnemann verlassen hat«, knüpfte der Chef an seinen Monolog an. »Alles längst Schnee von gestern, und ich lebe besser ohne dieses Miststück von Weib, ehrlich! Und der missratene Sprössling kann mich auch mal … Nee, ich saufe, weil ich zu alt bin für den Scheiß hier, der mich umgibt – ganz zu schweigen von dem, was ich noch auf uns zukommen sehe. Uns alten Säcken bläst demnächst ein eiskalter Wind ins Gesicht. Die Temperaturen sinken bereits spürbar!«

»Mann, Schlemmy, komm zur Sache!« Burma wurde ungeduldig. Der Chef hatte einen denkbar schlechten Zeitpunkt für seine Beichte gewählt. Es galt, einen gefährlichen Serienkiller unschädlich zu machen und nicht, darüber zu palavern, welche Optimierungsfritzen einem Knüppel zwischen die Beine schmissen. Aber Schlemmermayer war nicht aufzuhalten.

»Und die, mein lieber Freund, die nach uns kommen, werden noch früher zu dem Schluss kommen oder kommen müssen! Nee, ich kann und ich will nicht mehr. Worauf ich hinaus will ist, ich hab da ein Angebot von einer Security-Fir…«

»Hör auf mit so was, du alter Spinner«, unterbrach ihn Burma ungewohnt barsch, um dem Freund sogleich in einem versöhnlichen Ton beizustehen: »Weißt du was? Wir werden den Fall mit dem Irren gemeinsam zu Ende bringen und dann kannst du in Ruhe überlegen, was mit dir in Zukunft geschehen soll. Okay, altes Haus? Jetzt beruhige dich erst mal, gleich kommen die Kollegen – *unsere* Kollegen.«

»Wie du meinst, mein Alter.«

*

»Herr Börnster? Dr. Blöhmer ist da«, meldete die futuristische Fee das Eintreffen des Anwalts.

»Soll reinkommen … Und sagen Sie bitte meiner Frau, dass sie dazukommen soll«, blaffte der Agenturchef.

In kaum zwei Stunden waren die Angelegenheiten für Michael und Bernadette Börnster geregelt. Die gesamten Durchführungen, lästigen Amtsgänge und den schriftlichen Kram hatte der Anwalt zu erledigen, der sich über einen derart umfangreichen Auftrag freute, zumal alles versprach, konfliktfrei über die Bühne zu gehen. Sein zu erwartendes Honorar durfte dementsprechend auch beträchtlich sein.

Schließlich wurden Schlüssel abgegeben, Unterschriften geleistet. Damit wurde ein Vierteljahrhundert der emotionalen Einseitig-, finanziell aber äußerst erfolgreichen Zweisamkeit beendet.

Nach dem Gespräch mit dem Anwalt rief Börnster seine überraschten Mitarbeiter zu sich ins Büro und teilte ihnen kurz seinen Entschluss mit, für immer die Agentur zu verlassen. Dann stellte er ihnen Bernadette als nunmehr alleinige Chefin und Besitzerin der l.a.m.p. vor.

Ein freudiges Aufatmen ging durch die Belegschaft. Das entging Michael Börnster nicht. Er quittierte es aber mit einem Grinsen.

Er verschwand dann ohne ein weiteres Wort mit seinem Bild und der Schweinsledertasche in die Garage, setzte sich alkoholisiert in seinen Maserati und düste mit aufheulendem Motor los in ein Leben der totalen Freiheit – wie er glaubte.

Vorher musste er nur noch zur Bank fahren, um die Konten zu regeln. Dann wollte er sich um ein unauffälliges Auto kümmern, nachts das letzte »Kunstwerk« und die zerhackten Schweinehälften entsorgen und anschließend ein paar Tage ausspannen. Vielleicht irgendwo in der Normandie, am Meer. Da war er zum letzten Mal vor zirka zehn Jahren mit Bernadette gewesen, und es hatte ihm da ausgesprochen gut gefallen.

*

Es war gegen dreizehn Uhr, und die Beamten der SoKo Siebengebirgsallee befanden sich vollzählig im kleinen Konferenzsaal. Elvira war mit dem kleinen Professor, der neben ihr saß, vorher essen gegangen. Sie machten beide einen vertrauten Eindruck. Die Zwillinge Thomalla und Kant, Schlemmermayer, Brigitte Berthold, Grummenohl und der Staatsanwalt waren ebenfalls anwesend. Frau Dr. Armbruster wollte später dazu kommen, bemerkte die sichtlich aufgeregte Brigitte.

Burma stand vor einem »Whiteboard«, einer hellen Magnet-Wandtafel, welche fast die gesamte linke Wand des Saales einnahm und schon oft gute Dienste geleistet hatte. Burma ergriff einen Marker und kam schnell zur Sache. Als erstes fragte er die Zwillinge, was ihr Ausflug nach Düsseldorf erbracht hatte. In dem Moment stieß die Pathologin zur SOKO und entschuldigte sich, noch ganz außer Atem.

Kant und Thomalla berichteten abwechselnd: Der Vater der angeblichen Suizidtoten sei erst entsetzt über den geäußerten Mordverdacht gewesen, habe sich aber zusehends beruhigt, so als würde er einen Mord eher akzeptieren als Selbstmord, der bei nahen Verwandten ja immer auch die Frage nach eigenem Fehlverhalten aufkommen ließ. Thilo Rosenstock, der alte Fotograf, erzählte von der Tochter, die gerade ihren siebzehnten Geburtstag feierte und deprimiert war, weil ihr neuer Freund nicht auf der Feier erschienen war. Der alte Herr konnte aber glücklicherweise eine ungefähre Beschreibung des angeblichen Freundes abliefern, da er zufällig aus dem fahrenden Wagen heraus den Mann mit seiner Tochter Arm in Arm auf der Kyffhäuserstraße in Düsseldorf-Oberkassel gesehen hatte und zwar an dem Tag nach ihrem Geburtstag, also eine Woche vor ihrem angeblichen Selbstmord.

»Der Vater war entsetzt über den Altersunterschied und hatte der Tochter Vorhaltungen gemacht, was er heute bitter zu bereuen scheint«, ergänzte Thomalla den Bericht.

»Beschreibung?« fragte Burma.

»Ungefähr zwei Meter. Eher kleiner als größer. Blondes Haar bis auf die Schulter. Kräftig gebaut«, sagte Kant, und Thomalla ergänzte: »Außerdem soll er piekfein gekleidet gewesen sein.«

»Das ist doch schon was, Kinder«, sagte Burma erfreut. »Habt ihr ein Foto mitgebracht?«

Thomalla holte aus einer Aktentasche das Farbportrait einer schwarzhaarigen jungen Frau und überreichte es Burma. Der brachte das Bild oben links auf der Weißtafel mit einem Magnetsteinchen an.

»Name?«

»Tanja Rosenstock«, gab der zweite Zwilling von sich und Burma schrieb leserlich in Schwarz Namen und Tatort neben das Bild.

»Frau Doktor, wann ist sie genau verstorben?«

»In der Nacht vom 25. auf den 26. März diesen Jahres. Vermutlich gegen ein Uhr dreißig«, antwortete die Pathologin.

Burma machte seine Pfeife an – und als hätten alle bis auf Nichtraucherin Brigitte auf dies Signal gewartet, wurden die Zigarettenschachteln rausgeholt.

»Wir haben vergessen zu erwähnen, dass der Vater von Tanja Rosenstock die Lieblingsschuhe des Opfers vermisste! Vielleicht ist es ja nicht so wichtig«, meldete sich Jürgen Kant zu Wort.

»Alles könnte wichtig sein«, sagte Burma.

Mit einem dünneren Marker notierte er in Stichworten die Berichte von Kant und der Gerichtsmedizinerin neben das Foto und zog wiederum, wie bei dem anderen Foto, eine Diagonale in Richtung zur freien Mitte, in der er dann einen großen Kreis zeichnete. In diesen Kreis schrieb er mit Rot: *Groß, blond, kräftig (beleibt), elegant gekleidet – eitel?, Künstler, Romantiker – siehe Rose?*

»Letzteres sind vorerst Vermutungen, Herrschaften! Hat Kollege Tonio die – äh, Firma Nepuloni kontaktet, Brigitte?«, fragte Burma die Chef-Sekretärin, die bei der intimen Anrede rot anlief, aber sofort Bericht erstattete:

»Die Firma Nepuloni beliefert die Schönen und die Reichen in der halben Welt und ist keineswegs so klein, wie wir dachten. Die beliefern Großhändler und diese wiederum den Einzelhandel. Ich erlaubte mir, dem nachzugehen, und habe den Großhändler ausgemacht, der für Nordrhein-Westfalen zuständig ist. In Köln werden zwei Läden beliefert; in Düsseldorf fünf. Ich erlaubte mir, die Läden anzurufen, und ich muss sagen: sehr unfreundlich, diese Leute! Ich muss schon sagen, dass zum Beisp…«

»Uninteressant, Frau Berthold, bitte bleiben Sie sachlich«, bemerkte Schlemmermayer leicht genervt.

»Entschuldigen Sie! Also weiter: In einem der zwei Geschäfte – dem auf der Hohen Straße – hatte ich Glück. In dem hat sich ein Verkäufer wohl sterblich in einen Kunden verknallt, der des Öfteren Schuhe Größe 46 kauft – fast ausnahmslos von Nepuloni. Den Namen wusste die Schwuch… äh, der Verkäufer nicht, hat ihn mir aber bereitwillig beschrieben: Sehr groß, kräftig, Bauchansatz, gepflegtes langes Haar. Ebenfalls gepflegtes Äußeres – Outfit nur vom Feinsten und ein Gesicht wie ein … äh, blonder Engel.«

»Ich fass es nicht«, kam es von der Pathologin, und Burma rief aufgeregt: »Toll – gute Arbeit, Brigitte! Geben Sie bitte den Zwillingen die Adresse, die sollen sofort Gas geben und den Verkäufer befragen und eine genauere Beschreibung des Gesichtes verlangen – mit einem blonden Engel können wir wenig anfangen. Da fällt mir ein: Der – äh, Karl-Heinz Schmeddeshogen, macht der noch Fahndungsporträts für uns?«

Schlemmermayer bejahte mit Kopfnicken.

»Brigitte, ruf den mal an«, bellte Burma die Berthold an.

»Sehr gute Idee«, lobte Heinz Grummenohl, der sich irgendwie überflüssig vorkam.

»Heinz, ich denke, du hast genug mit anderem Kram am Kopp«, meinte Burma.

»Wahrhaftig genug, Mann«, war die Antwort.

»Dann mach, dass du wegkommst, Alter. Wenn ich dich brauche, ruf ich an, ok?«

Der Chef der Spurensicherung wünschte den Kollegen viel Glück und verschwand erleichtert.

Die aufgeregte Brigitte Berthold hatte inzwischen den Polizeizeichner auf dessen Handy erreicht und gab ihn weiter an den Kommissar. Die zwei kannten sich noch von früheren »Geschichten« her, die nicht unbedingt etwas mit Kriminalfällen, eher mit »Männerangelegenheiten« zu tun hatten und im gegenseitigen Einverständnis im Verborgenen blieben. Schmeddeshogen hatte, wie er am Telefon betonte, für Burma alle Zeit der Welt, und wollte gerne – gegen Honorar, versteht sich – eine Zeichnung nach der Beschreibung des Schuhverkäufers anfertigen.

»Meine Leute holen dich gleich ab, Karl-Heinz! Es ist mehr als wichtig. Die Jungs werden dir erzählen, warum! Tschüs dann…« Burma beendete das Gespräch. Seine hellblauen Augen blitzten vor Anspannung.

»Wir kommen weiter, merkt ihr? Wir werden das Schwein kriegen, so wahr ich Burma heiße!«

»Du heißt doch gar nicht Burma«, sagte Elvira lachend.

»Klappe«, war die prompte, aber nicht bös gemeinte Antwort.

*

Bernadette und Fabian saßen sich an dem kleinen türkisfarbenen »Nierentisch« gegenüber, der für die vertraulicheren Geschäftsgespräche gedacht war. Ihr Büro war mit Fundstücken aus den 1950er Jahren ausgestattet – einer mannshohen Coca-Cola-Zapfsäule, Micky Mäusen und Donalds in allen Variationen und dem ganzen »grässlich grellbunten Zeug« aus den damaligen USA. Das ganze Büro strahlte dadurch ungebremsten kindlichen Optimismus aus. Büro 2 schien ihre »Verteidigung« gegen etwas Dunkles zu sein, das sie kaum durch Zuordnungen benennen und ebenso schwer rational in Verbindung mit dem bisherigen Mann an ihrer Seite bringen konnte.

»Alles, was momentan geschieht, ist wie aus einem surrealen Comic«, sagte Fabian.

»Wie Recht du hast, mein Lieber«, antwortete Bernadette. »Ich müsste im Grunde vor Glück schreien. Unfassbares ist in den wenigen Tagen passiert. Aber noch schwebt etwas Düsteres, Ungreifbares über uns. Verstehst du, was ich meine?«

»Ich beginne, allmählich zu begreifen. Aber ich habe keine Lust mehr, gespielt zu werden – ich will endlich selber spielen! Und mit dir will ich etwas – äh, Elementares realisieren. Etwas, das vielleicht für immer ist.«

»Oh, das hast du aber wundervoll tapsig gesagt! Komm, lass uns trotzdem arbeiten«, sagte sie irgendwie erleichtert. »Das wird uns gut tun.«

»Ja – es wird Zeit«, antwortete leise Fabian.

*

Michael Börnster erledigte seine Bankangelegenheiten im Eiltempo, aß rasch am Neumarkt in der *Puszta-Hütte* eine Doppelportion Gulasch und raste anschließend über die A 57 nach Düsseldorf. Gegen drei Uhr kam er in der Landeshauptstadt an, wo er einen Autosalon der gehobenen Klasse wusste, und verkaufte dort seinen Maserati innerhalb kürzester Zeit – natürlich vollkommen unter Wert.

Er verlor keine Zeit und fuhr umgehend mit dem Zug zurück nach Köln. Es kostete ihn enorme Überwindung, eingepfercht mit anderen Menschen befördert zu werden. In Köln stieg er um in einen völlig desolaten Regionalzug, der in Troisdorf hielt. Dort angekommen, suchte er einen ihm bekannten Autoverkäufer auf, der mit Gebrauchtwagen handelte. Er entschied sich für einen alten, aber noch gut erhaltenen Ford Kombi in nichtssagendem Silbergrau. Es war genau das richtige Auto für ihn: vollkommen unauffällig, aber mit einem starken Motor ausgestattet. Er konnte den Wagen sofort mitnehmen, sollte aber am nächsten Tag die Ummeldung erledigen. So fuhr er schließlich, nachdem er unterwegs getankt hatte, mit einer Mischung aus Angewidertsein und zufriedener Selbstgefälligkeit zurück nach Köln.

Gegen Abend saß er in einem Restaurant-Café am Rudolfplatz und genoss den plötzlich eingetretenen Stillstand.

Er hatte sich noch kurz vorher in ein unscheinbares Hotelchen hinter dem Bahnhof eingebucht, um für die nächsten Tage eine Zuflucht zu haben. Vorsichtshalber hatte er sich eine schwarze Perücke übergestülpt, die er nach Verlassen des Hotels in die Manteltasche steckte.

Er fühlte sich völlig ausgelaugt. Sein Herz schlug unregelmäßig, sein Blut raste. Er müsste sich dringend mal untersuchen lassen, dachte er. Er wählte in seinem Handy die Privatnummer eines befreundeten Arztes und machte mit ihm einen Termin für den nächsten Tag aus. Er durfte um des Meisters willen nicht mitten in seiner »Aufgabe« schlapp machen.

Michael Börnster bestellte sich Kaffee mit Schuss und bemerkte eine aufkommende Müdigkeit.

*

Stunden zuvor betraten die Zwillinge Kant und Thomalla mit dem unterwegs abgeholten und mit Zeichenblock und Stift bewaffneten Karl-Heinz Schmeddeshogen den eleganten Schuhsalon in der Innenstadt und fragten nach dem Verkäufer.

Ein eleganter und stark parfümierter Mittvierziger begrüßte die Beamten und den Zeichner zuvorkommend und führte sie in ein kleines, aber geräumiges Büro neben dem Hintereingang. Dort ließen sie sich eine detailgenaue Beschreibung geben, und der Künstler entsprach dem mit seinem extra weichen Graphitstift. Auf dem Papier entstand innerhalb einer Viertelstunde unter den erfahrenen Händen des Porträtprofis ein Gesicht, das den Verkäufer in Faszination versetzte. Er schrie fast: »Das ist er – genau, das ist er, als hätte man ihn fotografiert! Wie ist so etwas möglich?«

»Weil Sie außergewöhnlich gut beschreiben«, sagte der Zeichner zu dem geschmeichelten Verkäufer. »Solche Leute wie Sie treffe ich leider viel zu selten an!«

Die Zivilbeamten Kant und Thomalla baten eindringlich um absolute Geheimhaltung. Für den Fall, dass sich der Mann auf der Zeichnung irgendwann einmal wieder in dem Geschäft sehen ließ, erbaten sie einen sofortigen Anruf im Präsidium. Sie gaben dem Geschäftsführer und dem zuvorkommenden Verkäufer Visitenkarten mit den Telefonnummern und wollten sich gerade verabschieden, da fragte der Verkäufer:

»Ist der Herr ein Verbrecher?«

»Wir dürfen Ihnen vorerst keine Auskunft geben. Bitte haben Sie Verständnis«, sagte Thomalla.

»Aber wenn es der ist, für den wir ihn halten«, ergänzte Kant seinen Kollegen, »würde ich an Ihrer Stelle sehr vorsichtig sein.«

»Also nicht vergessen, uns dann sofort anzurufen«, vollendete Thomalla die Mahnung an den eingeschüchterten Schuhverkäufer.

*

Burma, die Gerichtsmedizinerin, Brigitte Berthold, Schlemmermayer, Elvira Schmitz und der Professor waren noch mit der Zusammenstellung der Fakten und Indizien beschäftigt. Mittlerweile hatten sie auch die Fotos der vermissten Frauen untereinander auf der rechten Seite der Tafel angebracht. Zehn insgesamt.

»Unglaublich, die hohe Vermisstenzahl«, meinte Elvira.

»Dafür gibt's meistens eine simple Erklärung«, entgegnete Burma und wollte einige Gründe aufzählen.

»Die Wasserleiche!«, rief Dr. Armbruster plötzlich aufgeregt.

»Im Ernst?«, kam es überrascht von Burma.

»Ich bin mir fast sicher: die zweite von oben!«

Burma nahm die Vermisstenakte der betreffenden Person zur Hand und las vor: Helga Klopp, 26, Studentin der Ethnologie im letzten Semester, 1,72 Meter groß, Haare lang, mittelbraun, gebürtig aus Düren, wohnhaft in Köln, Darmstädter Straße, in einer Wohngemeinschaft – oh, bei mir um die Ecke! Besondere Kennzeichen: Ein münzgroßes Muttermal hinter dem linken Ohr!«

»Das ist sie!«, rief Armbruster.

»Das dürfte dem Mörder entgangen sein«, meinte Burma zufrieden, nahm das Foto und brachte es neben den Bildern von Tanja Rosenstock und Silvia Görtz an. Dann schrieb er Fundstelle, Zeitpunkt des Verschwindens und die dazugehörigen Daten dazu. »Ich werde gleich bei der Wohngemeinschaft vorbeischauen, wenn ich nach Hause gehe«, sagte Burma. »Ich werde, denk ich mal, Heinz mitnehmen. Der hat 'ne Hundenase, und wenn es was zu finden gibt, findet er es garantiert. Da könnt ihr euren Kopf darauf verwetten!« Burma rieb sich kurz die Augen. »Vielleicht wissen ja die Mitbewohner etwas. Zumindest werden wir ihr Zimmer auf den Kopf stellen müssen. Brauche ich dafür eigentlich einen Durchsuchungsbefehl, Schlemmy?«, fragte Burma seinen nicht mehr hellwachen Vorgesetzten. Der schüttelte müde verneinend den Kopf.

In dem Moment traten »die Zwillinge« ein, und Thomalla präsentierte sofort aufgeregt die Zeichnung des Schuhkäufers. Nestor Burma konnte seine Erregung kaum verbergen, riss sie dem Polizisten förmlich aus der Hand, starrte auf das Blatt, um es triumphierend in die freie Mitte der Weißwandtafel zu pappen.

»Ein schöner Mann«, meldete sich Dr. Armbruster. »Ich würde sagen: fast zu schön für einen Mann!«

Worauf Brigitte Berthold heftig, Elvira weniger heftig nickend zustimmte.

Das Team sah sich das Portrait lange an. Die perfekte Zeichnung zeigte tatsächlich ein Gesicht, das locker als Modell hätte fungieren können für Michelangelos David.

»Und so einer soll ein Serienkiller sein?«, zweifelte die Berthold und schüttelte ungläubig den Kopf, wobei sich ihr »merkwürdig« frisiertes Haar langsam, aber sicher auflöste. Burma nahm schließlich die Zeichnung von der Tafel und drückte sie seinem schläfrigen Chef in die Hand, der verdutzt aufschreckte.

»Sofort zur Fahndung rausgeben«, sagte Burma im Befehlston zu seinem Vorgesetzten. »Alle zur Verfügung stehenden

Beamten müssen eine Kleinkopie bei sich tragen, und zwar mit dem zusätzlichen Hinweis, dass der Gesuchte auch mit gefärbtem Haar oder künstlichem Bart herumlaufen könnte! Sie sollen die Augen offen halten! Wir haben es hier nicht mit einem Parksünder zu tun!«

Schlemmermayer verschwand mit der Zeichnung. Burma sah auf seine Uhr und wunderte sich, wo die Zeit geblieben war. Dann ließ er sich per Telefon Heinz Grummenohl, den Leiter der Spurensicherung geben.

»Heinz, haste heute Abend noch was vor? Nicht? Okay, ich hol dich gleich ab und wir düsen mit deinem Wunderkoffer in die Wohnung unserer Wasserleiche. Ja, Frau Dr. Armbruster hat sie identifizieren können, und sie stand auf der Vermisstenliste. Also bis gleich!«

Burma legte auf und wandte sich an Elvira: »Du machst am besten nach der Sitzung Feierabend, wir alten Säcke schaffen das schon! Du musst auch noch für deine letzte Prüfung arbeiten!«

Es fiel ihm sichtlich schwer, die attraktive junge Frau mit der gewohnten Schnodderigkeit anzusprechen, wie er es vor ihrer Verwandlung getan hatte. Aber das würde sich schon noch geben, dachte er.

»Okay Chef«, erwiderte Elvira. »Ich muss tatsächlich noch viel lernen. Die Prüfung ist nächste Woche Freitag.«

»Wird schon klappen – da bin ich mir sicher«, äußerte sich Burma zuversichtlich. Da kam Schlemmermayer schon zurück und rief, als hätte er gerade eine Schwerstarbeit hinter sich gebracht:

»Erledigt! Die Fahndung läuft!«

Burma wandte sich an den Professor, der immer noch staunend in den Anblick der »erneuerten« Elvira Schmitz versunken war:

»Herr Professor, haben Sie sich schon ein Bild von dem Täter machen können?«

»Ich sage es ungern, aber die Person psychologisch einzukreisen, also ein mögliches Profil zu erstellen, fällt mir vorerst

– soll ich nicht in küchenpsychologische Laberei verfallen – schwer. Wir wissen zu wenig von ihm. Wir wissen nur, dass er offensichtlich psychopathologischen Praktiken nachgeht, die beispiellos sind, zumindest hier in Westeuropa, soweit mir bekannt … Was man sagen kann: Unser Psychopath wird narzisstisch veranlagt sein – das verrät seine Vorliebe für die von den Zeugen beobachtete Eleganz und die Vorliebe für feine Schuhe. Schuhe sagen so einiges über eine Person aus! Wir haben es vor allen Dingen mit einem Serientäter zu tun, der unter Künstlern zu suchen ist,– oder der Täter ist zufällig ein sehr begabter Laie, was wir nicht ausschließen sollten. Eins ist er auf alle Fälle: ein Romantiker – denken wir an die Rose in den Händen des Opfers Silvia Görtz. Zu dem von mir unterstellten Romantizismus können wir noch einen religiösen Hang bei der Person ausmachen – denken wir an das Kreuz an der Wand und den handschriftlichen Text aus dem Buch der Weisheit, den er als Botschaft auf der Wand am Tatort hinterließ. Sie kennen alle den Text. Die Herausnahme aus dem schriftlichen Kontext, der eine entgegengesetzte Aussage, eine positive und moralische Aussage verfolgt, verrät mir eine Umkehrung – eine, wie soll ich sagen – bewusst eingesetzte Negativierung der ursprünglichen Botschaft!«

Der Professor pausierte kurz, steckte sich fahrig eine Zigarette an und fuhr fort in seinem Monolog.

»Das verrät einen intellektuellen Hintergrund bei dem Täter und scheint im Widerspruch zu der romantischen Haltung zu stehen. Das macht die Sache nicht gerade einfacher. Ich habe mir zwecks graphologischer Untersuchung von Herrn Grummenohl eine Reproduktion der Wandschrift machen lassen – und ich kann Ihnen sagen, dass die Schrift eindeutig einen rational und planmäßig vorgehenden Menschen verrät, der über hohe intellektuelle Fähigkeiten zu verfügen scheint und – jetzt kommt's – in scheinbarem Widerspruch dazu auch noch über eine enorme Fantasie und eine auffällige Emotionalität. Außerdem zeugt die Schrift – eine Schrift, wie sie mir persönlich noch nicht untergekommen ist – von enormer

Willenskraft. Vielleicht hätte sich dieser Mensch noch vor zweihundert Jahren als Universalgelehrter einen Namen gemacht, oder als Marquis de Sade, keine Ahnung. Seine immateriellen »Kapitalien« nutzt er natürlich, um weiterhin ungestört seinen pathologischen Praktiken – die er aber als solche nicht erkennen dürfte – nachgehen zu können. Dieses »Krankheitsbild« kann man grob mit dem schwammig gewordenen Begriff Schizophrenie umschreiben. Früher sprach man von Besessenheit, noch früher von bösen Geistern, die in jemanden eingefahren sind und dort wohnen!«

Professor Krohneick drückte seine Zigarette aus und steckte sich eine neue an.

»Hätten wir nicht dank Frau Dr. Armbrusters genauer Untersuchungen die Sache mit den Farbpartikeln an der Hand – keiner wäre auf die Idee gekommen, dass die drei Morde zusammenhängen. Und wir haben es erst mit drei Leichen zu tun. Wer weiß, wie viele es wirklich waren – oder sich noch ›in Planung‹ befinden. Ich darf nicht daran denken …«

Im Raum herrschte absolute Stille. Professor Krohneick wischte sich fahrig mit einem Taschentuch übers Gesicht und referierte, langsam heiser werdend, weiter:

»Aber weiter, die Herrschaften! Der Serienmörder ist nach meinem Dafürhalten viel zu schlau für Wiederholungen und doch nicht schlau genug, sonst wären ihm die bis dato einzigen Fehler – mit der Acrylfarbe und dem Schuhabdruck – nicht passiert. Wir können nur auf weitere Fehler hoffen, und darauf, dass wir sie auch entdecken! Bei Gott! Ich befürchte, dass unser Serientäter unter einer Zwangspsychose leidet und sich ›beauftragt‹ fühlt, das, was er tut, tun zu müssen. Der sogenannt schizophrene Mensch erhält nach unseren Erfahrungen diesen Auftrag oft durch eine Stimme oder Stimmen, die er glaubt zu hören – oder tatsächlich hört. Er kann allerdings auch durch eine ›Erkenntnis‹ nach Eigenstudien oder einem speziellen ›Offenbarungserlebnis‹ zu solch krassen Fehlschlüssen kommen, wenn eine Veranlagung zur Schizophrenie vorliegt, durch ein Trauma, eine Gehirnverletzung oder auch durch eine genetisch bedingte Deviation im Gehirn. Was ich vorläufig nur sagen kann ist, dass unser Täter wahrscheinlich lange ein Borderline-Fall war. Vielleicht sogar seit seiner frühen Kindheit. Ein Grenzgänger zwischen Genialität und Wahnsinn. Aber schließlich hat Letzteres irgendwann den Sieg davongetragen, und Steigerungen sind leider unbegrenzt möglich. Kollege Burma, Elvira und meine Wenigkeit haben heute Vormittag in Siegburg einen Künstler aufgesucht, der ungefähr dem Bild entsprechen könnte, wie ich es eben von unserem Täter entworfen habe – allerdings ohne jedes Anzeichen einer pathologischen Auffälligkeit. Er gab uns die Einsicht in eine etwas andere als die gewohnte Welt, und ließ uns ahnen, mit welchem Grundtypus wir es in unserem Fall zu tun haben könnten. Ich betone: könnten! Herr Burma – und auch Sie, Fräulein Elvira –, wären sie so freundlich, von unserer Exkursion zu erzählen?«

Die zwei Angesprochenen berichteten abwechselnd und ein jeder subjektiv anders von dem Künstler und seinen Ansichten über Gott und die Welt, seine Kunst, das Atelier und seine kleinwüchsige Muse. Besonders spannend fanden die meisten der anwesenden Fahnder die offenbar funktionierende Aufspaltung in mehrere Lebenssphären, vereint in einer Existenz. Burma sagte noch zum Schluss:

»Interessant war die Feststellung unseres Professors auf der Rückfahrt, dass der Unterschied zwischen beiden Künstlern – wenn wir es bei unserem gesuchten Mörder tatsächlich mit einem zu tun haben – in der persönlichen Entscheidung zwischen Gut und Böse lag!«

Die Pathologin wollte es nicht fassen und fragte, ob diese Schlussfolgerung nicht etwas zu naiv und altbacken sei.

»Verehrte Frau Kollegin«, sprach Krohneick, ohne sich die Spur beleidigt zu fühlen, Dr. Armbruster direkt an, »meine Studien haben mich belehren müssen – ich sage ausdrücklich müssen –, dass das meiste von dem, was uns bewegt oder irritiert, banalen Ursprungs ist, aber die locker benutzten Begriffe Gut oder Böse keineswegs banal sind. Diese exakt zu definieren ist wohl mit das komplizierteste Unterfangen, dem sich die Menschheit, seit sie das Denken übt, immer wieder aussetzt – und bis heute zu keiner eindeutigen und befriedigenden Formulierung gelangt ist!«

Und Amen, dachte Dr. Armbruster, die Krohneicks Meinung nicht teilen konnte oder auch nicht wollte.

Der Professor fuhr fort: »Ich möchte nun wirklich zum Schluss kommen und nur kurz zusammenfassen: Ich sprach eben von der anzunehmenden Möglichkeit einer bizarren Form der Schizophrenie, der multiplen Persönlichkeitsstörung, denn dass der Täter psychopathologische Symptome allerschlimmsten Ausmaßes aufweist, beweist die bizarre Art und Weise seines Vorgehens. Dieser Mann ist eine ernsthafte Bedrohung für andere und gehört schnellstens weggesperrt. Mehr kann ich heute noch nicht sagen, außer dass es der feine Herr in der Nachbarschaft sein kann, ein liebenswert auftretender Pädagoge, ein bekannter und geachteter Künstler, ein Pfarrer oder – er grinste in die Runde – ein Professor der Psychologie!«

Alle lachten kurz auf, und das tat gut nach der Anspannung, die jeden erfasst hatte. Der Professor wischte sich die Stirn mit seinem Tuch ab und sank sichtlich aufgewühlt in seinen Stuhl zurück. Einige Minuten herrschte absolute Stille.

Burma stand schließlich aus seinem Sessel auf und sagte:

»Vielen Dank für Ihre Ausführungen, Herr Professor, ich denke, auch im Namen meiner Kolleginnen und Kollegen zu sprechen!«

Alle nickten anerkennend und klopften auf den Tisch, selbst die Gerichtsmedizinerin.

»Ich denke, wir können uns jetzt ein genaueres Bild von dem Täter machen. – Bleiben Sie dabei, äh, bei der Fahndung? Wir würden uns freuen, und Sie auch gebrauchen können!«

Der Angesprochene guckte kurz zu Elvira, deren Augen kurz aufzuleuchten schienen, und erwiderte:

»Sehr gern, Herr Burma! Meine Dozenten können die Arbeit für mich solange erledigen – kein Problem!«

»Willkommen bei der SoKo Siebengebirgsallee, Kollege!«

Dann breitete Burma die Arme weit aus und rief:

»Feierabend! Mehr können wir heut nicht tun! Wir sehen uns morgen früh um neun Uhr und beraten, wie es weitergehen soll!«

*

Der kleine Professor und die nur anderthalb Zentimeter kleinere Kommissarsanwärterin befanden sich gegen neunzehn Uhr im *La Strada*, einem angesagten Café am Rudolfplatz, tranken Rotwein, sahen sich tief in die Augen und wussten sich vor lauter Aufregung wenig zu sagen. Ein zur Fülle neigender, großer Mann am Nachbartisch mit langen blonden Haaren und elegantem Staubmantel stand auf, legte einen Geldschein hin und ging an dem Pärchen vorbei. Er wollte endlich mal ausschlafen. Er war verdammt müde.

*

Burma und Grummenohl standen durchnässt und auf das Wetter schimpfend vor einer Haustür in der Darmstädter Straße. Burma dachte kurz an sein kleines »halbjapanisches Wunder«, das knapp zweihundert Meter Luftlinie entfernt ein Abendessen vorbereitete. Bei dem Gedanken an Sushi, Duftreis und heiß geliebte Seetangsuppe mit Huhn lief ihm das Wasser im Munde zusammen. Er verspürte mächtigen Hunger.

»Es hilft alles nichts«, bemerkte er und klingelte auf einer Gemeinschaftsklingel mit gleich sechs Namen. Einer der Namen gehörte einer jungen Frau, die ihn nie wieder benötigen würde.

Den Fahndern wurde die Tür von einem mürrischen Bartträger mit nacktem Oberkörper geöffnet, den sie offenbar in einer wichtigen Betätigung störten. Die Beamten zeigten ihre Ausweise. Burma fragte nach der Wohnung von Helga Klopp.

»Haben Sie Helga gefunden? Wo ist sie? Was macht sie?«, fragte der junge Mann besorgt und aufgeregt.

»Sie ist tot – offensichtlich ermordet«, war Burmas unsensible Antwort, und sein Freund trat ihm von der Seite gegens Schienbein. Der junge Mann sah die beiden völlig entgeistert an und erstarrte. Dann rannen ganz allmählich stille Tränen aus seinen Augen. Heinz umfasste den Mann, der plötzlich zusammenzuklappen drohte, im Reflex und zog ihn in den Flur. Eine zweite und dritte Tür innerhalb des Wohnbereiches wurden aufgerissen, und schließlich waren Heinz Grummenohl und Nestor Burma von fünf jungen Menschen umringt, die mehr oder weniger hysterisch reagierten, durcheinander riefen, schwatzten und schluchzten.

»Ruhe! Bitte, meine Herrschaften«, rief Burma schließlich, »beruhigen Sie sich doch!«

Man führte die Fahnder in ein großes Wohnzimmer, das aller Wahrscheinlichkeit nach als Gemeinschaftsraum diente. Sie nahmen auf den angebotenen Sitzgelegenheiten Platz.

Burma berichtete in knappen Worten das Wesentlichste.

Betretenes Schweigen trat ein. Dann erzählte man zögernd von dem Mädchen, das in der studentischen Wohngemeinschaft offenbar sehr beliebt gewesen war. Sie wurde als offene Person geschildert, mit Sinn für Humor, hilfsbereit und extrem praktisch veranlagt, wenngleich sie im Studium selbst einiges an Unterstützung brauchte. Mit den Eltern, die in Düren in der Voreifel als relativ arme Bauern einen kleinen Hof unterhielten und sich fast verrückt sorgten um die einzige Tochter, hatte die junge Studentin engen Kontakt gehabt und täglich mit ihnen telefoniert.

»Spätestens morgen früh müssen die Eltern informiert werden. Die Armen müssen sich dann auf den Weg machen, um die Leiche zu identifizieren«, flüsterte Grummenohl Burma ins Ohr, der stöhnend »Oh mein Gott!« von sich gab.

Burma befragte die Studenten, ob sie Näheres über eine Beziehung oder Bekanntschaft der Toten wussten, oder ob ihr Verhalten sich vor ihrem Verschwinden verändert habe. Die

Fragen ergaben nichts Verwertbares. Eine rundliche Blondine namens Gabi sagte aus, dass Helga ihr fast alles erzählte, was sie betraf, und sie ihr eine neue Bekanntschaft oder dergleichen sofort mitgeteilt hätte.

Die Kriminalbeamten ließen sich das Zimmer Helgas zeigen. Es war unverschlossen, wie im Übrigen alle Zimmer in der Wohnung. Man vertraute sich und Burma fand das sympathisch, wenn auch nicht sonderlich klug.

Das Zimmer war nach der Vermissten-Aufnahme bereits von den zuständigen Beamten vor fast einem Monat ohne Ergebnis untersucht worden, aber Burma war in solchen Beziehungen misstrauisch und verließ sich lieber auf seine eigene Nase und auf die seines Kollegen Heinz.

Sie betraten ein muffig riechendes, ziemlich großes Zimmer, eingerichtet mit skandinavischen Billigmöbeln. Eine Ansammlung diverser Stofftiere und vieler bunten Kissen, die überall herum lagen, verrieten das Zimmer einer Frau, die noch ein wenig Mädchen war. Burma überkam bei dem Anblick eine traurige Wut, und die ihn selten überkommende Erkenntnis, dass er einem Scheißjob nachging.

»Interessant«, kam es vom Leiter der SpuSi: »Sandalwood! Sieh mal!« Heinz zeigte auf eine Parfümflasche mit goldflüssigem Inhalt. Sie stand inmitten anderer Parfüms, allesamt Kopien und Cremedöschen aus Billigläden oder von Discountern. Heinz zog seine weißen Baumwollhandschuhe an und öffnete vorsichtig die Flasche, als gälte es, einen sündhaft teuren Wein zu entkorken.

»Riech mal, Alter!«

Burma hängte seine Adlernase über das Fläschchen.

»Wahnsinn! Wie aus einer anderen Welt, die vor Zeiten aufgehört hat, zu existieren!«

»An dir ist tatsächlich ein Dichter verloren gegangen! Aber du hast Recht! Dieses Wässerchen stammt noch aus einer Zeit der individuellen Gerüche. Es ist der reine Wahnsinn. Heute stinkt alles gleich ekelhaft. Ich spreche immer von einem Kasernenduft! Nimm ruhig noch mal ein Näschen, Alter!«

Burma schnüffelte und schloss genießerisch die Augen.

»Also«, begann der Leiter der Spurensicherung, »erstens: dieses Parfüm gibt es seit zig Jahren nicht mehr auf dem Markt. Zwotens war es schon damals ziemlich teuer – und eine Studentin aus einem armen Bauernhaus am Vorgebirge dürfte von der Existenz eines derart exquisiten Parfüms nicht den geringsten Schimmer gehabt haben, geschweige denn es bezahlen können. Vielleicht gibt es aber einen Importeur, der die Restbestände verkauft. Müssen wir rauskriegen, Burma! Drittens: Es ist ein Herren-Parfüm!«

»Oha! Heinz, du bist und bleibst einfach genial!«

»Sag ich doch! Das Parfüm wurde im Übrigen in New York hergestellt!«

»Sehr seltsam. Und was schließen wir beide daraus?«

»Was wohl! Geschenk eines feinen Herrn an ein Mädchen!«

»Genau! Unser Irrer hat seinen dritten Fehler gemacht, mein Freund!«

*

Gegen zwanzig Uhr betrat Burma müde und ausgelaugt sein Zuhause in der Alteburger Straße. Sein eh etwas melancholischer Charakter ließ ihn in eine düstere Stimmung fallen, die drohte, in einen unberechenbaren Wutanfall auszulaufen. Er rief sich zur inneren Ordnung, als er in die wohlig warme Wohnung trat, die angenehm nach Meerwasser duftete. Seetangsuppe und Sushi – genau das brauchte er jetzt, wie auch das liebevolle Wesen einer wunderbaren kleinen Frau, die sofort seinen Zustand erriet und ihm fürsorglich, ohne etwas zu sagen, aus dem Mantel half und sich anschließend in seine langen Arme schmiegte. Das Leben könnte so schön sein, dachte Burma und drückte seine kleine Frau dankbar an sich.

Nach dem gemeinsamen Abendessen, das in ungewohnter Stille vonstatten ging, sagte Burma schließlich zu seiner Frau:

»Lydia, ich schmeiß mich aufs Rad und dreh mal eine Runde! Ich muss meinen Kopf auslüften.«

Sie nickte lächelnd und entgegnete ihm:

»Tu das, mein Lieber. Es regnet zwar momentan nicht, aber zieh dich trotzdem vernünftig an.«

Wenig später sah man einen älteren Herrn auf einem Rennrad zur vorgerückten Stunde ohne Licht einsam durchs Dunkel rasen. Er fuhr die Alteburger Straße runter nach Marienburg, seinem gewohnten Ziel, um sich endlich zu entspannen.

Es war eine liebe Gewohnheit von ihm, an den Villen entlangzufahren, ihre architektonischen Eigenheiten in sich aufzunehmen und die Ruhe zu genießen, die Villenvierteln eigen ist. Selten fuhr ein Auto vorbei, und so war es ihm völlig egal, dass die korrodierte Lichtanlage an dem alten Renner nicht mehr funktionierte.

Langsam verließen ihn die Bilder von den toten Mädchen, die keine Chance hatten, einmal richtige Frauen zu werden, Kinder im Leib wachsen zu spüren, Liebe zu empfangen und Liebe zu verschenken, eventuell auch, wie er und seine Lydia, zusammen mit einem Partner alt zu werden. Langsam verließ ihn auch das Gefühl nagender Ohnmacht, die ihn angesichts der Komplexität des Falles zum Schluss noch überkam.

Er fuhr an einer beleuchteten Bauhausvilla vorbei, die ihn jedes Mal faszinierte und bei der er sich oft fragte, ob der »geniale« Architekt den Farbanstrich geplant hatte, oder ob er in späteren Zeiten angebracht worden war. Die ochsenblutrote Farbe war eine bevorzugte Farbe für »bessere« Häuser im Mittelalter und passte im Grunde so gar nicht in die jetzige Zeit. Dieses Bauwerk vereinte Merkmale zweier unterschiedlicher Epochen, die für ihn eine perfekte Synthese eingingen. Burma war jedes Mal beeindruckt von dem Mut, der so etwas zustande brachte. Er saß von seinem Renner ab, blieb stehen und ließ das Bild auf sich wirken. Im Haus war noch Licht gewesen, das gerade in diesem Augen-blick erlosch.

Im nächsten Leben werde ich Architekt, dachte der Kommissar.

Ein Pärchen kam aus dem Gebäude und ging, sich an der Hand haltend, durchs Tor. Trotz der Dunkelheit erkannte Burma den Mann und rief überrascht:

»Herr Görtz! Das gibt's doch gar nicht!«

»Herr Kommissar – schön, Sie zu sehen, Herr Rüttgersbusch!«

Die zwei begrüßten sich wie alte Freunde, und Fabian stellte Bernadette vor. Der Kriminalhauptkommissar war höchst erstaunt über diese plötzliche Entwicklung – hatte aber spontan ein unerklärlich gutes Gefühl bei den beiden. Sie unterhielten sich über die rasante Entwicklung im Leben Fabians.

»Und Ihnen gehört dieses außergewöhnliche Haus? Respekt, Frau … äh, Wörnster?«

»Börnster … aber ich hoffe, nicht mehr lang!«

»Oh«, sagte Burma, der glaubte, verstanden zu haben, und wandte sich an Fabian: »Herr Görtz, wie kann ich Sie erreichen? Ich hätte da eventuell noch Fragen an Sie!«

»Über die Agentur. Ich arbeite hier bei Frau Börnster. Handy hab ich jetzt auch – seit heute!«

Fabian reichte Burma eine Karte der l.a.m.p. und schrieb zusätzlich noch seine Handynummer darauf.

»Was für ein Zufall, Sie hier zu treffen, Herr Görtz! Könnten Sie morgen – sagen wir: gegen zehn Uhr bei mir vorbei schauen?«

»Langsam glaube ich nicht mehr an Zufälle, Herr Rüttgersbusch! Ich komme morgen früh vorbei!«

Burma verabschiedete sich von den beiden, schwang sich aufs Rad und rief nach zwei Metern, die er gefahren war, über die Schulter: »Dann bis morgen, Herr Görtz! Und bleibt mir anständig, ihr zwei!«

Den albernen Spruch konnte er sich nicht verkneifen und verschwand grinsend auf seinem alten Rennrad in die Dunkelheit Kölns.

*

Ein groß gewachsener Mann lag wach im ungemütlichen Bett eines schäbigen Hotels und grübelte vor sich hin. Nach vier Stunden todesähnlichen Schlafes wurde er durch eindeutige

Geräusche aus dem Nachbarzimmer wach und konnte nicht mehr einschlafen. Er stand auf, holte sich Zigaretten aus der Manteltasche und ein Fläschchen Jim Beam aus der Minibar.

Bis jetzt ist alles reibungslos verlaufen, stellte er fest. Allmählich aber kroch eine merkwürdige Unzufriedenheit durch seine Knochen in ihm hoch und verdrängte das selbstgefällige Grinsen aus seinem Gesicht. Sein Herz schlug erneut heftig und unregelmäßig. Dann folgte eine kurze Panikattacke.

Nicht jetzt … Ich bin noch nicht so weit!

Er schmiss sich wieder aufs Bett. Schließlich fiel er in einen unruhigen Schlaf und träumte abwechselnd von vergoldeten Handschellen, die sich langsam und sanft um seine Handgelenke schlossen – und von sich selbst als aufgeschnittener Leiche auf dem Seziertisch einer Pathologie, um ihn herum eine große Versammlung von Priestern in Festgewändern verschiedenster Konfessionen, die sich alle bogen vor Lachen und sich dabei auf die Schenkel klopften. Schließlich träumte er von seinem »Meister«, dem »Großteufel«, auf dessen Schoß er saß und er, Klein-Michael mit den goldenen Locken, so klein wie eine Mädchen-Puppe und auch so gekleidet – wurde von seinem Vater, dem »Engel des Lichts« in einem fort mit blutroten Pralinen verwöhnt und liebevoll am ganzen Körper gestreichelt.

Mittwoch

Klatschnass geschwitzt wurde Michael Börnster gegen neun Uhr wach und versuchte verwirrt, die Albträume wegzuwischen, die ihm präsent waren wie Kinofilme. Sogar an Details konnte er sich genau erinnern. Für ihn, der sich damit rühmte, nie zu träumen, war diese neue Erfahrung zutiefst irritierend. Er konnte sich nicht erinnern, wann er Ähnliches schon einmal erlebt hatte. Es war ihm völlig fremd und verstörend. Der Serienkiller torkelte unter die Dusche und ließ das Wasser ausgiebig auf sich niederprasseln, als könne er damit die Bilder der Nacht abwaschen.

*

Der Mittwoch versprach viel Arbeit, und Nestor Burma war frühzeitig in seinem Büro erschienen. Für neun Uhr war die Besprechung angesetzt. Er hatte noch eine Stunde Zeit. Elvira war bereits in seinem Büro und recherchierte fleißig. Er stopfte sich die neue Pfeife mit dem teuren Tabak und sah seelenruhig seine Post durch, die er seit Tagen ignoriert hatte. Gleich zwei Fortbildungsmaßnahmen inklusive Anmeldebögen schmiss er sofort in den Papierkorb, als Heinz Grummenohl ihn anrief:

»Burma, mein altes Schlachtross: Neues von der Front! Ich habe in der Nacht mit dem Unternehmen Elizabeth Arden in New York telefoniert!«

»Im Ernst? Mitten in der Nacht?«

»Mensch, Burma, hast du schon mal was von Zeitverschiebung gehört?«

»Oh, 'tschuldige! Ich glaub, ich bin noch nicht ganz auf dem Damm … Und – haste was rausbekommen?«

»Die Produktion ist irgendwann eingestellt worden. Die Restbestände sind an diverse Händler verkauft worden, die interne Verbindungen nutzen. Ein unglaubliches Chaos bei den Amerikanern, sag ich dir! Das bringt uns leider nicht weiter! Daraufhin habe ich einen Kollegen vom FBI angerufen – einen alten Kumpel, mit dem ich vor zwei Jahren schon mal was zu tun hatte. Ein starker Typ, sag ich dir! Als der hörte, dass es sich um einen Serientäter handelt, der junge Frauen meuchelt, hat er sofort seine Mitarbeit zugesagt. Also können wir nur hoffen!«

»Hoffnung ist unser täglich Brot! Ich danke dir jedenfalls. Wir sehen uns um neun!«

»Geht nicht – ich muss jetzt los! Bin zu einem Tatort abkommandiert! Die übliche Messerstecherei in Kalk!«

»Dann bis später, Heinz!«

*

»Reichst du mir mal bitte den Fadenzähler rüber, Silvia … äh, Bernadette?«

»Das wird dir wohl noch des Öfteren passieren«, sagte sie – verständnisvoll lächelnd, aber innerlich gekränkt, und reichte ihm die kleine Lupe. Fabian entschuldigte sich errötend. Es war ihm mehrfach passiert, und jedes Mal furchtbar peinlich.

»Weißt du, Bernadette, wenn man so lange Zeit mit einem Menschen und seinem Namen lebt …«

»Das hast du aber gekonnt formuliert! Aber ich mach dir ja keinen Vorwurf … und mach dir bitte selbst auch keinen! Ich geh mal in Büro 1 – ähem, Geister vertreiben.«

Bernadette ging mit gemischten Gefühlen durch den langen Flur. Am liebsten würde sie das »Aufräumen« des bisherigen Chefbüros, in dem Michael residiert hatte, hinauszögern. Sie war aber eine Person, die nichts auf die lange Bank schob, alles sofort erledigte. So überwand sie sich schließlich und sah sich in dem durchdesignten Raum um. Sie wusste erst mal nicht, wo sie anfangen sollte.

Was geht in seinem Kopf vor, dass er bis auf seinen Labisse und den Goldfüller alles so mir nichts dir nichts zurücklässt? Michael

Börnster, der ausgesprochene Materialist, lässt plötzlich Dinge zurück, die zu besitzen ihm so wichtig war? Er hat uns immer etwas vorgespielt. Vielleicht wusste er nicht einmal selbst, dass er Rollen spielte. Vielleicht wurde er gespielt … aber von wem oder was? Irgendwo in meiner untersten Gefühlskammer entwickelt sich etwas wie Mitleid mit ihm. Seltsam.

Bernadette ging an das Bücherregal, strich gedankenverloren über die Bücher und sah sich die Titel an: Wertvolle Kunstbände, Fachliteratur, seltene Künstlerbücher in limitierter Auflage und signierte literarische Erstausgaben. Dann ließ sie ihren Blick über die Einrichtung wandern. Alles von Spitzendesignern entworfen und von den fähigsten Handwerkern gebaut.

Zwei große Skulpturen, eine von Wolf Vostell, die andere von Heinrich Brummack, standen beziehungslos im Raum. Eine Fotosequenz des Amerikaners Duane Michals mit dem bezeichnenden Titel »Die Geister kommen, die Geister gehen« füllte die gesamte linke Wand aus.

Allein diese Sequenz hatte ein Vermögen gekostet, aber nichts von dem, was Bernadette sah, interessierte sie. Alles brachte sie in Verbindung mit einem Mann, der sie zu lange unbemerkt gequält hatte. Nichts sollte mehr an ihn erinnern! Schließlich fasste sie einen Entschluss, ging zur Sprechanlage und drückte den Knopf, der alle Räume beschallte.

»Bitte alle sofort in Büro 1 kommen!«

Als die Belegschaft versammelt war, sagte Bernadette:

»Herrschaften, mein Mann – ich darf sagen, *bald ehemaliger* Mann hat seine Tätigkeit für diese Agentur komplett eingestellt, wie ihr alle wisst. Er hat sein Büro mit allem, was ihr hier seht, mir zur freien Verfügung zurückgelassen. Ich persönlich will von alledem nichts – aber auch gar nichts! Nicht einmal die Möbel. Bitte bedient euch, aber schlagt euch nicht!«

Dann verließ sie das Büro und ging zu Fabian, um die Abnahme eines wichtigen Auftrags abzuschließen. Nach einer Stunde klopfte es. Die futuristische Adelheid stand nach dem »Herein« verlegen in der Tür und druckste vor sich hin.

»Was gibt's denn, Adelheid?« fragte Bernadette.

»Keiner will etwas aus Büro 1 – auch ich nicht. Es ist alles sehr merkwürdig. Verzeih, Bernadette, aber – alles riecht irgendwie nach …«

»Sprich dich aus, was ist denn los?«

»*Tod* … sagen einige, andere fabulieren von Bösem oder von Bedrohlichem, von negativer Energie und so!«

Bernadette konnte nicht glauben, was sie da hörte. *Drehten* jetzt alle am esoterischen Rad? Aber empfand sie nicht ähnlich, und auch bedenklich intensiv?

Fabian betrat das Büro und betrachtete Bernadette besorgt.

»Ist was, Liebling?«, fragte er.

»Nichts – oder doch … Ich weiß nicht! Komm mal mit!«

Bernadette ließ die futuristische Adelheid stehen und ging mit Fabian in Büro 1.

Ein Unwetter ging nieder, begleitet von prasselndem Regen und einsetzender Dunkelheit und tauchte das Zimmer in eine unwirklich düstere Atmosphäre. Bernadette machte Licht.

»Man spürt hier förmlich die negative Spannung – böse Schwingungen«, sagte Fabian fast flüsternd. »Lass uns hier rausgehen!«

»Mir geht es ähnlich, obwohl …« Sie beendete den Satz nicht und schloss das Büro ab. Die zwei setzten die angefangene Arbeit nicht fort. Sie wollten nur noch eins: gegenseitigen Austausch.

Bernadette ordnete an, bis auf Weiteres nicht mehr gestört zu werden und stellte das Telefon auf die Zentrale um. Die zwei Verliebten machten es sich gemütlich und redeten, als hätten sie seit Jahren nicht mehr richtig mit einem anderen Menschen über sich gesprochen. Und im gewissen Sinne entsprach dies auch der Wahrheit.

*

Punkt neun Uhr war die Sonderkommission Siebengebirgsallee bis auf Heinz Grummenohl komplett angetreten. Der ebenfalls anwesende Staatsanwalt rief wie üblich zur Eile und schwafelte etwas vom »ungemeinen Druck von oben«, der auf ihn ausgeübt werde und der Presse, die ihn »kolossal« attackiere. Keiner hörte Futzek zu und man gähnte auf Kommando im Kollektiv.

Der ewig schlecht gelaunte, bleichgesichtige Waffenmeister Arnfried Belzer brachte eine Waffe für Elvira vorbei – eine funkelnagelneue Walther P88, inklusive ledernem Schulterholster, zwei Ersatzmagazinen und einem kleinen Karton mit fünfzig 9mm-Patronen.

Elvira musste nach den üblichen Ermahnungen und kurzer Einweisung den Empfang quittieren und wog die Waffe in der Hand. Sie zog den leeren Schlitten aus der gesicherten Waffe und schob ihn wieder zurück. Das Geräusch faszinierte sie. Waffen hatten Elvira immer schon magisch angezogen, gleichzeitig hatte sie sich jedes Mal über das Aufkommen eines »fremden« Gefühls in ihr erschreckt, das so gar nicht zu ihrem Charakter passen wollte. Von ihrer pazifistischen Einstellung her müsste sie Waffen im Grunde vollkommen ablehnen.

»Wo ist eigentlich *dein* schrottreifer Schießprügel, Burma?«, fragte Schlemmermayer. Burma klatschte mit seiner Rechten gegen die Hüfte auf ein vom Jackenaufschlag verdecktes Lederholster und sagte: »Hier, du Witzbold, ich kann dir ja mal aufm Schießstand zeigen, was schrottreif ist.«

Der Ballistiker und Waffenmeister konnte über Burmas Humor nicht lachen und verlangte knurrend, die Waffe zu sehen. Nestor Burma schlug seine Jacke zurück und entnahm der arg lädierten Ledertasche eine P38 aus dem II. Weltkrieg – die Ordonnanz-Waffe seines Vaters. Eines Vaters, an den Burma keine Erinnerung hatte, weil dieser an den Folgen des Krieges zu früh verstorben war.

Der mürrisch dreinschauende Ballistiker nahm sie in Empfang, entschuldigte sich förmlich und verschwand mit der Pistole. Burma wollte schon losbrüllen, da legte sein Chef ihm die Hand auf die Schulter und sagte: »Es muss sein – beruhige dich! Wir können keinen ins Feld schicken mit altem Schrott!«

»Du redest schon wie ein Militärstratege!«

»Wir befinden uns nun mal im Krieg, Alter«, sagte der Chef der Mordkommission nachdenklich. »Im Krieg gegen das Verbrechen, den wir im Großen und Ganzen bereits verloren haben.«

»Langsam wirst du mir unheimlich, du alte Unke«, sagte Burma mit gesenkter Stimme. Er machte sich allmählich Sorgen um seinen langjährigen Freund.

»Ich glaub, wir müssen in der nächsten Zeit mal ernsthaft miteinander reden!«, brummte er.

*

Der groß gewachsene Mann mit leichtem Übergewicht betrat, in einen eleganten Staubmantel gekleidet, eines der nur noch wenigen Hutgeschäfte der Stadt. Er probierte verschiedene Hüte auf und entschied sich für einen nussbraunen Traveller-Stetson. Anschließend suchte er einen Drogeriemarkt auf und kaufte Haarfärbemittel. Die Perücke, die er zwischenzeitlich trug, nervte ihn, und er musste an seinem Äußeren eine Veränderung vornehmen, wollte er dem Risiko, durch einen dummen Zufall erkannt zu werden, aus dem Weg gehen.

Der letzte, der ihn als Michael Börnster zu sehen bekam, war sein Hausarzt, ein Internist, der ausschließlich betuchte Privatpatienten versorgte und aktives Mitglied einer obskuren Satanisten-Sekte war. Börnster hatte kurz Kontakt mit den Satansanhängern gehabt und unter ihnen den »berühmten« Mode-Arzt kennen gelernt. Die Vereinigung selbst war ihm, Michael Börnster, aber zu beschränkt gewesen, zu pseudoelitär und zu vereinsmeierisch. Er lehnte den ganzen Hokuspokus und Klimbim, der da betrieben wurde, ab mit der Begründung, er hätte dann auch gleich in der katholischen Kirche bleiben können.

Der Arzt, der ein großes Team von Laboranten und Ärzten hatte, empfing ihn mit ausgesuchter Höflichkeit und untersuchte ihn mit seinen Spezialisten gründlich über fünf

Stunden lang. Blut und Urin wurde ihm entnommen und im eigenen Labor untersucht. Er wurde mehrfach geröntgt, seine Innereien dem Ultraschall unterzogen und Ähnliches mehr.

Das Ergebnis war für Börnster niederschmetternd: Verdacht auf Lungenkarzinom im fortgeschrittenen Stadium, stark erhöhte Leberwerte und ein schwer lädiertes Herz, an dessen Vernarbungen gleich drei »stille Infarkte« im Vorfeld ausgemacht wurden.

»Lieber Herr Börnster, Sie müssen sich zu einem Lungenspezialisten begeben. Noch wichtiger ist der sofortige Besuch in einer Herzklinik. Ich schreibe Ihnen Einweisungen an mir bekannte Spezialisten in den besten Privatkliniken Europas. Ich werde die Spezialisten persönlich heute noch anrufen oder ihnen mailen. Selbst wenn transplantiert werden sollte, ist das kein Problem. Für uns Eingeweihte gibt es keine Wartelisten, vorausgesetzt, das Geld stimmt…«

Der Arzt versuchte ihn zu beruhigen, grinste dabei selbstgefällig und steckte sich seelenruhig eine Zigarette an, ohne seinem Patienten eine anzubieten. Der bediente sich aus seinem eigenen Vorrat und paffte mit dem Arzt um die Wette.

»Meine Anweisungen an Sie sind: Sofort Rauchen einstellen, kein Alkohol mehr – und: vermeiden Sie jede Aufregung, sonst gebe ich Ihnen, mit Verlaub, keine zwei Monate mehr!«

Der Arzt zog genüsslich an seiner Kippe und blies sie provozierend in Richtung des schockierten Patienten, dem plötzlich die Zigarette nicht mehr schmeckte.

»Ich muss mir das erst mal überlegen«, flüsterte Michael Börnster, dem plötzlich sehr heiß wurde.

»Das liegt natürlich ganz bei Ihnen, Herr Börnster … Ich habe Sie jedenfalls gewarnt!«

Michael Börnster bekam eine leichte Panik und wollte nur ganz schnell raus aus der schmucken Ärztevilla und sich in Ruhe die nächsten Schritte überlegen.

Als erstes sollte er sich in eine andere Person verwandeln! Es gab Wichtigeres als ein kaputtes Herz, sagte er sich, genoss wie ein bockiges Kind seine Zigarette in vollen Zügen und begab sich nach dem Verlassen der Praxis unverzüglich zum Auto.

Im Hotel angekommen, ging er sofort auf sein schäbiges Zimmer und zog sich aus. Er betrachtete sich noch einmal im Spiegel, als wolle er Abschied von Michael Börnster nehmen.

Die beabsichtigte Verwandlung kostete ihn einiges an Überwindung, denn so wie er war, liebte er sich geradezu. Schließlich nahm er entschlossen die Haarfärbung vor. Danach sah er wiederum in den Spiegel und erschrak. Ein fremder Mann glotzte ihn da an und erinnerte ihn sofort an Indiana Jones – unrasiert und mit dunkelbraunem Haar. Schließlich musste er lachen, versöhnt mit seiner Metamorphose.

Der verwandelte Mann besaß zudem einen starken Bartwuchs und konnte so damit rechnen, dass ihn in einigen Tagen »keine Sau« mehr als Michael Börnster erkannte. Er stopfte seine lästige Perücke in die Plastiktüte vom Drogeriemarkt und verließ das Hotel in bester Laune, seinen Gesundheitszustand völlig ignorierend.

*

Die Sonderkommission beriet sich mit den üblichen Unterbrechungen seit fast zwei Stunden. Zwischendurch fiel Burma ein Versäumnis ein, und er ließ sich mit der Kripo Düren verbinden. Die wurde mit dem grausigen Auftrag betraut, die Eltern der vermissten Helga Klopp aufzusuchen und ihnen mitzuteilen, dass die Leiche ihrer Tochter aufgefunden wurde. Zumindest einer der beiden Elternteile sollte zur Identifizierung unverzüglich die Reise nach Köln antreten.

Die Fahndungsfotos der vermissten Frauen am rechten Rand der Wandtafel waren mittlerweile mit daneben geschriebenen Namen, Herkunft und weiteren Daten versehen, und man konzentrierte sich auf die Vermissten und das, was Burma sagte:

»Elvira hat die Unterlagen zu den vermissten Frauen neben der Tafel auf das Tischchen gelegt, wo sie einsehbar sind.

Vorerst haben wir unter den Vermissten gesiebt. Drogenabhängige und Ehefrauen haben wir ausgesondert.«

»Warum?«, fragte die Gerichtsmedizinerin leicht pikiert.

»Nach unseren Erfahrungen driften Drogenabhängige oftmals ab in die Szene von ebenfalls Süchtigen, in die Prostitution – also Beschaffungskriminalität. Ich vermute, dass dies kaum das Feld unseres Serienmörders sein dürfte.«

»Das glaub ich auch«, sagte der Professor. »Eine Drogenabhängige zu quälen und zu morden, das ergibt kaum den Kick, den unser Mann sucht. Ich stelle mir vor … hm, dass er sich Opfer sucht, die in ihrer Art makellos sind. Indem er sie zusätzlich anmalt, erweist er ihnen – wie soll ich es ausdrücken – in seiner abnormen Denkart eine Art zusätzliche Ehre, wie … wie bei einer aufwändigen Geschenkverpackung! Vielleicht will er jemand Unbekanntem die so ›verpackten‹ Opfer als Geschenk …«

Der Professor bedeckte sein Gesicht mit den Händen, um sie sofort wieder herunterzunehmen. Er gab ein »Oh, Mann!« von sich. Burma war verdutzt und fragte leise: »Herr Professor?«

»Entschuldigen Sie, Burma! Ich hab unbewusst etwas ungeordnet daher gebrabbelt. Na, man soll ja nichts ausschließen, auch solche Fantastereien nicht … Ich muss das erst mal systematisch durchdenken. Aber ich habe Sie unterbrochen, Herr Kommissar!«

Der Professor machte sich eilig ein paar Notizen und Burma referierte weiter:

»Was die Ehefrauen betrifft, die vor ihren Männern abhauen – die dürften ebenfalls für unseren feinen Killer reizlos sein. Sie sind ja, äh, schon Opfer; nicht mehr jungfräulich quasi; somit denke ich, sie dürften auch uninteressant für einen Serienmörder dieser pervers-hyperästhetischen Ausrichtung sein!«

Da er nur magere Begründungen für sein intuitives Tasten betreffs Auswahl der Vermissten vorbringen konnte, kam er mächtig ins Schwitzen.

»Ich seh' genauso«, kam ihm Elvira Schmitz eifrig zu Hilfe. Auf einen Wink Burmas ging sie mutig an die Tafel und resümierte:

»Wir haben hier drei weibliche Personen, die als Opfer identifiziert sind. Silvia Görtz, Tanja Rosenstock aus Düsseldorf und Helga Klopp, die Wasserleiche. Die sechs anderen Fotos zeigen vermisste Frauen im groß geschlagenen Kreis um Köln, Düsseldorf und Bonn. Wir haben bewusst die Liste der Gesuchten auf ein Jahr begrenzt, um das Ganze … um unsere Fahndung nicht noch konfuser werden zu lassen!«

Elvira war sehr aufgeregt und ihr Puls raste. Es war ihre spontane Feuertaufe und ihr wurde bewusst, dass sie, die ansonsten immer gehemmt war in der freien Rede, jetzt vor einem Publikum referierte. Sie zeigte auf ein weiteres Foto und berichtete klopfenden Herzens weiter:

«Das hier ist Thea Longerich, dreißig Jahre alt, 1,65 groß, Drogerie-Fachverkäuferin, rotes, kurzgeschnittes Haar, mollig, aus Brühl, wurde von ihren Eltern vor drei Monaten als vermisst gemeldet. Es folgt Elisa Strubel aus Bergisch Gladbach, Fachdozentin eines Schulungszentrum für die mittelständische Industrie, sechsundzwanzig Jahre alt, 1,70 Meter groß, zart, wenn nicht gar zu schlank, und hellbraun gelockt, extrem kurzsichtig, vor acht Monaten von ihrem Bruder als vermisst gemeldet. Dann haben wir Barbara Bernstein, dreiundzwanzig Jahre alt, aus Königswinter, 1,76 Meter groß, sportlich gebaut, langes schwarzes Haar. Elternlos, vor drei Wochen vom Personalchef des Konzerns, wo sie als Werbeassistentin arbeitete, als vermisst gemeldet.«

Elvira nahm dankend ein Glas Wasser in Empfang, das Burma ihr reichte, schluckte mehrmals und fuhr fort:

»Eine Woche lang ist sie nicht auf ihrer Arbeitsstelle erschienen, dabei galt sie als absolut zuverlässig. Also seit vier Wochen vermisst. Zum Schluss …«

»Einen Augenblick«, rief der Staatsanwalt dazwischen. »Frau Bernstein können Sie von der Tafel nehmen. Der Verfassungsschutz hat den Fall übernommen!«

»Wie bitte?«, schnarrte Burma aufgeschreckt und ungewohnt aggressiv.

»Wie ich es sage, der Verfassungsschutz. Ich habe eben erst eine Mitteilung vom Oberstaatsanwalt bekommen.«

Dr. Futzek setzte eine wichtige Miene auf.

»Wir dürfen denen nicht ins Handwerk pfuschen! Im Fall Bernstein liegt auch eine Vermisstenanzeige von den Synagogengemeinden Bonn und Köln vor. Die sind sehr aufgeregt und man vermutet eine Tat aus dem rechtsradikalen Spektrum, das in letzter Zeit in den Städten recht aktiv ist, oder aus dem Bereich alter Seilschaften, die noch bestehen und in der BRD als unbescholtene Bürger zum Teil hohes Ansehen genießen!«

Der Staatsanwalt machte zur Bekräftigung eine bedeutungsschwere Kunstpause und sah einem nach dem anderen drohend in die Augen.

»Sehr sensible Angelegenheit! Frau Bernstein war trotz ihrer jungen Jahre im Synagogenvorstand und recherchierte inoffiziell in ihrer Freizeit für Simon Wiesenthal in Wien. Wie Sie wissen, war Wiesenthal der Kopf des Dokumentationszentrums des Bundes Jüdischer Verfolgter des Naziregimes und Barbara Bernstein gehörte zu den ›informellen Mitarbeitern‹, zuständig für Recherchen im Raum Köln/Bonn. Die Synagogen Bonn und Köln mutmaßen natürlich, dass Frau Bernstein auf einer heißen Spur war.«

»In der Tat ein ganz heißes Eisen«, meinte Schlemmermayer. »Da lassen wir die Finger von!« murmelte er.

»Nein, nichts da – die Vermisste bleibt in unserem Sichtfeld«, rief Burma entschieden. »Das Foto bleibt da hängen! Punkt, aus! Ja, wo sind wir denn!«

Seltsamerweise wagte niemand, ihm zu widersprechen.

»Also weiter, Elvira!«, rief er.

Elvira Schmitz war etwas irritiert, fing sich aber schnell und berichtete weiter.

»Dann haben wir noch Nadja Gödde aus Dormagen, siebzehn Jahre, 1,70 Meter groß. Sie befand sich in der Ausbildung zur Apothekerin, machte nebenher New Wave-Musik, spielte Schlagzeug. Haare rosa gefärbt, vermisst seit sieben Monaten. Die Vermisstenmeldung kam von ihrer Mutter. Vater ist hohes Tier in der Landesregierung.«

»Also auch hochsensibel«, jammerte der Staatsanwalt. »Bitte geht umsichtig vor! Und nichts an die Presse – bitte!«

Elvira holte kurz Luft und redete weiter:

»Das nächste Foto zeigt die Chemiefachwerkerin Gerti Mann, neunzehn Jahre, aus Troisdorf, und als letzte haben wir hier die Bonner Krankenschwester Barbara Bornemann, achtundzwanzig Jahre. Weitere Daten stehen ja daneben, da kann ich mir das Reden ersparen, und Näheres steht in den Unterlagen hier auf dem Tisch! Wir haben es also mit sechs akut Vermissten zu tun, für die es nicht den geringsten Grund gab, sang- und klanglos zu verschwinden! Die sozialen Umfelder sind von der Vermisstenbehörde geprüft worden, und allen ist attestiert worden, dass sie aus einer fast heilen Welt kommen. Die Vermissten müssen laut Aussagen alle wahre Engel gewesen sein.«

Schlemmermayer ergriff das Wort und warf sich gewichtig in Positur: »Interessant ist, nein, äußerst beschissen, dass wir keinen Hinweis auf eine Vorliebe des Täters haben. Die Vermissten inklusive der zwei bereits toten Frauen weisen keine vergleichbaren Wesensmerkmale auf, außer, dass sie junge Frauen und aus dem weiteren Umfeld Kölns stammen!«

Er ging zu einer übergroßen Magnettafel an der gegenüber liegenden Wand, die eine detailgenaue Karte Nordrhein-Westfalens zeigte und postierte ein rotes Magnetsteinchen auf die Mitte der Stadt Köln, weitere, gelbe, auf Düsseldorf, Brühl, Bergisch Gladbach, Troisdorf, Königswinter, Düren, Bonn und Dormagen.

»Wir sehen hier fast einen Kreis um Köln, wenn wir davon ausgehen, dass die vermissten Frauen etwas mit unserem Serienkiller zu tun haben. Und das müssen wir erst mal. Wenn wir uns die unterschiedlichen Wesensmerkmale der Frauen ansehen, so müssen wir davon ausgehen, dass der Täter sich für sehr schlau hält und so glaubt, eine mögliche Verfolgung ausschließen oder zumindest behindern zu können. Er trickst. Aber durchschaubar. Solche Typen werden aber meist Opfer ihrer eigenen Trickserei, die sie in ihrer Eitelkeit für besonders schlau halten.«

»Vorsicht, Herr Schlemmermayer«, kam von dem Professor. »Wir haben es aller Wahrscheinlichkeit nach mit einem extrem kranken Psychopathen zu tun und die folgen, wie ich bereits erwähnte, meist einer anderen Logik, als wir es gewohnt sind – einer individuellen, subjektiven, äh, selbst gestrickten Logik.«

»Wie dem auch sei! Wir müssen vorankommen!« Burma kratzte sich am Kopf und wandte sich an Kant und Thomalla: »Ihr beiden macht euch Kopien von den Vermisstenunterlagen und forscht in der Umgebung der Frauen nach verwertbaren Hinweisen. Vergesst nicht die Arbeitsstellen. Befragt Eltern und Geschwister. Geht jedem Hinweis nach und gebt zwischendurch Bericht, wenn ihr auf Hinweise stoßt. Elvira, vielleicht solltest du die Zeichnung von Schmeddeshogen scannen und am Computer verschiedene Versionen zaubern: Mit verschiedenen Frisuren und Haarfarben, mit Brille und ohne – und mit verschiedenen Bärten! Und Kant, Thomalla, ihr wartet, bis Elvira damit fertig ist, und nehmt euch bitte jede Menge Kopien mit. Man weiß nie!«

*

Bernadette saß am Schreibtisch und überdachte die Erledigungen, die nach dem Weggang Michael Börnsters anfielen. Sie wollte ihre Sachen aus dem Haus in der Palanterstraße holen. Dabei fiel ihr ein, dass es im Grunde nicht viel gab, was ausschließlich ihr gehörte und an dem sie hing. Einiges an Kleidung und persönliche, aber unwichtige Papiere, sonst nichts von Bedeutung. Alles Wichtige und Persönliche hatte sie mehr unbewusst als bewusst in all den Jahren in ihrem Büro untergebracht.

Der Gedanke daran beruhigte sie. Sie brauchte also nie mehr in die Palanterstraße. Da war nur noch das Problem mit Büro 1. Fabian sollte den Raum für sich bekommen, davor musste er aber komplett geräumt werden. Irgendwie albern, aber was sein musste, musste sein! Die schönen Möbel, die wertvollen Kunstbände und seltenen Bücher – egal.

Dort angekommen, öffnete sie zum Lüften die Fenster und sah hinaus. Es regnete ausnahmsweise mal nicht und die gediegene Schönheit der Umgebung nahm sie wie jedes Mal gefangen. Sie liebte die vielen Bäume, die jetzt ihre bunten Blätter auf die Straßen streuten, und die vereinzelt zwischen dem dichten Grün der Gärten versteckten Villen. Sie atmete die frische Luft, die sich in dem Raum ausbreitete, tief ein und setzte sich schließlich an den riesigen Schreibtisch aus poliertem Schiefer. Sie machte sich eine Zigarette an und überlegte. Fabian konnte sie in ihre momentanen Überlegungen nicht einbeziehen, da er sich in der Druckerei in Porz zur Abnahme eines Katalogprojektes befand. Wie schnell er sich eingearbeitet hatte! Aber er brauchte noch etwas Zeit, hier heimisch zu werden.

Da hatte sie eine Idee, griff zum Telefonhörer und rief einen Grafiker an, der früher mal für die l.a.m.p. gearbeitet hatte. Der meldete sich, und Bernadette fragte ihn nach der Adresse einer Organisation, die Künstler betreut. Sie hatte mal davon gehört.

»Du meinst den BBK – bin selbst immer noch Mitglied. Das ist der Berufsverband Bildender Künstler im Stapelhaus unten am Rhein. Wart mal, ich gebe dir die Nummer!«

Bernadette notierte die Telefonnummer, bedankte sich und legte auf. Dann rief sie den BBK an, ein Herr Benning meldete sich.

»Es mag etwas merkwürdig erscheinen, aber ich möchte einem verarmten Künstler, einer Künstlerin oder auch einer Künstlergruppe etwas Gutes tun«, sagte Bernadette. Der Mann am anderen Ende gab keinen Ton von sich.

»Sind Sie noch dran?«, fragte Bernadette.

»Ja doch«, kam es zögerlich zurück. Sie erzählte von der Einrichtung, die sie verschenken wollte – dem Zeichenschrank aus poliertem Stahl, den Büchern, dem riesigen Schreibtisch, den Luxusregalen, Vitrinen, Sesseln, den Palmen und den hochkarätigen Bildern inklusive der sündhaft teuren Rahmen.

Die Verbindung schien unterbrochen worden zu sein.

»Hallo?« fragte Bernadette in die Muschel.

»Oh ja, ich … bin noch dran. Wissen Sie, ich arbeite hier schon über zwanzig Jahre. Mit Verlaub, so was hab ich noch nie gehört, da blieb mir erst mal die Luft weg.«

»Verstehe«, lachte Bernadette. »Die Sachen müssen so schnell wie möglich raus!«

Benning reagierte sofort und versprach, noch am gleichen Tag mit Leuten vorbeizukommen und alles mitzunehmen.

»Ich möchte nur sicher gehen, dass wirklich Bedürftige die Sachen erhalten und möchte mich später auch darüber vergewissern können!«

»Kein Problem, Frau Börnster«, kam es telefonisch aus dem ehemaligen Stapelhaus am Rhein.

Bernadette stützte ihren Kopf auf die übereinander gelegten Handflächen und grübelte über die Veränderungen in ihrem Leben nach, die auf sie einprasselten, ein bisschen wie Geschosse, aber auch angenehm wohltuend wie eine Massage.

Sie griff in die Rollschublade des imposanten Schreibtisches und kramte darin herum. Ein Pornoheft kam ihr in die Finger mit buntgedruckten Hochglanzbildern von indischen Schönheiten, die mit Kindern, die unter Down-Syndrom litten, kleinwüchsigen, grotesk verwachsenen und auch sichtbar geistig Behinderten, alle möglichen Formen perverser Sexualpraktiken ausübten. Bernadette schätzte die Kinder auf acht bis zwölf Jahre. Die gedruckte Hindi-Schrift und das englische *Made in India* ließen keine Zweifel über die Herkunft.

Bernadette war entsetzt. Sie hielt sich für einen modernen, aufgeschlossenen und liberalen Menschen. Doch das hier ließ sie zweifeln. Worüber sie auch schockiert war, das war die absolut professionelle Qualität der Fotografien, des Druckes, der gesamten Aufmachung. Das war also eine Industrie! Was für ein gewaltiges Potenzial an Menschenverachtung steckte hinter so etwas?

Sie schmiss die Hochglanzbroschüre angewidert in den Papierkorb. Ihr Blick fiel hinein, da entdeckte sie einen zerknüllten Zettel darin. Neugierig nahm sie ihn heraus, glättete ihn, las …

Bereits eine Stunde später stand vor der Agentur ein halb verrosteter Ford Transit. Drei fröhliche Männer vom BBK räumten Büro 1 leer – bis auf den letzten Wandnagel.

Das werden wir noch unseren Enkeln erzählen können, sollten wir jemals in den Genuss ebensolcher kommen, dachte Reinhard Benning vergnügt und freute sich auf die Gesichter eines völlig mittellosen Künstlerehepaares mit vier kleinen Kindern, das die persische Heimat hatte verlassen müssen und in einem von der Stadt zur Verfügung gestellten leeren Fabrikräumchen notdürftig untergekommen war. Die Kunstwerke würden sie versteigern und von dem Erlös einiges zum Aufbau einer Existenz tun können.

Fabian kam von der Druckerei zurück, und als er die Räumung sah, packte er mit an. Schließlich war das Büro zu einem leeren kleinen Saal geworden, der beim Sprechen hallte. Bernadette und Fabian standen darin und fühlten sich befreit, lachten und erfreuten sich wie Kinder an dem Hall. Da klatschte Fabian die Hand auf die Stirn und rief: »Scheiße, ich hab den Burma vergessen!«

Fabian griff sofort zum Handy. Er bekam Burma an den Apparat und entschuldigte sich für seine Schusseligkeit, wie er sich ausdrückte. Burma verwies auf die völlig normale Vertrottelung bei Frischverliebten. Beide mussten herzlich lachen und verabredeten sich für in einer halben Stunde im Präsidium.

»Ich muss dir etwas Merkwürdiges zeigen, Fabian«, sagte Bernadette und drückte Fabian einen zerknüllten Zettel in die Hand. »Lies das mal«, sagte sie.

*

Michael Börnster schlenderte die Hohe Straße hinab. Die Herbstsonne brach durch das Grau, vergoldete die Stadt und legte sich warm auf die Gesichtshaut der Menschen. Börnster nahm es nicht wahr. Wirklich wohl fühlte er sich nur in seiner düsteren »Höhle« in Marienburg. Er hatte sich den neuen Hut ins Gesicht gezogen und genoss sein verwegen anmutendes Spiegelbild im Glas der Schaufenster.

Zufällig kam er an einem Friseurladen vorbei und ließ sich trotz leichten Protests der Friseuse die Haare ultrakurz schneiden. Das Ergebnis schockierte ihn selbst. Seit er denken konnte, hatte er das Haar lang getragen. Selbst seine Mutter würde ihn nicht mehr erkennen, mutmaßte er zufrieden. Anschließend setzte er sich in ein Restaurant und aß ein Steak. Dann ging er ohne Ziel über den Neumarkt Richtung Rudolfplatz. Da fiel ihm ein, dass er sich keine Wiederholungen mehr erlauben sollte! Gewohnheiten wie der Kaffee im *La Strada* mussten zukünftig vermieden werden. Also überquerte er den Rudolfplatz, ging in ein Szene-Café in der Millowitsch-Straße und trank da in aller Seelenruhe seinen Kaffee mit Cognac. Dass er schwerkrank sein sollte, hielt er für den übertriebenen Schabernack eines geldgeilen Mediziners. Außerdem war Satan mit ihm im Bunde. Ihm konnte doch im Grunde nichts passieren!

Da fiel ihm siedend heiß der Zettel ein, auf dem er Erfolge und mögliche Fehler aufgelistet hatte.

*

Burma und Fabian begrüßten sich, als hätten sie bereits im Sandkasten miteinander gespielt. Fabian wünschte danach Elvira brav einen guten Morgen, erkannte sie aber nicht. Als er von Burma aufgeklärt wurde, war er sprachlos und musste sie immer wieder ansehen. Schließlich wurde der obligatorische Kaffee gereicht und der genossene Tabak füllte die »Hütte«

mit duftendem Rauch. Die gegen Qualm empfindliche, aber trotzdem rauchende Elvira stellte vorsorglich ein Fenster auf Kippe. Burma wollte endlich mit seinen Fragen an den Besucher beginnen, als Fabian Görtz umständlich einen zerknitterten Zettel aus der Tasche kramte und ihn dem Kommissar erwartungsvoll überreichte.

»Lesen Sie mal, Herr Kommissar!«

Burma nahm den Zettel und las ihn. Er las ihn noch einmal und schließlich ein drittes Mal.

»Das gibt's nicht«, zischte er und brüllte: »Schlemmermayer!«

Die Bürotür wurde aufgerissen. Ein erschreckter Chef, gefolgt von der japsenden Brigitte Berthold, stürzten herein.

»Wo brennt 's?«

»Lies mal«, sagte Burma, riss sich die Jacke vom Körper und warf sie in Richtung Schreibtisch. Ihm war plötzlich zu heiß im Büro. Der Leiter der Mordkommission Süd nahm den Zettel, ließ seinen massigen Körper während des Lesens in einen Besucher-Sessel fallen und stöhnte ungläubig. Auch er las den Zettel mehrmals und rief schließlich: »Das gibt es nicht! Das ist, denk ich mal, der Spickzettel unseres Serienkillers! Wo hast du den her?«

Burma zeigte auf Fabian Görtz.

»Und woher haben Sie den Zettel?«

Bevor Fabian antworten konnte, stieß der Professor zu der Gruppe. Schlemmermayer überreichte ihm wortlos das Blatt. Der Professor las und erbleichte. Mit großen Augen schaute er in die Runde und fragte:

»Bei Gott, wo kommt denn das her?«

»Aus Michael Börnsters Papierkorb in der Agentur«, antwortete Fabian endlich. Alle Augen starrten ihn an.

»Wer ist Michael Börnster?«, fragte der Chef schließlich.

Elvira stieß einen spitzen Schrei aus und rief aufgeregt: »Das ist einer der angekreuzten!«

Sie stürzte zu Burmas Schreibtisch und suchte im Chaos nach Stanescus Katalog mit dem Künstlerverzeichnis.

»Der was?«, krächzte Schlemmermayer mit offenem Mund und großen Kinderaugen, und seine Sekretärin fragte:

»Wer ist gekreuzigt worden?«

»Niemand – beruhigen Sie sich«, entgegnete Burma väterlich.

Elvira fand endlich das Künstlerverzeichnis und schlug die betreffende Seite auf, während Fabian ausführlich alles, was er über Börnster wusste, erzählte.

Der Almanach zeigte das Foto eines zynisch grinsenden jungen Mannes, blendend aussehend und mit langem blondem Haar, das ihm bis über die Schulter reichte; zusätzlich enthielt der Eintrag persönliche Daten, ein umfassendes Aktions- und Ausstellungsverzeichnis. Burma war enttäuscht. Mit »dem Kinderfoto« könne man nichts anfangen, brummte er missmutig, doch zeigte es eine gewisse Ähnlichkeit mit dem Schmeddeshogen-Portrait. Er blätterte die Seiten durch, registrierte die Menge an hochkarätigen Ausstellungen und fragte sich, wieso der Name dieses Künstlers ihm entgangen war in all den Jahren seines Interesses an zeitgenössischer Kunst.

*

Die Panikattacke kam völlig unerwartet. Michael Börnster zerdrückte seine Zigarettenpackung in der Hand und verschüttete den Kaffee. Sein Gesicht wurde kalkweiß und sein krankes Herz schlug laut und unregelmäßig bis zum Hals. Ein Zittern überlief ihn. Er rang nach Luft.

Jetzt bloß nicht schlappmachen, reiß dich zusammen! Beruhig dich! Du bist ein Sohn des wirklichen Gottes und hast dich, verdammt nochmal, immer unter Kontrolle!

»Kann ich Ihnen helfen?«, fragte ein junger Mann, der vom Nebentisch aufgestanden war und zu Börnster geeilt war.

»Hau ab«, zischte der Angesprochene. »Ich brauch niemanden! Mir geht es ausgezeichnet!«

»Na denn – soll mir recht sein«, entgegnete der junge Mann, murmelte unhörbar »du Arsch!« und verdrückte sich.

Börnster legte mit stark zitternden Händen einen Geldschein auf den Tisch und wollte endlich raus an die frische Luft – da überkam ihn eine unerklärliche Angst, das Café zu verlassen. Diese Angst war ihm völlig fremd.

Börnster gewahrte neben sich die rothaarige Bedienung, die ihm mit ernsthaft besorgter Miene ein Glas Wasser hinstellte.

»Kümmern Sie sich nicht um mich«, krächzte er, stürzte aber doch das angebotene Wasser gierig in sich hinein.

Allmählich beruhigte sich der plötzlich alt aussehende Mann, stülpte sich den neuen Hut auf den Kopf und verschwand aus dem Café. Über zwanzig Gäste hatten den Vorfall verfolgt und schauten ihm verwundert hinterher.

Börnster fiel das Rezept ein, das der Arzt ihm gegen die Herzbeschwerden aufgenötigt hatte und steuerte die nächste Apotheke an. Er ließ sich die Medizin aushändigen, bezahlte und verlangte ein Glas Wasser. Die Apothekerin brachte es und unterrichtete Börnster, dass er das Medikament täglich drei Mal in regelmäßigen Abständen einnehmen müsse. Er nahm sofort zwei Tabletten, kippte das Wasser hinterher und verließ grußlos die Apotheke.

»Merkwürdiger Zeitgenosse«, murmelte die Apothekerin hinter dem Mann her, der große Ähnlichkeit mit ihrem Lieblingsschauspieler hatte.

Allmählich wirkten die Pillen und Börnster fühlte sich wieder besser. In dem Maße, wie er sich erholte, steigerte sich sein Befinden zu euphorischer Unternehmungslust. Wenn nur das Pfeifen in seinem Kopf nicht wäre.

*

»Und er hat tatsächlich seiner Frau die Firma überschrieben?«

»Ja das ist momentan in der Mache bei Anwalt plus Notar! Nur die drei Garagen für seine Oldtimer wollte er behalten«, antwortete Fabian auf die Frage des erstaunten Kommissars.

»Sie haben nicht zufällig eine Ahnung, wo Börnster sich aufhalten könnte?«

»Nicht die geringste! Er hat seinen Maserati geschnappt und ist verschwunden.«

Schlemmermayer ließ sich mit der Einsatzleitung verbinden und gab die Großfahndung nach Michael Börnster raus.

Das Haus in der Palanterstraße sollte mal inspiziert werden! Burma rief Bernadette an, ließ sich den Namen und die Beschreibung des Bootes im Rheinauhafen durchgeben und fragte, ob sie ein neueres Foto ihres Noch-Ehemannes besäße. Sie verneinte und Burma fluchte gotteslästerlich. Also musste man sich auf die Zeichnung mit ihren Varianten verlassen.

Kant und Thomalla wurden per Handy zurückbeordert. Sämtliche Hotels in Köln und Umgebung bekamen ein Fax mit der Beschreibung Börnsters, Taxifahrer wurden benachrichtigt, jeder Polizist sollten mit dem Fahndungsblatt Ausschau nach dem mutmaßlichen Serienmörder halten. Das Pressebüro mailte die Porträtvarianten mit Begleittext an die Zeitungen.

Der Professor verabschiedete sich sichtlich genervt durch die eingetretene Hektik, die selbst für ihn, den Uni-Erprobten, zu viel wurde. Der Fahndungsapparat lief auf Hochtouren.

*

Der Serienmörder saß zwei Straßen von der Agentur entfernt in seinem schäbigen Ford und überlegte die nächsten Schritte. Er wollte die Leiche entsorgen und vorher mit dem Katana in handliche Stücke zerlegen. Aber erst wollte er in seinem alten Büro den Spickzettel suchen. Dann endlich einen zweiten Ausgang in dem labyrinthischen Gewölbe finden. Es musste einer da sein. Zu lange hatte er aus Bequemlichkeit auf die intensive Suche verzichtet. Es konnte aber der Zeitpunkt kommen, wo ein zweiter Ausgang für eine Flucht lebensnotwendig wurde.

Er verspürte Hunger, startete den Wagen und fuhr in südlicher Richtung nach Wesseling, wo sich die nächste Möglichkeit außerhalb Kölns bot, vernünftig zu essen.

Gegen sechzehn Uhr saß er als einziger Gast in einem koreanischen Restaurant in dem Industriestädtchen vor den

Toren Kölns und aß mit Genuss Bulgogi, koreanisches Feuerfleisch mit Reis. Dann genehmigte er sich mehrere Shoju-Reisschnäpse und nahm schließlich sein Herzmedikament ein. Er sah auf seinen Chronometer: siebzehn Uhr inzwischen. Zeit, in sein Gewölbe zu kommen.

»Ich hab noch so viel zu erledigen«, rief er plötzlich laut in den Speisesaal und die kleine Asiatin, die ihn bedient hatte und emsig hinter dem Tresen beschäftigt war, ließ erschrocken eine Schale mit Reis fallen, die knallend auf den Boden zersprang. Börnster erschrak selbst über seinen Ausfall, krallte die Hände ins Tischtuch und starrte sie ungläubig an.

»Was ist denn in mich gefahren«, flüsterte er. »Beginne ich mir zu entgleiten?«

»Michael, mein Getreuer! Du musst aufpassen!«, sagte eine Stimme laut und deutlich zu ihm, und er antwortete flüsternd:

»Ja, mein Meister!«

»Sie möchten zahlen, del Hell?«, kam es zaghaft von einer ängstlich dreinschauenden Asiatin.

*

Der ewig mürrische Waffenmeister und Ballistiker Arnfried Belzer betrat Burmas »Hütte«, in der Elvira am Computer saß, während Burma selbst mit seinem Chef über mögliche Strategien stritt. Belzer legte Burmas Walter P38 wie ein rohes Ei auf einen der Tische und zeigte dabei sein gewohntes Leichenbittergesicht.

»Ausgezeichnet in Schuss, Ihre Waffe, wenn ich mir diesen Kalauer erlauben darf«, sagte der Herr über alle Polizeiwaffen. Er durfte scherzen, doch keiner lachte. »Deutsche Präzisionsarbeit! Hab ein Magazin leer gemacht. Staunenswerte Treffsicherheit! Abgeschossene Kugeln untersucht: Glatt wie Babypopos! Mechanik nahezu jungfräulich! Habe Ihnen auch zwei Ersatzmagazine mitgebracht, die wir komischerweise noch auf Lager hatten. Dazu hundert Schuss 9mm-Munition von Winchester – das Beste vom Besten!«

»Ich will keine Büffel erlegen«, entfuhr es Burma genervt.

Der Waffenmeister verzog das eh schon völlig zerknautschte Gesicht und antwortete sauer: »Ihr Möchtegern-Fachleute! Winchester kennt ihr wohl nur aus euren dusseligen Wild-West-Filmchen, wa? Die Firma Winchester stellt die welt…«

»Vielen Dank, Kollege Belzer«, unterbrach ihn Burma, »aber wir müssen leider so nebenher einen Serienkiller stellen!«

Waffenmeister Belzer zog, nachdem Burma ihm den Empfang quittiert hatte, ohne ein weiteres Wort von sich zu geben, beleidigt von dannen.

Burma nahm in gespielter Ruhe eins der Magazine und füllte es langsam mit Patronen. Schlemmermayer verschwand kurz, um knapp zwei Minuten später bewaffnet zurückzukehren.

»Elvira, hast du deinen Schießprügel?«, fragte Burma.

Elvira Schmitz klopfte auf die Waffentasche, die sie an der rechten Hüfte trug und meldete:

«Alles paletti, Chef, hab nur das Holster umgetauscht!«

Burma war zufrieden und fütterte bereits das dritte Magazin, als Schlemmermayer kopfschüttelnd feststellte:

»Das mit dem ›in-den-Krieg-ziehen‹ meinst du wohl wirklich ernst, was?«

»Hanspeter, ich geh lieber auf Nummer sicher. Mag sein, ich übertreibe, aber wer von uns weiß schon, was auf uns zukommt.«

Burma knallte ein gefülltes Magazin in den Griff der P38 und wog die alte Pistole in der Hand. Sie passte wie angegossen in seinen Handteller. Die Erinnerung an den damaligen »Unfall« mit genau dieser Waffe drängte sich ihm kurz auf; er wischte sie aber wie eine lästige Fliege sofort weg.

Fabian saß die ganze Zeit in einer Ecke und betrachtete fasziniert ein Schauspiel, das, in kürzester Zeit wie ein Uhrwerk vor ihm ablaufend, immer realere Züge annahm. Dann wurde ihm langsam flau im Magen.

*

Er wollte seinen Wagen erst dann in die Garage fahren, wenn die Arbeit getan war und er sicher gehen konnte, dass er wirklich unbeobachtet war; also stellte er ihn zunächst auf der belebten Bonner Straße. Er wollte ihn. Ohne Auto war er in dem dämmrigen, baumreichen Villenvorort praktisch unsichtbar. Er zog seinen Hut ins Gesicht und ging mehrere Straßen in Richtung Agentur, wobei er Umwege machte und sich des Öfteren umsah.

Es wehte ein kalter Wind, und er fror trotz Mantel. Endlich sah er die Mauer vor sich. Börnster schlüpfte durch das Tor in die parkähnliche Anlage und schlich auf das Haus zu. Er sah deutlich seine Frau hinter dem Fenster ihres hell erleuchteten Büros und sah ihr kurz zu.

Dann hastete er schließlich – immer die Nähe der Mauer suchend, die ihn praktisch in der Dämmerung schluckte – die offene Garagenzufahrt auf der Rückseite des Gebäudes hinunter. Vor seiner »Werkstatt« blieb er kurz stehen und legte seinen Daumen auf den Sensor. Das mächtige Stahltor schwang nahezu lautlos auf. Er huschte wie ein Schatten in die Garage und ließ das Tor sogleich zurückfahren. Dann knipste er das Notlicht an, bestehend aus einer schwach leuchtenden Glühlampe. Das war eine der früh getroffenen Vorsichtsmaßnahmen, damit kein Licht durch die Ritzen nach draußen drang.

Er schob den MG TD von der Grube. Der Wagen kam ihm auffallend schwerer vor als sonst. Er begann zu schwitzen und spürte sein Herz rasen, lehnte sich an den roten Oldtimer und musste erst mal verschnaufen. Dabei kamen ihm zum ersten Mal Zweifel, ob das, was er getan hatte und weiter im Begriff war zu tun, tatsächlich in seinem Sinne war und einen wie auch immer gearteten Mehrwert besaß – ihm also in irgendeiner Form nützte. Er spürte das Blech des Wagens in seinem Rücken und wunderte sich, dass dieses Auto, hinter dem er so lange her gewesen war, ihm nichts mehr bedeutete. Nichts hatte mehr irgendeine Bedeutung: weder das Haus in der Palanterstraße noch die Agentur, die Yacht, oder die Reputation, die er als Künstler und Unternehmer genossen hatte; erst recht nicht die schöne Frau an seiner Seite, auf die er noch vor Zeiten so stolz gewesen war.

»Michael, beeil dich – du hast nur noch wenig Zeit!«, drang die Stimme wieder in ihn. »Du hast noch so viel zu erledigen!«

Er wähnte, eine seltsam choralartige Musik von weit her zu hören, da meldete sich die Stimme wieder.

»Michael, mein Sohn, ich habe dich auserwählt. Denk immer daran – du bist ein Gesalbter! Vollende dein Werk mir zu Ehren! Doch wisse: Dies alles ist nur ein Vorspiel. Die letzte große Aufgabe steht dir erst noch bevor. Ich werde dich frühzeitig in Kenntnis setzen … Hab Geduld, mein Michael.«

In dem Moment fiel Michael Börnster der Traum ein, in dem er sich als Kind im Schoß des Meisters geborgen gesehen und gefühlt hatte, von ihm verwöhnt wurde – und doch voll Furcht schweißnass erwachte.

»Ja, Meister, ich werde das Werk vollenden«, flüsterte Börnster, kroch in die Grube, öffnete den Eingang und verschwand in den unterirdischen Gängen. Schließlich gelangte er in den Saal – sein »Reich«.

Er durchquerte die Gewölbehalle und genoss die Düsternis, die von allem ausging, was in scheinbarer Unordnung herum stand und -lag; die diabolisch-grausamen Wandbilder und auch die Geruchsmischung, die jeden Normalsterblichen hätte kotzen lassen. Er spürte, wie die Kraft, die ihn vorübergehend zu verlassen gedroht hatte, wieder in ihn einzog. Er ging zur Kleiderkammer an der Wand mit dem malträtierten Opfer vorbei und flüsterte grinsend: »Hallo, Schönheit!« Anschließend entledigte er sich der nassen Klamotten und schlüpfte splitternackt in die rote Lederkluft. Zum Schluss stülpte er sich die Ledermaske über und verschloss alles bis auf die Sichtschlitze mit den Reißverschlüssen. Mit dieser »zweiten Haut« am Leib war er vollständig in seiner Welt angekommen; die rote Haut fühlte sich wirklicher an als die eigentliche.

Welch unbeschreibliches Gefühl einer Metamorphose! Welch unbegreifliches Ausmaß an Erotik! Sein Penis erigierte unter dem Leder, und er strich liebevoll über die sich spannende Stelle. Dabei verharrte er selig für einige Augenblicke. Schließlich schlüpfte er in die gleichfarbigen hochhackigen Stiefel und ging zurück in den Saal zu einer Anrichte, auf der das Katana in seinem dunklen Samttuch lag. Langsam, tiefe Ehrfurcht zeigend, wickelte er das Langschwert des wahnsinnigen Samurai-Kriegers aus dem Tuch, wog es in Händen und durchschnitt weit ausholend damit mehrmals die Luft, wobei es einen merkwürdig singenden Klang von sich gab.

Aus dem herumstehenden Gerümpel schnappte er sich einen Stuhl und setzte sich rücklings darauf, in ungefähr zwei Metern Abstand von seinem Opfer. So verharrte er, das Schwert vor sich auf den Boden gestellt, die behandschuhten Hände auf dem Kashira, dem oberen Griffende, über Kreuz gelegt und grübelte vor sich hin.

Seine ursprüngliche Idee, die Leiche mit Hilfe des Flaschenzugs von der Decke, mit dem Kopf nach unten hängend, quasi »scheibchenweise« zu zerstückeln, gefiel ihm nach wie vor. Aber es missfiel ihm zunehmend die Vorstellung, dass seinem »Kunstwerk« durch solch vorschnelle Vernichtung angemessene »Würdigung« durch ein »dankbares Publikum« entgehen sollte. Sein Geltungsdrang forderte immer stärker eine andere Lösung.

Er betrachtete lange seine »Skulptur«, die als ein Mensch erst auf einen zweiten oder dritten Blick zu erkennen war. Das Blut und die Farben waren getrocknet und bildeten eine eigentümliche Melange auf der Haut des Opfers.

Ob mein Meister so zufrieden mit mir ist wie ich?

»Ich bin sehr, sehr zufrieden mit dir, mein Sohn!«

Der Mann in Rot schloss glückselig die Augen hinter den offenen Reißverschlüssen. Dann begann sein Hirn aufs Neue zu arbeiten. Was sollte er tun? Wie vorgehen? Endlich kam der erlösende Gedanke.

Die Idee! Satan, ich danke dir!

Er stieß jubilierend einen spitzen Schrei aus und sein Herz schlug laut und unregelmäßig unter dem roten Leder. Kreative

Unruhe überkam ihn, eine Art Euphorie, die er genoss. Sogleich machte er sich bei laufender Musik vom Plattenteller einen starken Kaffee und ließ danach vorsichtig die Ketten an der Wand nach, so dass die Leiche sanft auf den Boden zu liegen kam. Dann befreite er die Tote von den klebrigen Stahlmanschetten an Hand- und Fußgelenken.

*

Bernadette griff immer wieder nach der Kopie, die sie sich von Börnsters Spickzettel gemacht hatte und konnte ihre Rückschlüsse aus dem, was sie da las, nicht fassen:

Acht Engel … bearbeitet … vernichtet … entsorgt

Bei dem letzten Wort wurde ihr plötzlich übel. Sie lief auf die Toilette und übergab sich. Ihr Puls raste und eine Angst stieg in ihr hoch, am Ende noch den Verstand zu verlieren. Sie wusch sich schließlich das Gesicht mit kaltem Wasser und spülte den Mund aus. Dann ging sie zurück in ihr Büro und schluckte gleich zwei Beruhigungspillen.

Alle Mitarbeiter hatten nach und nach Feierabend gemacht, sie war allein in der Agentur geblieben. Wie oft hatte sie abends und oft bis in die Nacht gearbeitet. Sie mochte diese Ungestörtheit. Dies Mal war es anders. Eine ohnmächtige Angst nagte an ihr, dass Michael plötzlich auftauchen könnte. Michael, ihr Mann – ein wahnsinniger Frauenmörder! Sie konnte es immer noch nicht fassen. Vielleicht war er bereits im Haus und schlich in den Gängen und Räumen umher? Sie konnte nicht ahnen, dass er sich nur acht Meter unter ihr befand und rücklings auf einem Stuhl sitzend eine Leiche anstarrte und vor sich hin grübelte.

Sie hockte an ihrem Schreibtisch und versuchte vergebens, ihre Gedanken zu ordnen. Da hörte sie Stimmen auf dem Flur. Sie erkannte unter ihnen die von Fabian. Sie atmete erleichtert auf, stürzte aus dem Raum und flog ihm in die Arme. Dann begann sie, wie ein Kind zu schluchzen. Er drückte sie fest an sich und strich ihr beruhigend über das Haar.

»Bernadette, irgendwann hören alle Albträume auf«, sagte er bekümmert über ihren Zustand. »Es wird alles gut! Glaub mir!«

»Oh, Fabian, ich komme mir vor wie in einem real gewordenen Albtraum …«

Sie standen ohne ein weiteres Wort wie eine Einheit eng umschlungen im Flur. Burma und seine Kollegen ließen die zwei gewähren und verhielten sich eine Zeit lang still. Schließlich räusperte Burma sich vernehmlich und sagte:

»Frau Börnster, haben Sie eine Ahnung, wo Ihr, äh, Gatte sich derzeit aufhält?«

»Nicht die geringste, Herr Burma«, antwortete Bernadette nachdenklich, die sich sanft aus der Umarmung mit Fabian befreite. »Ich kann mir nicht vorstellen, dass er sich in der Palanterstraße, auf der Yacht oder im Wochenendhaus aufhält. Er wird den Verlust seines Spickzettels bemerkt haben, und – da bin ich mir sicher – seine Schlüsse daraus ziehen! Sie dürfen nicht vergessen, Herr Kommissar, er ist verdammt intelligent!«

»Das wissen wir, Frau Börnster!«

»Wissen Sie auch, was das Komische an der ganzen Situation ist?«, fragte sie. »Mein so genannter Gatte hat nie den Papierkorb benutzt! Das war ein Tick von ihm. Den anfallenden Müll hat er stets nach draußen mitgenommen und in der Mülltonne entsorgt. Völlig absurd! Offensichtlich liebte er seinen leeren Papierkorb als Symbol für etwas, das wir alle, die wir uns oft genug wunderten und es belächelten, nicht durchschauten. Er hat ihn praktisch nur ein einziges Mal benutzt – und das hat ihn verraten!«

»Das wäre was für unseren Professor«, meinte Burma. »Kann ich mir diesen Papierkorb mal ansehen?«

»Geht nicht«, erwiderte Bernadette. »Ich habe die komplette Einrichtung seines Büros abholen lassen. Von ihm existiert hier nichts mehr!«

»Schade«, meinte Elvira.

»Ich glaube nicht, dass das uns groß hätte weiterbringen können«, murmelte Nestor Burma. »Herr Görtz sagte uns aber, dass drei Garagen noch in Besitz von Börnster sind. Können wir die mal sehen?«

»Kein Problem«, sagte Bernadette Börnster, dann führte sie die drei ins Untergeschoss und zeigte ihnen die verschlossenen Tore.

Burma entdeckte die seitlich angebrachten Sensoren und das Fehlen von Schlössern. Außerdem registrierte er die ungewöhnliche Übergröße und Massivität der Tore. Er wurde misstrauisch.

»Und die Tore können von Ihnen nicht geöffnet werden?«, fragte Burma die Agenturchefin.

»Nein. Mein holder Gatte war echt paranoid, was seine Auto-Sammlung betraf. Nur er kann sie öffnen. Die Tore lassen sich nur durch seinen Daumenabdruck auf einen … wie war das noch? – ah ja, biometrischen Sensor oder Fingerscanner öffnen. Die kleine Fläche, die Sie da sehen. Der Scan ist, wie mir mein Mann beim Einbau durch eine amerikanische Firma stolz erklärte, mit einer Steuerelektronik verbunden und die wiederum mit einem schweren Elektromotor, der schließlich das Stahltor öffnet. Und zwar fast unhörbar leise! Dieses Tor kann man ansonsten nur durch eine massive Sprengung öffnen, sagte er.

»Scheiße!«, entfuhr es Burma. »Pardon, aber ich ahne, dass hinter den Toren etwas existiert, was womöglich *gerichtsverwertbar* ist – wie die Juristen sich bei uns ausdrücken.«

Da kam Burma eine Idee und er kramte sein neues Handy raus. Er drückte auf eine gespeicherte Nummer und wartete.

»Noch mal Scheiße! Heinz hat das Gerät abgeschaltet … Oh, doch nicht! Hier ist der Burma, Heinz. Äh, wenn du mich zurückrufen könntest, wäre gut. Ansonsten morgen früh als erstes zu mir ins Büro! Okay? Tschüss!«

Burma schwitzte. Das war sein erster Anruf mit dem »Gerät«, und dann sollte er auch noch auf eine Art Anrufbeantworter quasseln. Er war schlicht überfordert, hatte sich aber wacker geschlagen, meinte er im Stillen. Bernadette und Fabian blickten Burma fragend an.

»Grummenohl ist wahrscheinlich der einzige, der das Tor auch ohne Sprengladung aufbekommt. Er ist ein Hund, was Technik anbelangt!«

Die vier begaben sich ein Stockwerk höher in die Agentur und machten es sich in Bernadettes Büro gemütlich. Man machte sich Kaffee und schließlich redeten sie über Michael Börnster.

»Wie war eigentlich seine Kindheit, Frau … Bernadette – und wie waren seine Eltern zu ihm?«, fragte Burma.

»Ich weiß, auf was Sie hinauswollen, Herr Kommissar. Aber es gibt da keinen Zusammenhang, der das Wesen meines Ex-Mannes in irgendeiner Form erklären würde. Er hat außerordentlich liebe Eltern. Beide leben noch in einem Altersheim bei Bergisch Gladbach. Ich besuche sie des Öfteren. Er ist in liebenswerter Fürsorge und großer Unterstützung erzogen worden. Selbst sein Kunststudium – für die meisten Eltern eine Horrorvorstellung – wurde von ihnen gefördert und finanziert. Er hat es ihnen allerdings nicht gedankt und hat sie, als sie altersbedingt nicht mehr so gut dran waren, in ein mittelprächtiges Altenheim abgeschoben – gegen meinen Willen. Er hat sie da auch nie besucht. Aber vor der Abschiebung ließ er sie noch das schöne Haus auf seinen Namen überschreiben!«

»Ein ganz feines Kerlchen, der Herr Börnster!«, meinte Elvira angewidert.

»Wann begann … sprechen wir ruhig von *dem Bösen* – wann begann er das Böse in sich zuzulassen, den Mr. Hyde zu spielen?«, fragte Burma die Frau des Mörders.

»Ich befürchte, Herr Burma, er war – um sich Stevensons zu bedienen, wie Sie es gerade taten – nie ein wirklicher Dr. Jekyll – wirklich treffender Vergleich! Die Umgebung hat es, auch im Ansatz, nie gemerkt und ich – die naive Kuh – viel zu spät. Er verkörperte das Böse schlechthin, aber in der brillanten Verkleidung des modernen Bildungsbürgers, der zusätzlich noch als allseits geachteter Künstler gesellschaftliche Anerkennung fand. So denk ich über ihn – heute! Vielleicht war seine an den Tag gelegte Maskerade sogar Ausdruck schlechten Gewissens, und er hasste sich für seine negative Veranlagung und projizierte den Hass auf andere – was ihn schließlich zum Mörder werden ließ. Ich weiß nicht. Keine Ahnung, Herr Burma …«

Burma hörte aufmerksam zu und ermunterte sie durch ein Kopfnicken, weiter zu sprechen.

»Denkbar wäre auch eine schleichende Entwicklung, die er anfangs unter Kontrolle hatte, die ihm aber später immer mehr entglitt.«

Bernadette lehnte sich stöhnend zurück in ihrem Sessel. Burma legte ermutigend seine große Hand auf ihren Arm, der kraftlos auf der Sessellehne lag, und drückte ihn kurz.

»Unser Kollege, Professor Krohneick, spricht von der Möglichkeit einer Schizophrenie – und da wären wir wieder bei Dr. Jekyll und Mr. Hyde!«, bemerkte Burma und begann seine Pfeife neu zu stopfen.

»Schizophrenie«, sinnierte Bernadette und richtete sich ruckartig auf. »Dazu fällt mir etwas sehr Merkwürdiges ein: Vor fast drei Jahren verfiel er in eine Art Depression. Ihm genügte seine Kunst nicht mehr, wie er sich damals ausdrückte. Er wollte mehr, als die Stofflichkeit in ihrer Erscheinung zu reproduzieren – ich erinnere mich noch genau an seine Worte – oder nur imaginäre Innenwelten illustrieren. Ja, genau so drückte er sich aus. Alles langweilte ihn plötzlich entsetzlich, und er versank in dumpfer Grübelei.«

Fabian nickte langsam.

»Zu diesem Zeitpunkt hörte er gänzlich mit der Malerei auf. Seine vor drei Jahren angefangenen Arbeiten liegen noch so im Atelier. Er veranstaltete nur noch sporadisch Performances, zu denen ich keinen Zugang hatte. Die waren von einer erschreckenden Düsternis, die weit über die schwarze Romantik oder die Aktionen der Wiener Blut-Orgiasten der 1960er und 1970er Jahre hinausging. Auch das langweilte ihn zusehends. Merkwürdig war auch, dass es ihn ab dieser Zeit kalt ließ, ob ich seine Performances akzeptierte oder nicht – im Gegensatz zu der Zeit davor, wo er praktisch um meinen Beifall flehte. Es wurde ihm einfach – schnurzpiepegal, Herr Kommissar!«

Bernadette steckte sich die nächste Zigarette an und legte eine kurze Pause ein. Es wurde still im Raum. Dann erzählte sie weiter:

»Schließlich suchte er einen Psychiater auf und nahm irgendeinen Medikamentenmix – was, weiß ich nicht, denn er machte ein geradezu lächerliches Geheimnis daraus und schloss die Medikamente weg. Es kann allerdings auch sein, dass er nie welche genommen hat und mir bloß etwas vorspielen wollte – aus einem Grund, den kein normaler Mensch nachvollziehen kann. Wenn ich jetzt darüber nachdenke, kann ich mir das sogar sehr gut vorstellen!«

Bernadette schüttelte den Kopf und trank einen Schluck Kaffee. Die Anderen taten es ihr gleich. Jeder schien eine kurze Pause dringend nötig gehabt zu haben. Dann fuhr sie fort:

»Vor etwas mehr als einem Jahr begann sich seine Stimmung plötzlich zu heben. Ich sagte: heben – nicht verbessern. Er wirkte oft euphorisch, sprach von einer neuen Perspektive in seinem Leben, war in seinen Äußerungen extrem sprunghaft und zynisch, redete unverständliches Kauderwelsch, das schlagartig in eiskalte logische Analysen wechseln konnte, die von seinem beachtlichen Wissen und seiner Intellektualität zeugten. Er wurde immer mehr zu einem Fremden. Oft kam mir in den letzten Jahren die Befürchtung, er wäre wahnsinnig geworden!«

»Was hat er denn gearbeitet in den ... sagen wir, letzten zwei Jahren?«, fragte Burma.

»Praktisch nichts, Herr Kommissar«, war die Antwort. »Zumindest nicht zuhause in seinem Atelier, noch hier in der Agentur. Ich sah ihn auch immer seltener. Manchmal war er tagelang weg und rief zwischendurch an, dass er auf Kundenbesuch wäre, was aber nie der Fall war. Das herauszubekommen war für mich als Leiterin der Firma relativ einfach.«

»Ist er ihnen gegenüber jemals handgreiflich oder ausfallend geworden?«, fragte der Kommissar.

»Nie! Er war stets zuvorkommend, großzügig, ja, übertrieben liebenswürdig. Ein Gentleman wie aus dem Buch. Aber in jedem Satz und jedem Blick von ihm schwang eine latente Geringschätzung mit, die näher zu beschreiben für mich fast unmöglich ist!«

»Verstehe!«, brummte Burma.

»Ich dachte zeitweise sogar, dass ich mir das alles nur einbilde und spielte oftmals mit dem Gedanken, selbst einen Psychiater zu konsultieren. Ich stellte mich selber in Frage und zweifelte an der eigenen Wahrnehmung!«

»Furchtbar. Sie haben Schlimmes durchgemacht, Bernadette! Haben Sie nicht an eine Trennung gedacht – an Scheidung?«, wollte Burma wissen.

»Oh ja, oft, aber ich hatte eine … fast irrationale Angst vor diesem Menschen, die mich in all meinen Entscheidungen lähmte. Ja, das ist die richtige Bezeichnung. Er beherrschte mich wie ein dressiertes Hündchen. Zuletzt steigerten sich meine Angstzustände in urplötzliche Panikattacken. Das war furchtbar.«

Bernadettes Augen füllten sich mit Tränen. Fabian nahm ihre Hände und hätte ihr gern Trost gespendet, war aber selbst kurz davor, die Fassung zu verlieren.

Die vier Personen saßen still in dem großen Büro, rauchten und nippten lustlos an dem kalt gewordenen Kaffee. Sie hatten sich vorläufig nichts mehr zu sagen.

Schließlich verabschiedeten sich Elvira und Burma von dem Paar und verließen bedrückt und nachdenklich die Werbeagentur. Sie wussten nicht, dass der Mann, den sie suchten, sich in dem gleichen Haus befand – nur wenige Meter getrennt durch eine massive Betondecke.

Auch er war auf der Suche – seiner Suche.

*

Der Mann im roten Leder musste warten, bis alle oben endlich verschwunden waren und er die verdammte Liste aus seinem Büro entfernen konnte. Das Vorhaben mit der Frauenleiche, die er in eine Decke gerollt hatte, musste ebenfalls warten, bis die Stadt schlief. Er sah ungeduldig auf die Uhr. Dann beschloss er, die Wartezeit zu nutzen, um endlich nach einem möglichen zweiten Ausgang zu suchen – ein immer wieder aufgeschobenes Vorhaben.

Es gab hinter dem letzen Saal zwei mit Prüll, Matratzen und Brettern versperrte niedrige Ausgänge, die tunnelartig irgendwo hin führten, soweit er es mit der Taschenlampe zwischen dem Unrat davor sehen konnte. Börnster entledigte er sich seiner hinderlichen Lederkluft und warf sich in einen ebenfalls roten Overall aus Leinen. Dann befreite er schwitzend die Ausgänge vom Geröll. Ein aus einem Brett herausragender Nagel verletzte ihn und er schrie auf. Seine linke Hand blutete stark, er drohte in Ohnmacht zu fallen. Wankend lief er zurück in den Saal und versorgte die Wunde oberflächlich. Nachdem er auf den Schreck ein Glas Whisky geleert und sich etwas beruhigt hatte, suchte er nach einer transportablen Lichtquelle, die besser als eine Taschenlampe die Wände ausleuchten konnte. Er kam auf die Idee, eine Halogenleuchte zu benutzen und montierte sie von einem Stativ ab. Die Tausend-Watt-Lampe verband er mit einer sechs Meter langen Verlängerungsschnur. So mit ausreichend Licht versorgt, machte er sich auf, den ersten der zwei Gänge, die aus dem hinteren Saal führten, zu begehen.

Ungefähr alle vier Meter waren in Augenhöhe noch funktionsfähige Steckdosen angebracht, so dass Börnster jeden Winkel genauestens in Augenschein nehmen konnte. Der Gang endete nach zirka fünfzig Metern in einer Kammer mit einem davor angebrachten massiven und verrosteten Gitter – offensichtlich eine von der Gestapo benutzte Gefangenenzelle.

Er sog genießerisch die muffige Luft ein, die ihm entgegen schlug. Er glaubte die Angst zu riechen, die hier einmal geherrscht hatte. Ein wohliger Schauer überkam ihn. Börnster öffnete das unverschlossene Gitter und leuchtete sorgfältig die Wände ab. Er entdeckte einige kaum zu entziffernde, in Sütterlin und Kyrillisch verfasste »Nachrichten«, Parolen und Namen, anscheinend mit Fingernägeln oder auch Essbestecken eingeritzt. Börnster interessierte sich nicht dafür. Er suchte den Fluchtweg, den es geben musste.

Als er nichts fand, gab er schließlich auf, ging zurück und versuchte den zweiten Gang. Der fast ebenso lange Tunnel endete in einem unvergitterten Raum. Auf dem Boden lagen ein umgekippter Tisch, zwei Stühle und einige vergilbte Wehrmachts- und Propagandazeitungen. Komisch, dass ich noch nie hier drin war, dachte sich der Mörder.

Sorgsam leuchtete er wie zuvor die Wände ab und betastete alle Ecken, Ritzen und Flächen. Da entdeckte er oberhalb seines Kopfes einen kurzen Stift, der in der Wand steckte. Erst dachte er an einen Nagel und zog daran. Sofort summte ein versteckter Elektromotor. Die Stirnwand öffnete sich mit einem kurzen Quietschen um einen Spalt von einem halben Meter. Der Serienkiller war wie elektrisiert und schrie triumphierend auf. Er schlüpfte durch den Spalt und zog die Kabelschnur hinter sich. Das Halogenlicht zeigte einen Schacht in den Ausmaßen von zwei mal zwei Metern Bodenfläche und endete in ungefähr vier Metern in der Höhe. Komischerweise fiel ihm erst jetzt auf, wie sorgfältig und glatt alles in der Anlage betoniert war – als habe man ein Monument für die Ewigkeit errichten wollen.

An der Stirnwand stand schräg angelehnt eine verrostete Eisenleiter. Sie entsprach etwa der Höhe des Schachtes, taxierte Börnster – also ging es oben irgendwo hin! Er leuchtete aufgeregt nach oben und entdeckte eine Ausstiegsluke mit zwei angebrachten Griffen am verschlossenen Deckel und einer daran angebrachten einfachen, aber massiven Verriegelung.

Eine fiebrige Hektik erfasste ihn. Am liebsten hätte er laut jubiliert. Da er aber nicht wissen konnte, was ihn jenseits der Luke erwartete, verhielt er sich still. Er stellte die Leiter an die Luke und kletterte hoch. Dann versuchte er den Riegel mit aller Kraft aus der Arretierung zu schieben – vergebens. Der bewegte sich keinen Zentimeter. Börnster fluchte, sprang von der Leiter und lief den Tunnelgang zurück in den Saal, wo er sein Werkzeug deponiert hatte.

Mit Taschenlampe, einem normalen Hammer, einem Gummihammer, einer Spraydose mit *Caramba* und einem großen Stemmeisen gerüstet lief er zurück, erkletterte die Leiter und besprühte die Verriegelung mit Kriechöl zum schnellen Lösen des Rostes, dann bearbeitete er erst mit dem Gummihammer, der relativ gedämpfte Töne verursachte, den Riegel und hatte endlich Erfolg. Mit jedem dumpfen Schlag bewegte sich der Riegel ein Stück weit aus der Arretierung. Nachdem er die Verriegelung entsperrt hatte, drückte er mit aller Kraft gegen den massiven Deckel, der sich aber bis auf wenige Millimeter kaum bewegte. Dann versuchte er es mit dem Stemmeisen. Der Deckel gab ganz allmählich nach und flog schließlich mit einem dumpfen Laut beim Aufprall nach draußen hin auf.

Frische Luft drang in den Schacht. Schnell stieg er die Leiter nach unten und löschte das helle Halogenlicht, das man draußen hätte sehen können. Mit dem spärlichen Licht der Taschenlampe, das er noch zusätzlich mit der Hand abschirmte, kletterte er die Leiter wieder hoch.

Vorsichtig steckte er seinen Kopf durch die Öffnung und spähte angestrengt durch das Dunkel. Er stand schließlich inmitten von riesigen, dicht gewachsenen Rhododendron-Sträuchern. Börnster bewegte sich vorsichtig aus dem Schacht ins Freie und erkannte endlich die Umgebung. Er befand sich in der parkähnlichen Gartenanlage, die eine Villa aus dem vorigen Jahrhundert umgab – ähnlich angelegt wie das Anwesen der Agentur, nur viel größer.

Dieses Grundstück gehörte einem vor kurzem verstorbenen Erfolgsautor und Auslandskorrespondenten, auf dessen seltenen Partys er und Bernadette früher ein paar Mal eingeladen gewesen waren und auf denen sie sich tatsächlich amüsiert hatten. Daher wusste Börnster auch, dass das Haus größtenteils – bis auf einen Flügel, den noch die alte Mutter des Journalisten bewohnte, leer stand. Dementsprechend war auch der Garten verwildert und wurde kaum benutzt. Der Mörder sah auf den Deckel der Luke und hob ihn interessiert ein Stück an. Er war von außen vollständig wild vermoost und im

Gestrüpp von außen her als solcher unmöglich zu erkennen.

Phantastisch, dachte er. Dann tastete er den Lukendeckel ab und fand zwischen der Bewachsung auf der Platte zwei eingelassene Griffe, wie die auf der Innenseite. Börnster konnte es kaum fassen. Er folgerte beglückt, dass er sein Gewölbe also auch von hier betreten konnte, ohne dass ihn je einer sehen würde. Der Fluchtweg war perfekt und entpuppte sich zudem als geheimer Einlass! Die Gestapo hatte an alles gedacht! Der Serienkiller strahlte frohlockend über das ganze Gesicht.

Er stieg zurück in den Schacht, schloss die Luke und begab sich in gehobener Laune, ein altes Pfadfinder-Liedchen vor sich hin pfeifend, in sein Horrorkabinett. Dort genehmigte er sich einen Whisky und machte sich auf in die Agentur, nachdem er sich vorsichtig vergewissert hatte, dass er wirklich allein war. Mit seinem Zweitschlüssel, den er in weiser Voraussicht behalten hatte, öffnete er die Türen und stand schließlich entsetzt in einem vollständig leeren Büro, das noch vor kurzem das Seine gewesen war.

Sie hat mich entsorgt …

Er fühlte so etwas wie Enttäuschung. Das war ein ihm fremdes Gefühl, das ihn aber nur kurz irritierte. Nach den ersten Schrecksekunden überlegte er, dass die Wahrscheinlichkeit, einem zerknüllten Zettel Aufmerksamkeit zu schenken, bei der Rigorosität der Räumung gegen Null tendierte.

Wenn nicht, haben sie mich am Arsch. Zumindest wissen sie dann, wer der »Vollstrecker« ist. Und wenn schon: der Meister wird mir auch darin beistehen!

Dieser Gedanke beruhigte ihn.

Er schlich durch die Garage zurück in seine Werkstatt, um das große, das kündende Kunstwerk zu vollenden.

*

Kaum waren die Polizisten weg, fühlten Bernadette und Fabian eine bleierne Müdigkeit aufkommen. Sie waren von den geballten Erlebnissen völlig geschafft und beschlossen, in die Siebengebirgsallee zu fahren, um einfach nur zu schlafen. Davor wollten sie noch eine Kleinigkeit essen, denn sie waren beide sehr hungrig geworden. Fabian schlug den Petersberger Hof in unmittelbarer Nähe seiner Wohnung vor, den er früher oft besucht hatte. Fabian ließ sein Motorrad stehen, und sie fuhren beide im Mini nach Klettenberg – dem neuen Zuhause Bernadettes.

Burma lud Elvira, als sie zeitgleich in der Alteburger Straße angekommen waren, noch auf einen »Absacker« ein, um den merkwürdigen Tag gebührend abzuschließen. Lydia begrüßte Elvira wie eine liebe Freundin nach langer Abwesenheit und bemerkte mit keinem Wort die Veränderung, die »das Kindchen« an sich vorgenommen hatte. Vielleicht verbot ihr die ostasiatische Höflichkeit, eine diesbezügliche Bemerkung zu machen.

»Ihr müsst hungrig sein! Gut, dass ich etwas vorbereitet habe«, sagte sie und schwirrte ab in die Küche. Elvira wollte ihr in der Küche zur Hand gehen, wurde aber streng ins Wohnzimmer zu Burma verwiesen, der es sich schon im Sessel gemütlich gemacht hatte und dabei war, drei Gläser mit altem Calvados zu füllen.

»Ihre – äh, deine liebe Frau ist schon ein echter Engel«, meinte Elvira und nahm auf dem Sofa Platz. »Muss sie eigentlich noch lange in der Kanzlei arbeiten?«

»Sie will noch die drei Jahre bis Sechzig machen, könnte aber jetzt schon aufhören. Ihr Rücken macht nicht mehr ganz so mit. Das ewige Sitzen ist Gift für meine Kleine!«

»Aber dann würde ich vor Langeweile umkommen«, kam es aus der Küche.

»Sie macht nur noch, bis ich in Rente gehe. Dann wollen wir gemeinsam unseren Lebensabend genießen – in Paris!«

»Ihr beiden kommt mal erst ordentlich futtern«, rief Lydia aus der Küche. »Paris muss warten! Übrigens: Du siehst todschick aus, meine Liebe. So, es ist raus … Musste doch gesagt werden! Ich glaube, ich sollte in Zukunft auf meinen alten Herrn ein wenig besser aufpassen«, meinte sie keck.

Die drei lachten und genehmigten sich vor dem Essen das Getränk, mit dem die Wikinger vor Urzeiten Frankreich und nachträglich den Rest der Welt beglückt hatten – mit Calvados.

Es wurde trotz des Grauens, mit dem sie real zu tun hatten, ein Abend, der sich wie Balsam auf die erschöpften Seelen legte.

Donnerstag

Das Telefon klingelte. Burma fluchte wie ein Bierkutscher. Er sah auf den Wecker und konnte es nicht glauben: Fünf Uhr dreißig. Lydia sprang sofort aus den Federn und lief in die Küche, um Kaffee zu machen. Burma schnarrte in die Sprechmuschel ein unfreundliches »Was gibt's!?«. Sein Freund und Vorgesetzter war am Telefon und brüllte aufgeregt:

»Burma, es ist etwas Entsetzliches geschehen! Komm sofort nach Sülz. Kennst du die Nikolauskirche?«

»Ja, klar doch … Was ist denn passiert, Schlemmy!«

»Kann ich unmöglich beschreiben! Das musst du selber sehen! Unfassbar!«

»Ich komme, ich ruf nur noch Elvira an!«

»Das lässt du schön bleiben! Glaub mir, es ist besser so. Die ist mir noch zu frisch für so eine Schweinerei«, rief Schlemmermayer ungewohnt ernst und laut ins Telefon.

»Okay, bis gleich dann!«

Burma sprang aus dem Bett, zog sich in Windeseile an, legte sein Holster an, prüfte die Waffe und steckte noch die gefüllten Reservemagazine ein. Dann stürzte er noch schnell eine Tasse Kaffee, den die fürsorgliche Lydia schon bereit gestellt hatte, hinunter, und verschwand mit einem »Tschüss, Mädel!«.

»Jetzt wird's ernst«, murmelte Lydia voller Sorge hinter ihrem Burma her. Der raste mit Blaulicht wenig später durch das Dunkel der frühen Morgenstunde über die Ringe in die Luxemburger Straße, dann die Sülzburgstraße entlang in die Berrenrather Straße und musste schließlich scharf abbremsen.

Trotz der frühen Stunde befand sich eine dicht gedrängte, lärmende Menschenmenge vor der Nikolauskirche. Polizisten drängten die Schaulustigen zurück und umzäunten umständlich mit Sperrband weitläufig die Frontseite des Gebäudes. Niemand achtete auf die herbstliche Kälte und den einsetzenden Nieselregen. Streifenwagen, Feuerwehr und Sanitätswagen standen mit rotierenden Blaulichtern auf dem Kirchenvorplatz und tauchten die über hundert Jahre alte Kirche, die umstehenden Häuser und hoch gewachsenen Bäume sowie die Anhäufung von Polizisten und neugierigen Gaffer in ein Stakkato unwirklichen Lichts. Zwei Halogenlampen wurden auf Stative montiert, Sanitäter versorgten zwei ohnmächtig gewordene Passantinnen sowie Personen aus beiden Gruppen, die offensichtlich unter Schock standen. Reporter, die fotografieren oder filmen wollten, wurden mit polizeilicher Gewalt daran gehindert und zurückgedrängt. Passanten, aber auch einige Polizeibeamte mussten sich übergeben.

Burma parkte den Alfa neben einem leeren Streifenwagen, dessen Fahrertür unvorschriftsmäßig offen stand und musste sich durch einen Pulk hysterischer Gaffer kämpfen, um schließlich von einem Uniformierten vor der Absperrung barsch angeraunzt zu werden.

Er zeigte seinen Ausweis. Da entschuldigte sich der Beamte und ließ ihn das heruntergetretene rot-weiße Flatterband passieren. In dem Moment ging das Flutlicht der Spurensicherung an und setzte das rechte der drei Tore, ein Ziertor, voll in gleißendes Licht. Burmas Atem stockte. In seinem Kopf entstand ein leises Pfeifen. Eine schwere Hand legte sich auf Burmas Schulter, und eine Stimme wie von weit her sagte zu ihm: »Hast du jemals so eine Schweinerei gesehen, Alter?«

Burma blickte in Schlemmermayers Gesicht, das aschfahl war. Auf seiner Stirne standen dicke Schweißtropfen, und die schwere Figur drohte in sich zusammenzusacken. Burma fing ihn auf, schlug ihm leicht ins Gesicht und brüllte ihn zurück in die Wirklichkeit. »Hey, Schlemmy! Mach nicht schlapp!« Dann übergab er ihn einem vorübereilenden Sanitäter, ging schließlich zögerlich auf das rechte Tor zu.

Er wähnte sich inmitten eines abartigen Horrorfilms. Auf dem rechten der drei Tore war ein Mensch gekreuzigt worden: Eine nackte Frau, die Entsetzliches durchgemacht haben musste. Ihr Körper war übersät mit vertikalen Schnittwunden, aus denen Blut geflossen war und den gesamten Körper in ein einziges verklebtes Dunkelrot getaucht hatte.

Bei genauerem Hinsehen (wenn man noch dazu in der Lage war) konnte man die zusätzlichen Bemalungen erkennen. In die Handwurzeln am Ende der auseinander gereckten Arme und in die übereinander gelegten Fußwurzelknochen des Opfers waren schwere Hufnägel brutal eingetrieben worden … wie bei dem Gekreuzigten.

»Was für ein perverses Schwein!«, kam es gepresst aus Burmas Mund. Sein Magen rebellierte. Er riss sich zusammen und nahm die »Kreuzigung« näher in Augenschein.

»Jetzt bloß nicht schwach werden … bleib professionell«, rief er sich leise zu und riss sich von dem malträtierten Körper der Unglücklichen los. Er versuchte mit aller Gewalt, eine neutrale Haltung zu erlangen. Da entdeckte er einen rechts unten in akkurater Schreibschrift mit weißer Kreide angebrachten Text:

Wer die Macht hat, bestimmt, was Recht ist. So halten wir es!
Was schwach ist, hat keinen Wert.

»Ebenso aus dem Kapitel des Buches der Weisheit, mit dem wir es zu tun hatten … Guten Morgen, Herr Burma«, sagte gepresst eine bekannte Stimme im Rücken Burmas. Es war der Professor, der von Schlemmermayer ebenfalls telefonisch herzitiert worden war. Der bleiche Gelehrte zitterte.

»Das ist selbst für mich nicht mehr fassbar, Burma. Das übertrifft sogar meine aufs Pathologische trainierte Wahrnehmung!«

»Ich habe so etwas auch noch nie gesehen!«

Burmas Stimme erstarb zu einem Flüstern und begrüßte den Professor und auch die Rechtsmedizinerin, Frau Dr. Armbruster, die mit ihrem Koffer den Platz betrat und sich unbeirrt von dem Anblick sogleich an die Arbeit machte. Sie wurde beim Anblick des Tatortes zwar grün um die Nase, ließ sich ansonsten das Entsetzen und den Ekel, den sie empfand, aber nicht anmerken. Sie arbeitete schnell, präzise und voll konzentriert.

Burma wandte sich knurrend an den Professor: »Frauen sind, wenn es drauf ankommt, härter als wir Weicheier!«

Der Professor nickte zustimmend und zeigte nur kurz ein verschüchtertes Grinsen.

Staatsanwalt Dr. Futzek und die Zwillinge betraten den Tatort. Kant und Thomalla machten sich sofort daran, den Ansturm der Gaffer mit massivem Körpereinsatz zurückzudrängen. Dr. Futzek brach beim Anblick der Kreuzigung zusammen und Burma rief nach einem Arzt oder Sanitäter. Dann brüllte er wütend in Richtung der Beamten von der Spurensicherung, sie sollten den Leichnam endlich abnehmen.

»Geht nicht«, antwortete Heinz Grummenohl, der plötzlich vor ihm stand, »die Untersuchung ist noch nicht abgeschlossen!«

»Aber wir wissen doch, wer der Täter ist – definitiv! Also ab damit!«, rief Burma laut.

In dem Moment brachten Leute vom Technischen Hilfswerk bespannte Stellwände und stellten diese als Sichtschutz um die dankbaren Beamten der Spurensicherung. »Das THW hab ich gerufen«, rief Heinz Grummenohl durch das lärmende Chaos zu Burma.

»Gut gemacht, Heinz«, rief der zurück.

Einem Pressefotografen gelang der Durchbruch durch die Absperrung. Er lief zufällig Burma in die Arme. Der versetzte ihm einen wütenden Stoß, so dass der Mann hinschleuderte und dabei seine Kamera verlor.

»Das gibt Ärger! Kommissar Rüttgersbusch, reißen Sie sich gefälligst am Riemen«, kam es aufgebracht von dem von den Toten auferstandenen Staatsanwalt.

»Ach, leck mich doch«, stieß Burma wütend aus und ließ den Staatsanwalt einfach stehen.

Der Pulk verhielt sich immer lauter und hysterischer. Ein Kind schrie, dann ein zweites. Ein Chaos bahnte sich an auf dem Nikolausplatz.

Grummenohls Leuten arbeiteten fieberhaft und präzise. Einer von ihnen fotografierte die Leiche, während andere die nächste Umgebung durchkämmten.

Schließlich kam ein SpuSi-Mann mit einem schweren Gummihammer in seiner behandschuhten Hand aufgeregt zum Leiter der Mordkommission, der mit Burma und Grummenohl gerade die nächsten Schritte besprach und meldete, dass er ihn in einem nahen Busch gefunden hatte.

»Ich fragte mich schon die ganze Zeit«, sagte Schlemmermayer, der wieder hergestellt schien, »wieso keiner aus der Nachbarschaft die Schläge gehört hat! – Gummihammer! Klar doch!«

»Du darfst die Glocken nicht vergessen! Wenn der Wahnsinnige den Glockenlärm ausgenutzt hat und synchron zu den Schlägen gehämmert hat – und das hat dieses Schwein garantiert –, war die Chance, gehört zu werden, minimal«, mutmaßte Burma. »Gibt es denn überhaupt keine Zeugen?«, wandte er sich an den Chef.

»Doch, einen besoffenen Penner, der da hinten im Streifenwagen seinen Rausch ausschläft«, antwortete der gepresst.

»Und was hat er von sich gegeben?« fragte Burma.

Schlemmermayer räusperte sich und sagte, sich verzweifelt mit den Händen an den Kopf fassend: »Er hätte eine Vision von der Kreuzigung Christi gehabt – im Ernst! Und wolle in Zukunft dem Alkohol abschwören, seine Olle nicht mehr verprügeln, sich einen Job suchen und regelmäßig zur Messe gehen. Den kannste als Zeugen vergessen!«, meinte der Kriminalhauptkommissar sauer.

»Scheiße«, zischte Burma, »einziger Zeuge, und ausgerechnet den kann man in der Pfeife rauchen!«

Bei diesem Stichwort griff er in die Manteltasche, um seine Pfeife rauszukramen. Aber da war nichts. Er hatte zum ersten Mal in seinem langjährigen Raucherdasein vergessen, Pfeife und Tabak einzustecken. Burma bekam fast einen Panikanfall, und der aufmerksame Freund bot ihm schnell eine Zigarette an. Burma nahm dankend an und rauchte die erste Zigarette seit über zwanzig Jahren. Er zog wie ein Alt-Profi. Augenblicklich entspannte er sich etwas.

»Ahh«, sagte er, »jetzt kann's weitergehen!«

In dem Moment traf eine zusätzliche Polizeistaffel ein, die sofort und rücksichtslos daran ging, Gaffer und Pressepersonal vom Kirchvorplatz zu vertreiben, inklusive des eben angekommenen Priesters, der laut lamentierend unbedingt sofort den Tatort sehen wollte. Burma erstarrte plötzlich in einer Bewegung und spürte, wie ihm die Haare zu Berge standen.

»Was ist, Burma?«, fragte sein Chef, der ihm die ganze Zeit nicht von der Seite wich.

»Sandalwood, Hanspeter!«, antwortete Burma leise. Ich hab gerade einen Hauch von Sandalwood gerochen. Das Parfüm des Mörders!«

Schlemmermayer stürmte ohne Kommentar los, griff sich den Fotografen der Spurensicherung und befahl ihm:

»Alle Leute fotografieren, sofort! Oder hast du eine Filmkamera dabei?«

»Klar Chef, 'ne VX 1000, ein Video-Brüller!«

»Halt sie sofort auf den Pulk, Mann! So viele Gesichter filmen wie möglich! Unser Mörder ist unter dem Volk!«

Der Beamte war ein echter Profi. Es dauerte nur wenige Sekunden, und er hielt die Kamera mit starkem Zoom und einem Hilfslicht auf die einzelnen Personen. Er bewegte sich dabei wie ein hin- und hergehetztes Wiesel.

Schlemmermayer suchte unter den Schaulustigen Burma, der seinerseits verzweifelt nach dem Mörder Ausschau hielt. Das Durcheinander war vollkommen. Schließlich fand er den schwitzenden Kommissar in der zurückgedrängten Menge und fragte ihn: »Bist du dir sicher mit dem Parfüm, Alter?«

»Todsicher, Hanspeter«, zischte Burma atemlos. »Such mit!«

»Hier im Halbdunkel?«, wandte Schlemmermayer ein, suchte aber schließlich mit und sah jedem Passanten ins Gesicht.

Ein hoch gewachsener Mann mit dicker Kameratasche, der eine auffallende Ähnlichkeit mit Indiana Jones hatte, grinste in tiefster Zufriedenheit vor sich hin.

Was für ein Environment, was für eine Performance.

Als der Sichtschutz sein »Werk« verhüllte, arbeitete er sich durch die dicht gedrängten Gaffer und ging gemächlich durch die Stille der frühmorgendlichen Nebenstraßen, die er so gut kannte und die zu seinem ehemaligen Zuhause gehörten, zur Palanterstraße. Zwischendurch musste er lachen.

Was für ein Witz, die Nikolauskirche zu benutzen für die Endphase meiner Performance. Die pseudoromanische hässliche Kirche, in der ich als Kind jeden Sonntag mit meinen naiven Eltern einem schwächelnden Gott huldigen musste, in der ich die sogenannte ›Heilige Kommunion‹ empfing und dabei fast kotzen musste und mich in ihrem Jugendraum jahrelang als sogenannter Pfadfinder zu Tode langweilte …

Abermals lachte er lange und still vor sich hin. Schließlich stand er vor dem edel restaurierten Elternhaus mit dem »Ballast seiner Geschichte«.

*

Rüttgersbusch alias Nestor Burma brummte miese gelaunt vor sich hin und paffte sein altes Ungetüm heiß. Zum Glück hatte er die Pfeife im Büro deponiert und noch einen Rest des alten Tabaks. Bedrückt wirkte auch sein Chef, der seinem Freund grübelnd am anderen Ende des Schreibtisches gegenüber saß und rauchte, als wäre jede Zigarette die letzte. Elvira brachte, nachdem sie von der furchtbaren Geschichte gehört hatte, wortlos starken Kaffee. Als Staatsanwalt Futzek hereinschaute, wurde er von Schlemmermayer einfach rausgeschmissen.

»Wir wollen die nächste Zeit nicht gestört werden«, brüllte er Richtung Vorzimmer.

Der Staatsanwalt verzog sich wie eine verscheuchte Katze. So hatte er seinen Untergebenen noch nie erlebt. Das sollte Folgen haben!

Brigitte Berthold schrumpfte im Vorzimmer in sich zusammen. Endlich rief der Fotograf von der Spurensicherung an und bat sie, im Medienraum vorbeizuschauen.

Professor Krohneick stieß vorher noch zu den Fahndern, ließ sich einen Bericht geben und schloss sich der Gruppe an, die zur Medienabteilung eilte.

Burma war selten in diesen Räumen und wunderte sich jedes Mal über so viel geballte Technik. Mischpulte, Computer, Kameras, Monitore, Unmengen an Kabeln in aufwändig eigens für technische Zwecke konzipierten Regalen und hunderten Kassetten machten auf die vier Fahnder einen verwirrenden Eindruck.

»Das ist die Zukunft – aber die lasse ich mir gefallen«, meinte Schlemmermayer.

Der Techniker bediente souverän einige Knöpfe auf einem Schaltpult, und auf einem der sechs an der Wand angebrachten Monitore erschien ein Standbild, das eine Menschenmenge zeigte. Der Medienmensch forderte die Anwesenden auf, sich um den Monitor zu platzieren und ließ dann den Videofilm ablaufen. Man sah Frauen, einige noch in Bademänteln, Männer, die ursprünglich zur Arbeit gehen wollten, erstaunlich viele Jugendliche und sogar Kinder. Nach ungefähr drei Minuten »Kölner Köppe« schrie Elvira Schmitz plötzlich: »Stopp!« Der Techniker reagierte sofort.

Auf dem Monitor war, gestochen scharf, ein grinsender Mann zu sehen, im Begriff, sich abrupt abzuwenden. Er hatte offensichtlich die Kamera bemerkt. Der Techniker fuhr auf Anordnung Burmas das Video kurz zurück und fror das Gesicht in einem vergrößerten Standbild ein.

»Ich werd verrückt! Das ist er«, brüllte Burma. »Seht Ihr – die fast klassischen Züge des Gesichtes und die hellblauen Augen. Er hat sich die Haare geschnitten und dunkel gefärbt, seht ihr? Und trägt einen Dreitagebart, ebenfalls gefärbt. Er überragt die Menge um fast einen halben Kopf!«

»Können Sie uns davon einen Ausdruck machen?«, fragte Schlemmermayer den Medientechniker.

»Kein Problem, Kollege«, antwortete der Beamte, bediente einige Knöpfe, und aus einem Drucker kam ein erstklassiger, gestochen scharfer Ausdruck in Farbe.

»Genial«, presste Burma erstaunt heraus und bedankte sich.

Burma ließ durch Elvira das Foto augenblicklich per Mail an Bernadette Börnster schicken, um eine Bestätigung einzuholen. Die bekam er innerhalb von wenigen Minuten. Es war eindeutig ihr Noch-Ehemann, Michael Börnster.

Schlemmermayer ließ das Bild sofort an den Verteilerposten senden, mit dem Befehl, es zu vervielfältigen und anschließend allen Polizeibeamten in Köln und Umgebung zur Verfügung zu stellen. Die analoge und digitale Fahndung lief auf Hochtouren unter Alarmstufe 1.

Anschließend saß das Vierergespann noch lange grübelnd in Burmas Büro. Man konnte nichts tun als warten. Aber auf was? Das zehrte an den Nerven. Burma schlug unbeabsichtigt mit der Faust auf den Tisch und wiederholte zum x-ten Mal »Scheiße«, als das Telefon unwirklich schrillend die drückende Stimmung durchschnitt. Elvira nahm ab, meldete sich und gab den Hörer zögernd an Burma weiter. Der wollte schon etwas Unflätiges hinein brüllen, als er die Stimme der Gerichtsmedizinerin vernahm.

»Burma?«

»Ja?«

»Wie geht es dir?«, fragte sie ungewohnt vertraulich mit gedämpfter Stimme.

»Beschissen … Und wie geht's dir? Gibt's was Neues?«

»Mir geht es ebenso. Ich seziere gerade die Leiche, und ich muss sagen, zum ersten Mal hasse ich meinen Beruf! Na, egal. Was ich dir aber mitteilen wollte, ist die Tatsache, dass die Tote über vier Wochen gefoltert wurde. Eindeutig festzustellen an dem Grad verschiedener Vernarbungen.«

»Allmächtiger!«, rief Burma atemlos aus und fuhr sich entsetzt mit der Hand über die Augen.

»Dann habe ich breite Fleischwunden an den Hand- und Fußgelenken entdeckt«, berichtete die Pathologin weiter. »Wir müssen davon ausgehen, dass sie an engen Metallmanschetten – wie bei den mittelalterlichen Folterungen – an einer Wand oder an sonst etwas … mmh, angekettet war, und das nahezu über den gesamten Zeitraum. Diese junge Frau muss entsetzliche Qualen gelitten haben.«

»Großer Gott – dieses Schwein! Wann ist deines Erachtens der Exitus eingetreten?«

»Letzten Freitag zwischen siebzehn und zwanzig Uhr, würde ich mal grob sagen. Im Übrigen, wir glauben ziemlich sicher zu wissen, um wen es sich bei der Toten handelt.«

»Nein! Um wen?«

»Barbara Bernstein!«

»Oh Gott, die Jüdin aus Königswinter! Da wird sich der Staatsanwalt aber freuen«, kommentierte Burma verdrießlich. »Den muss ich sofort informieren. Gibt's noch was, äh – Angelika?«

»Vorläufig nicht. Übrigens: Dr. Futzek weiß Bescheid. Hab ihn gerade angerufen! Wenn noch was entdeckt wird, ruf ich dich sofort an. Ansonsten bekommst du ja dann den Schlussbericht.«

Die Gerichtsmedizinerin legte auf und Burma gab das Gehörte an die Kollegen weiter. Schlemmermayers Adern an den Schläfen traten dick hervor, er lief rot an vor ohnmächtiger Wut. Elvira wurde allmählich blass. Ihr sonst so voller Mund verzog sich zu einem schmalen Strich. Sie presste hervor: »Das Schwein … dieses gottverfluchte Schwein!«

»Und wenn es meine Pension kosten sollte«, zischte Burma schließlich gefährlich leise. »Ich werde ihn vernichten!«

Sie befanden sich alle unter gewaltigem Druck und berieten das weitere Vorgehen, als Elvira mit aufgerissenen Augen plötzlich sagte:

»Frau Armbruster sprach von vier Wochen permanenter Folterung. Wisst ihr eigentlich, was das heißt? Dieses Monster muss irgendwo einen Ort haben, wo es völlig ungestört rummachen kann, ohne aufzufallen.«

»Genau darüber zerbreche ich mir momentan den Kopf«, flüsterte Burma. »Vielleicht sollten wir in die Palanterstraße fahren – ins Haus Börnster. Vielleicht finden wir da irgendwo versteckte Kellerräume! Man weiß nie …«

»Das Haus ist gestern bereits akribisch durchsucht worden«, entgegnete der Chef. »Es steht unter ständiger Bewachung und Beobachtung. Genau so das Wochenendhaus im Sauerland und die Yacht im Rheinauhafen!«

»Ach ja, stimmt – hab ich vergessen. Trotzdem fahr ich jetzt in die Palanterstraße. Vielleicht ist da was übersehen worden. Ich hab so ein komisches Gefühl. Außerdem werd ich durch das ewige Rumsitzen noch verrückt.«

»Okay, ich komm mit – mir geht's genau so«, sagte der Chef, und auch Elvira zog ohne ein Wort wie selbstverständlich ihre Jacke an.

»Ich komme ebenfalls mit«, meinte Professor Krohneick.

»Sie stehen dann aber unter meinem Befehl, Herr Professor – halten Sie sich bitte daran. Wir sind hier nicht in einem fidelen Hörsaal«, sagte Schlemmermayer ungewohnt ernst.

»Geht klar, Herr Schlemmermayer«, sagte der Professor entschieden.

Nach zwanzig Minuten wurden sie auf der Höhe der Palanterstraße von Feuerwehrleuten und Polizeibeamten, zuzüglich eines rotweißen Absperrungsbands an der Weiterfahrt gehindert. Zwei Leiter- und ein Unfallwagen der Feuerwehr sowie drei Streifenwagen standen vor einem lodernd brennenden Haus. Feuerwehrleute versuchten unter enormem Einsatz von Löschmitteln, den Brand einzudämmen, der auch die Nachbarhäuser bedrohte.

»Börnsters Haus«, rief Burma entsetzt und sprang aus dem Wagen, hielt einem verdutzten Feuerwehrmann seinen Ausweis vor die Nase, rief »Polizei« und rannte, gefolgt von Elvira, dem schnaufenden Chef und dem Professor, auf das Haus zu. Das Gebäude stand vollständig in Flammen. Burma sah sofort: Hier gab es nichts mehr zu retten!

Die Straße war voller Schaulustiger. Es erinnerte an das Spektakel vor knapp fünf Stunden nur ein paar Straßen weiter.

»Was für ein Tag«, jammerte ein junger Polizist neben Burma. »Erst diese elendige Scheiße an der Nikolauskirche und jetzt dieser Driss! Und alles an einem Vormittag!«

»Wer ist der Chef hier?«, fragte Burma den Uniformierten. Der zeigte auf einen älteren Kollegen. Burma erkannte seinen alten Schulfreund sofort.

»Mensch, Herbert, lange nicht gesehen! Was ist denn hier passiert?«

»Ewald, altes Haus! Dass es dich noch gibt … Tja, hier ist der Teufel los! Wir nehmen Brandstiftung an. Benzin hinterlässt einen noch lange anhaltenden Gestank. Riechst du's?«

Burma nickte bejahend.

»Da dürfte einer vorher auf allen Etagen reichlich Benzin ausgeschüttet haben!«

»Ich befürchte, ich weiß auch, wer«, brummte Burma leise, ließ den alten Kumpel mit den Worten »Ich muss weiter« stehen und eilte zu seiner Truppe zurück, die sich das Schauspiel mit einer Mischung aus Verzauberung und Entsetzen ansahen.

»Der Irre verliert keine Zeit«, meinte Schlemmermayer.

»Nur – was soll das Ganze?«, fragte Elvira. »Das ergibt doch keinen Sinn!«

Der Professor entgegnete: »Er will seine Geschichte auslöschen, weil er seine Existenz in einem neuen und wesentlicheren Abschnitt sieht, – oder aber er will sich an etwas rächen, was mit seiner Vergangenheit zu tun hat. Er hat schließlich in diesem Haus seine Kindheit verbracht.«

»Hmmm«, brummte Burma, nahm sein Handy aus der Manteltasche und wählte eine gespeicherte Nummer. Er informierte Bernadette Börnster über den Brand, die zuerst erstaunte und keine Worte fand, aber dann merkwürdigerweise erleichtert schien und gepresst lachend auflegte.

Burma schüttelte den Kopf und blickte schließlich wie gebannt in die lodernden Flammen, die aus den Fenstern und dem Dachstuhl züngelten. Das eben Gehörte und seine Gedanken dazu verblassten allmählich und wichen der Faszination für das Feuer, die ihn lebenslang begleitete. Passend zu dem flammenden Inferno fiel ihm ein, dass er demnächst endlich eine Verfügung aufsetzen wollte, nach seinem Ableben verbrannt zu werden.

Schlemmermayer machte indessen zwei Beamte regelrecht zur Sau, die der simplen Aufgabe, das Haus zu überwachen, offensichtlich nicht gewachsen gewesen waren.

»Das wird ein Nachspiel haben, ihr Pfeifen!«, schrie Schlemmermayer mit knallrotem Kopf die zwei eingeschüchterten Beamten an.

Wie sich später herausstellte, waren die zwei Polizisten während ihres Auftrags im mollig beheizten Streifenwagen ausgiebig beschäftigt gewesen mit der Vernichtung prall gefüllter Mc Donald's-Tüten plus Kaffee sowie dem Abhören der neuesten CDs und anschließendem Nickerchen.

Schlemmermayer kochte noch lange vor Wut und ordnete für seine kleine Truppe den Rückzug an. »Hier können wir eh nichts mehr ausrichten«, meinte er resigniert. »Hauen wir ab.«

Während der Fahrt knurrte bei Burma gefährlich der Magen, und er meinte, dass der Trupp sich ein verspätetes Frühstück wohl gönnen dürfte. Ohne eine Antwort abzuwarten, fuhr er in die Zülpicher Straße, wo sich ein Studenten-Café befand, in dem es neben ausgezeichnetem Kaffee auch Brötchen gab, die tatsächlich zu jeder Tageszeit immer frisch belegt waren.

*

Michael Börnster spielte mit dem Gedanken, ins Hotel zu fahren, um endlich einmal richtig auszuschlafen. Er fühlte sich aber so wach wie seit Jahren nicht mehr. Eine nicht enden wollende Euphorie beflügelte ihn, und er fühlte sich ungewöhnlich stark. Er bestellte noch einen Espresso plus Cognac und flirtete per Blickkontakt mit einer hübschen Studentin afrikanischer Herkunft. Er sah sie schon indirekt als mögliches Opfer, wischte den Gedanken aber schnell weg. Er brauchte eine kurze Erholungsphase, die er nutzen wollte, um über die nächste ästhetische Erweiterung seiner Kunst nachdenken zu können. Die Poesie sei in dem, was er im letzten Jahr gemacht hatte, ein wenig zu kurz gekommen, konstatierte er.

Börnster konnte nicht ahnen, dass nur zwanzig Meter weiter über die Zülpicher Straße eine junge Frau und drei Männer in einem anderen Café frühstückten und nur eines im Kopf hatten: ihn, Börnster, möglichst schnell aus dem Verkehr zu ziehen.

Also: ins Hotel fahren? Nein, doch lieber zurück in seine Katakombe. Da fühlte er sich zu Hause, und er wollte unbedingt noch die Schweinefetzen in Plastiktüten verpacken und entsorgen. Gegen Schweinefleisch hegte er schon immer ein tiefes Misstrauen und vermied, so gut es ging, so etwas als Speise in sich aufzunehmen. Es passte weder vom Geruch noch vom Aussehen her in Börnsters Welt. Vielleicht sollte er auch mal für Ordnung sorgen, bevor er ans nächste Werk ging. Denn er war im Grunde ein ordentlicher Mensch. Bei dem Gedanken musste er böse in sich hineinlachen.

*

Die vier Fahnder aßen schweigend ihre belegten Brötchen. Burma und sein Vorgesetzter mit gierigem Appetit, denn sie hatten im Gegensatz zum Professor und zu Elvira noch nichts im Magen.

Es war bereits gegen Mittag und die Sonne schien ungewöhnlich intensiv für die Herbstzeit. Was hätte das für ein schöner Tag sein können, dachte sich Elvira und sah versonnen zum Professor herüber, der ihr gegenüber saß und das zweite Brötchen vertilgte. Plötzlich sagte Burma zwischen zwei Bissen:

»Ich denke, wir fahren gleich mal zu der Werbeagentur nach Marienburg. Elvira hatte Recht mit dem Hinweis auf eine – äh, nennen wir es ›Arbeitsstelle‹ des Irren. Ich muss immer wieder an die merkwürdigen Garagen unter der Villa denken. Die scheinen mir etwas zu verbergen!«

Schlemmermayer nickte zustimmend mit vollen Backen. Ohne weiteren Kommentar griff Burma zu seinem Handy und rief Heinz Grummenohl, den Leiter der Spurensicherung an.

»Heinz, lass alles stehen und liegen, pack deinen Wunderkoffer ins Auto und komm – sagen wir gegen vierzehn Uhr – zu Börnsters Agentur nach Marienburg. Da treffen wir uns dann. Adresse hat die Berthold. Ja. Nein, kein Aufschub. Muss sein, Heinz. Du musst uns so etwas wie ein elektronisch gesichertes Garagentor öffnen. Eins mit Fingerscanner. Ja, genau. Und bring dein Schießeisen mit, man weiß nie! Vielleicht verbirgt sich der Serienkiller hinter den Toren! Ach übrigens, bitte komm mit deinem Privatwagen und in Zivil. Ich will in Marienburg keinen Streifenwagen und keine Uniform sehen!«

»Ist doch logisch, du alter Sack«, lachte Grummenohl.

»Bis gleich dann – selber alter Sack!«

Burma war aber nicht zum Lachen.

Hanspeter Schlemmermayer rief seine Sekretärin – die einsam in der Mordkommission ausharrende Brigitte Berthold an und erklärte ihr in kurzen Worten das Fernbleiben der Truppe. Dann gab er ihr den Auftrag, den Staatsanwalt über die Brandstiftung und den vermutlichen Brandstifter zu informieren.

»Mir ist irgendwie mulmig, Alter«, meinte er. »Lass uns ein Einsatzkommando dazu holen, Burma – findest du nicht auch?«

»Nein. Ich bin mir nicht so sicher, ob wir dort etwas finden werden, geschweige denn den Killer«, entgegnete Burma. »Erstmal wollen wir sehen, was sich hinter den Garagentoren befindet. Ein Einsatzkommando kommt mir vorerst nicht in die Tüte. Wenn du Schiss hast, kann ich dich ja vor deinem Präsidium absetzen, da kannst du in Seelenruhe weiter Antragsformulare ausfüllen und dich von der Berthold mit Kuchen verwöhnen lassen!«

Burma schien etwas zu weit gegangen zu sein, denn sein alter Freund aß stinkbeleidigt still vor sich hin ein viertes, ein Schinkenbrötchen. Vor dem fünften, mit Gouda, sagte er schließlich: »Das könnte dir so passen, du Blödmann!«

»Genau das wollte ich von dir hören. Im Übrigen möchte ich mich entschuldigen, aber ich dreh heute irgendwie am Rad. Was machen eigentlich unsere Zwillinge?«

»Die hast du doch in die Pampas geschickt, Auskünfte über die vermissten Frauen einholen!«

»Verdammt, Mister Alzheimer steht vor der Türe und klopft immer lauter an«, knurrte Burma verdrießlich und griff abermals zu seinem Handy. Er fragte sich dabei insgeheim, was er ohne »dem Ding« wohl momentan anfangen würde. Er stöhnte deutlich und wählte. Horst Thomalla meldete sich sogleich.

»Wo hängt ihr ab, Jungs?«, fragte Burma.

»In Bonn, Chef!«

»Sofort zurückkommen! Wir treffen uns Punkt vierzehn Uhr vor der Villa Börnster in Marienburg!«, rief Burma ins Gerät, als hätte er es mit einem Schwerhörigen zu tun. »Seid ihr mit 'nem Streifenwagen unterwegs?«

»Nä, Chef, mit dem alten Lancia vom Jürgen!«

»Gut! Seid ihr noch in Zivil?«

»Wie befohlen, Chef!«

»Prächtig, parkt inner Seitenstraße und kommt dann getrennt. Bis später!«

Der Kommissar beendete das Gespräch extrem angespannt. Als wäre sein Zustand übertragbar, verstummten die Gespräche bis zum Verlassen des Cafés.

*

Michael Börnster stieg über die Hecke, die das riesige Grundstück umgrenzte und verschwand in einem buschartigen Gestrüpp. Keiner konnte ihn dabei beobachten, weil sich erstens kein Mensch in der Nähe aufhielt und zweitens die wenigen Villen, von denen aus man ihn hätte sehen können, hinter dichtestem Baumwuchs versteckt lagen.

Er fand die Einstiegsluke mühelos und verschwand wieselflink im Untergrund. Unten angekommen, zog er sich erst mal um. Nur in seinem roten Leder fühlte er sich als vollwertiger Jünger und Vollstrecker seines Herrn. Er legte eine alte Orbis-Schallplatte auf und die Klänge von Gustav Mahlers erster Sinfonie *Der Titan* erfüllten die düstere Räumlichkeit. Er genehmigte sich einen Malt-Whisky, kramte aus der Schublade einer chinesischen Kommode seine über siebzig Jahre alte, echtgoldene Art-déco-Zigarettenspitze hervor, die er nur zu seltenen Anlässen benutzte und steckte eine filterlose Virginia-Zigarette hinein. Dann schob er das Mundstück der Spitze in den geöffneten Reißverschluss der karminroten Vollledermaske zwischen die Zähne und rauchte, sich dabei selbstverliebt in einem riesigen Barockspiegel betrachtend, der noch aus der Nazizeit stammte, mit nahezu femininer Geziertheit.

*

Gegen vierzehn Uhr trudelten alle Einbestellten nacheinander in Marienburg ein. Alles war so unauffällig wie möglich. Heinz Grummenohl, der zwei große Aluminiumkoffer herbei schleppte, machte in seiner Arbeitskluft den Eindruck eines Handwerkers. Bernadette Börnster war von dem »Überfall« vorher telefonisch in Kenntnis gesetzt worden und öffnete ihnen die Tür. Ohne sich groß aufzuhalten, führte sie die Beamten auf die Bitte Burmas über eine separate Treppe hinunter auf die Parkebene und zeigte ihnen die drei Garagen, Börnsters verbliebenen Besitzanteil an der gesamten Immobilie.

»Den meisten Aufwand – und stets nach Feierabend und an den Wochenenden – betrieb Börnster bei der dritten Garage. Ich sah das auch an dem enormen Abfall, den er und die Monteure hinterließen. In der Garage selber war ich aber noch nie«, bemerkte Bernadette.

»Aufmachen«, erteilte Schlemmermayer dem Chef der Spurensicherung kurz und bestimmt den Befehl. »Und wenn's geht: ohne großen Lärm!«

»Noch was, Meister?«, wollte Heinz gereizt wissen. Er verabscheute Kasernentöne.

Sichtbar angespannt antwortete ihm der Chef mit einem gedämpften: »Sei nicht immer so empfindlich! Mach schon!«

Alle waren gleichermaßen angespannt, als spürten sie die Nähe eines Finales mit ungewissem Ausgang.

»Behaltet die Ruhe, Leute! Schlechte Nerven können wir hier nicht gebrauchen! Sie, Frau Börnster, und Sie, lieber Herr Krohneick, begeben sich bitte in die obere Etage. Vielleicht hört sich das lächerlich an, aber ich will sicher gehen!«

Nachdem die Fahnder allein waren, wandte sich Grummenohl dem Sensor zu, der den Öffnungsmechanismus frei gab. Grummenohl grinste und flüsterte vor sich hin:

»Das wird kein Kinderspiel.« Dann untersuchte er erst akribisch das Tor und schüttelte den Kopf. »Mit roher Gewalt wird das nichts. Hab ich mir doch gleich gedacht! Hier ist der Fachmann gefragt.«

Er öffnete einen Koffer. Daraus holte er helle Baumwollhandschuhe und zog sie über. Dann entnahm er dem Koffer ein spezielles Klebeband – transparent und zirka sechs Zentimeter breit –, schnitt ein Stück ab und klebte es vorsichtig über die kleine Fläche des weißen Sensors, der wie ein Miniatur-Monitor aussah. Dann rieb er mit einem Q-Tip längs und quer über das Klebeband. Schließlich zog er es vorsichtig ab und klebte ein winziges Eckchen an den Alu-Koffer.

Die Umstehenden schwitzten beim Zugucken, trotz der herbstlichen Kühle , die ungemütlich über das Parkdeck zog. Schlemmermayer zündete sich eine Zigarette an und bot seinen dankbaren Kollegen, die sich nicht trauten zu rauchen, ebenfalls welche an. Selbst Heinz Grummenohl unterbrach dafür kurz seine Arbeit. Er zog aber nur zwei Mal kräftig und warf den Glimmstängel weg. Jetzt holte er einen Pinsel und ein kleines Fläschchen mit geheimnisvoller Tinktur aus seinem »Zauberkoffer« und bestrich damit – unendlich geduldig – die Klebefläche des transparenten Stücks Tesafilm. Gebannt sahen die Umstehenden zu. Keiner wagte zu atmen.

»Es hat tatsächlich geklappt«, kamen die erlösenden Worte. »Das war aber nur der erste Streich«, grinste er übers ganze, völlig verschwitzte Gesicht. Er zeigte den Kollegen einen erstklassigen Daumenabdruck auf transparentem Zelluloid. Elvira zückte ein Papiertaschentuch und wischte dem älteren Kollegen wie selbstverständlich den Schweiß von der Stirn.

»Danke dir«, sagte der zu Elvira. »Tja, Glück gehabt, Leute. Der Daumenabdruck hätte durch die Überlagerung mit den vorherigen unbrauchbar sein können. Damit hätten wir nichts anfangen können. Er hätte auch verschmiert sein können und und und … So, jetzt geht's weiter, Leute, wir sind leider noch nicht fertig!«

Grummenohl trocknete das Zelluloidstück mit dem Daumenabdruck mit Hilfe eines winzigen batteriebetriebenen Föns, wie ihn die Kollegen noch nie gesehen hatten, und legte das Teil anschließend auf den Sensor. Nichts tat sich.

»Mist«, flüsterte Burma, aber Grummenohl ließ sich nicht beirren. Aus einer Reihe verschiedenfarbiger Kartonbögen in Postkartengröße, die ebenfalls in seinem Koffer waren, nahm er einen weißen und bugsierte hinter das auf den Sensor gelegte Zelluloidstück. Wiederum tat sich nichts. Dann versuchte er es mit einem grauen, schließlich mit einem fleischfarbenen Kärtchen. Da ertönte ein leises Summen und das massive Garagentor schwang elegant und kaum vernehmbar auf.

»Gewonnen«, flüsterte Heinz Grummenohl, aber für Glückwünsche war keine Zeit. Jürgen Kant und Horst Thomalla gingen mit ihren schussbereit vorgestreckten Walther PKs leicht in die Hocke und hielten ihre Waffen in das Innere der dunklen Garage. Es blieb ruhig. Nichts rührte sich.

Schlemmermayer, Schmitz und Burma hatten ebenfalls die Waffen gezogen, entsicherten sie und bewegten sich mit höchster Vorsicht in das Innere der Garage, während Grummenohl draußen seinen Koffer in Ordnung brachte. Erst danach widmete er sich seelenruhig seinem Schießeisen.

Nichts war auffällig in der Garagenhalle. Nur ein Oldtimer befand sich linkerseits und einige Regale mit Werkzeug an den Wänden. Burma war enttäuscht. Sein Chef steckte die gesicherte Waffe weg. Die anderen folgten seinem Beispiel mit einer merkwürdigen Mischung aus Erleichterung und Enttäuschung. Burma schaltete das Licht an, Grummenohl sah sich ausgiebig den Mechanismus der Torverriegelung an. Er staunte über die ihm unbekannte Technik und das massive Material aus den USA, wie ihm ein Prägestempel auf einer Stahlverstrebung verriet. Schließlich blockierte er sicherheitshalber die Verriegelung, indem er die Stromzufuhr kappte.

Die Anwesenden entspannten sich allmählich. Die Männer standen um den alten MG herum wie kleine Jungs und bekamen ohne Ausnahme große, feuchte Augen.

»Der Börnster wollte einen neuen Auspuff ansetzen!«, bemerkte Elvira, die sich nicht sonderlich von dem alten Gefährt beeindruckt zeigte, aber den länglichen, ungeöffneten Karton und die maroden Teile eines Auspuffs begutachtete, die verstreut neben dem Wagen auf dem Betonboden lagen.

»Allseits begabt, unser Killer«, meinte Thomalla.

Da entdeckten sie die Grube, über der der MG stand.

»Schiebt den Wagen weg, Jungs«, zischte Burma plötzlich wie elektrisiert in Richtung Thomalla.

»Warum denn das?«, wollte sein dicker Vorgesetzter wissen.

»Keine Ahnung – Intuition!«

Der Wagen wurde von den Zwillingen von der Grube geschoben und Burma kletterte flink über die kurze Leiter in den Schacht. Elvira folgte ihm. Aber es gab eine herbe Enttäuschung. Eine gewöhnliche, nach Öl, Schmierfett und Benzin stinkende, schmutzige Grube wie hunderttausende andere auch präsentierte sich ihnen. Sie wollten sich schon ernüchtert aus der Grube nach oben hangeln, da zischte Elvira plötzlich:

»Still – bitte!«

Burma hielt erschrocken die Luft an. »Was ist denn«, fragte er mit unterdrückter Stimme.

»Ich höre Musik«, flüsterte sie. »Hier hinter der Wand!«

Burma und Schlemmermayer, der mühsam nachgeklettert kam, hörten nichts.

»Jetzt ist sie wieder weg«, ärgerte sich Elvira zitternd vor Aufregung. »Hinter der Wand habe ich ganz leise, wie von sehr weit weg, so 'ne merkwürdige Musik gehört.«

»Heinz, komm du mal hier 'runter«, rief Burma, so leise es ging, nach oben.

»Kein Platz da unten«, rief ebenso leise der Kollege. Schlemmermayer fühlte sich angesprochen und hievte seinen mächtigen Körper ächzend aus der Grube.

»Bring was zum Leuchten und eventuell Werkzeug mit!«

»Wenn ich dich nicht seit ewigen Zeiten kennen würde, müsste ich annehmen …«

»Quatsch nicht, Heinz, mach voran«, flüsterte Burma nach oben. Grummenohl griff sich den zweiten Koffer und stieg in die Grube. Er holte eine Akku-Leuchte mit starkem Kaltlicht heraus und begann, die hintere Wand, hinter der Elvira glaubte, Musik gehört zu haben, systematisch abzuleuchten.

»Seht mal«, stieß er atemlos hervor und zeigte auf einen haarfeinen, lang gezogenen Schlitz, wie von einem Skalpell geschnitten, der trotz Überschmierungen durch Werkstattschmutz und Schmierfett gerade eben noch erkennbar war. »Ohne das Kaltlicht hätten wir das nie gesehen!«

Burma ergriff die Handschuhe, einen Baumwolllappen und einen Spachtel, die er unter dem herumliegenden Werkzeug fand und begann, die Schmiere entlang des Schlitzes zu entfernen. Bald wurde eine hauchdünne, viereckig umlaufende Fuge in der Betonwand sichtbar. Burma wischte und schabte weiter und legte so eine graue Stahlfläche frei – eine Art Tür in den Ausmaßen achtzig mal achtzig Zentimeter. Burma musste tief durchatmen. Grummenohl flüsterte: »Wow!«

Burma wischte einen auf der linken Seite in der Stahlplatte eingelassenen Griff frei. Weiter darunter fiel ihr Blick dann auf ein verschmiertes Sicherheitsschloss.

»Wow, Wahnsinn«, wiederholte Grummenohl. »Ich werd verrückt: Ein Rundzylinder von BKS – in den vierziger Jahren, noch im Krieg entwickelt! Burma, du kniest hier im Dreck vor dem ersten Sicherheitszylinder der Welt! Das war damals eine Revolution«, flüsterte Grummenohl voller Ehrfurcht.

»Halt bitte keine Volksreden und mach das Ding auf!«

»Heutzutage kein Problem, damals schon.« Grummenohl holte aus dem Koffer seinen kleinen »Alleskönner« und zwei Minuten später bewegte sich was im Zylinder.

»Ist auf … Da staunste, wa?«, flüsterte Grummenohl stolz.

Burma zog an dem Griff und musste sich über die Leichtigkeit wundern, mit der die schwere Stahltüre aufging.

Der Einstieg gab den Blick frei in einen nur schwach beleuchteten Tunnel.

»Mach das Licht aus, Heinz«, flüsterte Burma.

Danach verharrten die Fahnder erst mal im Dunkeln, damit sich ihre Augen an das schwache Licht gewöhnten. Burma warf die verdreckten Handschuhe auf den Boden. Dann schickte er Elvira und Heinz nach oben. Er brauchte nur die Zwillinge.

Die drei gelangten durch den Schacht in einen schwach beleuchteten Gang. Sie zogen die Waffen, entsicherten sie und schlichen langsam und lautlos wie Katzen den gefühlt endlos langen Gang hindurch, bis sie vorsichtig einen Saal betraten.

Burma, Kant und Thomalla konnten das, was sie in dem Dämmerlicht erkennen konnten, kaum glauben: Eine Schauerkulisse wie aus einem Gruselfilm.

Ähnlich wie bei dem Stanescu, nur ungleich konsequenter das Ganze … böser, ging es Burma blitzartig durch den Kopf.

Da trat Thomalla gegen eine leere Tomatendose.

Der Rote erstarrte. Die Wagner-Platte, die er gerade auflegen wollte, fiel ihm aus der Hand, und wie ein flüchtiger Schatten verschwand er in einen Nebenraum. Er holte die für alle Fälle geladene Mauser aus der Schublade seiner Kommode, entsicherte die Waffe und drehte sofort das Licht im Raum aus. Er verharrte im Dunkeln, spähte in Richtung des Saales und spürte seine Herztöne galoppierend gegen die Schläfen schlagen. Zwischen seiner Haut und dem rotem Leder suchte sich plötzlich ausbrechender Schweiß den Weg, und er fror mit einem Mal entsetzlich. Er begann zu zittern. Das Pfeifen meldete sich wieder in den Ohren.

Da gewahrte er einen vagen Schatten, der aus dem Stollen in den Saal huschte. Er ließ sich Zeit, zielte und schoss.

Burma spürte einen Einschlag in die linke Schulter, wurde herumgerissen und schleuderte gegen die Wand. Dann sah er zu seinem Entsetzen Elvira neben sich im Halbdunkel zwei gezielte Schüsse abgeben. Sie hatte sich Burmas Befehl widersetzt und war den drei Männern heimlich gefolgt, entgegen dem kategorisch vorgebrachten Befehl Schlemmermayers.

»Mach, dass du weg kommst«, zischte Burma wütend. »Du hast hier nichts zu suchen!«

»Ich lass dich nicht im Stich und damit basta«, flüsterte sie grinsend zurück. In dem Moment kam der Schmerz, und Burma wurde kurz schwarz vor Augen. Er stützte sich an der Wand ab und bemerkte Kant und Thomalla an sich vorbei hecheln.

»Jungs, passt auf«, brüllte Burma. Plötzlich gingen bis auf eine magere Notfunzel an der Decke des Saales überall die Lichter aus. Gleichzeitig kamen drei dicht hintereinander abgegebene Schüsse aus dem Dunkel. Ein kurzer Schrei in unmittelbarer Umgebung war die Antwort darauf.

»Alles in Ordnung?«, schrie Burma und bekam sofort die Folgen seines Fehlers zu spüren: Ein weiterer Schuss krachte und schlitzte seine rechte Wange auf. Der beißende Schmerz im Gesicht kam jetzt zu den stechenden in der Schulter. Er biss die Zähne zusammen. Tränen schossen ihm in die Augen. Nur nicht umkippen, rief er sich zu. Er wischte sich mit der freien Hand über die Augen, riss sich mit Gewalt zusammen und ignorierte die Schmerzen, die er nicht mehr lokalisieren konnte – wie auch das Blut, das ihm den Hals hinunter in den Kragen floss. Zu groß war seine Angst um diese »verrückte« Elvira; zu groß aber auch sein Hass auf die »Bestie«.

»Ich krieg dich, komme, was wolle«, zischte Burma.

Der Rote war im Vorteil – er kannte die Räumlichkeiten blind, also auch im Dunkeln, und nutzte sie. Burma musste in ohnmächtiger Wut auf den nächsten Schuss des Gegners warten, um den Feuerstoß zu lokalisieren.

»Ich krieg dich, du Schwein«, flüsterte er vor sich hin. »Komm nur, komm, du Frauenschlächter!«

Der Gegner schien ähnliches zu denken und wartete ebenfalls.

»Alles in Ordnung?«, flüsterte Burma noch einmal ins Dunkel.

»Jürgen hat 'nen Steckschuss im Oberschenkel«, kam leise von Thomalla zurück.

»Ist nicht so schlimm«, kommentierte der Getroffene gepresst.

Elvira meldete flüsternd ein »Okay«.

Burma hielt die nervliche Anspannung nicht mehr aus und machte trotz der Schmerzen einen versetzten Spagat, schoss in die Richtung, in der er den Killer vermutete und schnellte in die Ausgangsposition zurück. Sofort kam der Gegenschuss. Burma sah das Feuer und leerte, permanent die Stellung wechselnd, seine Ordonnanzkanone bis zur letzten Patrone in Richtung des Gegenfeuers. In Windeseile wechselte er mit blutigen Händen das Magazin. Die Schmerzen waren wie weggeblasen. Die Zwillinge und Elvira feuerten wie besessen auf das vermutete Ziel. Der ohrenbetäubende Lärm, der zusätzlich von den Wänden zurückgeworfen wurde, war kaum zu ertragen. Da trat wie auf geheime Verabredung eine unwirkliche Stille im Gewölbe ein, und man konnte kaum Luft holen in dem Salpetergestank, der dick in der Luft hing.

Da hörten alle, trotz des permanenten Pfeifens in den Ohren, ein kurzes, merkwürdiges Wimmern und eigenartiges Kratzen auf dem Boden; dann ein jähes, quietschendes Schnappen nach Luft. Endlich war alles still.

Ein jeder der vier Beamten verharrte wie gelähmt auf seinem Platz und gab keinen Ton von sich. Sie ahnten, dass der Albtraum nun endlich vorbei war. Nur das Pfeifen in den Ohren und ein beißender Qualm zeugten noch von dem infernalischen Intermezzo.

»Licht«, rief Burma schließlich und Thomalla suchte mit seiner winzigen Stabtaschenlampe die Wand nach einem Schalter ab, den er auch etwas später fand. Da tauchten endlich eine Anzahl Glühbirnen niedriger Wattzahl, die an der Decke hingen, das Szenarium in ein gespenstisch dumpfes Licht.

Sofort kümmerte sich Horst Thomalla besorgt um den verletzten Kollegen und Elvira um den blutüberströmten Chef. Der schob sie weg und zischte:

»Keine Zeit jetzt«, und eilte mit schussbereiter Waffe in den hinteren Bereich des Saales.

Im Eingang zu einem Nebenraum lag ein großer Mann, von oben bis unten in rotes Leder gezwängt, auf dem Rücken, mit seltsam nach oben verbogenen Armen, als wollte er im Augenblick des Todes noch jemanden verzweifelt um etwas bitten. Er blutete aus mehreren Wunden. Die Mauser-Waffe lag auf seiner Brust, als habe sie jemand extra dorthin gelegt.

Burma griff nach dem Puls des rot belederten Mannes. Nichts. Dann fingerte er mit zitternden, blutverschmierten Fingern seine Brieftasche hervor, entnahm ihr umständlich einen kleinen Metallspiegel, hielt ihn vor den geöffneten Mund hinter dem offenen Reißverschluss. Nichts. Er war tot. Die Jagd war zu Ende.

Burma wurde schwarz vor Augen. Von sehr weit her vernahm er nur noch ein schrilles »Burmaaa!«

Samstag

Burma erwachte durch das leise Klingeln eines Telefons. Es war früher Morgen und eine milde Herbstsonne schien durch das Fenster eines ungemütlichen Vierbettzimmers im evangelischen Krankenhaus Weyertal. Er musste sich erst einmal kurz orientieren. Die Operation hatte er scheinbar gut überstanden, denn die Schmerzen hielten sich bis auf leichte Kopfschmerzen in erträglichen Grenzen und er verspürte einen »gesunden« Hunger. Der Kommissar konnte sich noch undeutlich an die Gesichter erinnern, die er – wie unter einem Schleier – am Tag zuvor kurz gesehen hatte: Seine schluchzende Lotosblüte, Elvira und den alten Freund und Chef.

Es klingelte wiederholt. Burma angelte sich umständlich den Hörer. Gerichtsmedizinerin Dr. Armbruster war in der Leitung und erkundigte sich nach seinem Zustand.

»Echt super, Frau – äh, Angelika. In Kürze werde ich wieder Bäume ausreißen!«

»Immer langsam, ruh dich erst mal aus, du Held! Aber es freut mich aufrichtig, dich so zu hören ... Was ich dir noch mitteilen wollte, ist der Bericht von der Obduktion.«

Burma war sofort hellwach, vergaß seinen Hunger und rief unnötig laut in die Sprechmuschel: »Und? Wessen Kugel hat das Schwein erledigt?«

»Keine! Er ist schlicht an den Folgen eines akuten Myokard-Infarkts verstorben!«

»Eines was, bitte?«, fragte Burma.

»Eines Herzinfarktes, umgangssprachlich gesagt. In der Leiche steckten zwar sage und schreibe vier Kugeln, die trugen aber nicht im Geringsten zu seinem Tode bei. Zwei steckten im Oberschenkel – aus deiner Waffe. Eine Handbreit auseinander liegend. Eine dritte stammt aus der Waffe Thomallas, die ihm den Hals aufschlitzte, und eine Kugel traf den Rand des Lungenflügels, aber nicht lebensgefährlich. Diese Kugel – und das ist das Schlimme – ist der Waffe unserer Elvira zuzuordnen. Verstehst du? Großer Bockmist, sag ich dir!«

Burma musste kurz nachdenken und erschrak dann gewaltig.

»Oh, verdammte Scheiße«, flüsterte er.

Währenddessen kam eine Krankenschwester und brachte Frühstück für die Patienten. Burma angelte sich eine halbe Käseschnitte vom Teller und äußerte sich nuschelnd zwischen zwei Bissen besorgt: »Und was jetzt?«

»Die Ballistiker haben natürlich ganze Arbeit geleistet«, fuhr Dr. Armbruster fort. »Ein Irrtum ist ausgeschlossen! Du kannst dir vorstellen, was hier los ist. Eine Kommissarsanwärterin schießt auf einen vermeintlichen Täter! Sie hätte nie einen Schuss abgeben dürfen, obwohl ich das absolut nachempfinden kann. Der Chef, Kollege Schlemmermayer als Vorgesetzter, hängt da natürlich voll mit drin. Der redet nur noch vom Schlussmachen mit dem, äh, Scheiß-Dienst. Heute Mittag müssen beide vor dem internen Untersuchungsausschuss Rede und Antwort stehen. Elvira sitzt nur noch an deinem Arbeitstisch und heult sich die Augen aus! Mein Gott, was für ein Bockmist!«

Burma schwitzte aus Angst um seinen Schützling und auch um seinen langjährigen Freund. Ihnen darf nichts passieren, sagte er sich. Erst recht nicht nach diesen schrecklichen Tagen! Da kam ihm die rettende Idee!

»Die dritte Kugel, die das Schwein getroffen hat, stammt von mir, nicht von Elvira!«

»Das ist lieb von dir, Burma, aber …«

»Nix aber! Ich hab Elviras Walther benutzt. Äh, ich hatte meine Kanone nach dem ersten Schusswechsel, der mich verletzte, äh, verloren. Der Einschlag der Kugel und der plötzliche Schmerz, verstehst du? Da hab ich kurz entschlossen der Elvira die Waffe aus der Hand gerissen und damit weitergeschossen. Ich konnte meine Pistole im Dunkeln einfach nicht finden. Zum Suchen war auch kaum die Zeit!«

Am anderen Ende der Leitung entstand eine längere Stille. Plötzlich war ein befreites Lachen zu hören.

»Oh, ich kapiere! Alles klar, Burma – genau so ist es offiziell abgelaufen«, lachte die Pathologin. »Du bist ein Prachtbursche! Ich werde Elvira und Schlemmermayer die Version sofort verklickern. Im Übrigen hab ich aus geheimer Quelle erfahren, dass Elvira die Prüfung mit Bravour bestanden hat. Dank dir kann sie sich jetzt endlich darüber freuen!«

»Himmelherrgottsakrament«, stöhnte Burma zufrieden auf und fiel zurück in das viel zu große Kissen.

Sonntag, zwei Wochen später

Im Salon der Villa von Schuldirektor a.D. Dr. Ernst Anton Fuchs in der Siebengebirgsallee in Köln-Klettenberg, wo alles begann, saßen vergnügte Menschen unterschiedlichsten Alters, verschiedenster Herkunft und Bildungsstufe auf gemütlichen, herbeibugsierten Sitzgelegenheiten und unterhielten sich prächtig bei erlesenen Getränken, raffinierten, von Lydia zubereiteten Köstlichkeiten ostasiatischer Herkunft und leiser Musik. Nichts erinnerte an den Albtraum vor zwei Wochen, den die meisten von ihnen hatten durchleben müssen. Sie schienen bis auf die wenigen unter ihnen, die nicht direkt betroffen waren, irgendwie etwas gealtert zu sein – auch Elvira Schmitz, die zu einer erwachsenen Frau geworden war und deren bestandene Prüfung gerade gefeiert wurde.

Uroma Schmitz unterhielt sich angeregt mit dem Rektor a.D., in dem ein urplötzliches Interesse an religiösen Fragen geweckt schien; bei Elvira hingegen war es eher das breite Feld der Psychopathologie des Alltaglebens, vorgetragen vom angehimmelten Professor Krohneick.

Bernadette und Fabian saßen wie ein verliebtes Pärchen in der Pubertät eng aneinander geschmiegt – fernab »auf einer einsamen Insel« inmitten der neu gewonnenen Freunde und hatten sich immer noch so viel zu erzählen.

Burma und Jürgen Kant diskutierten die inzwischen gut verheilte »Kriegsverletzung«, und Schlemmermayer schaufelte Lydias »kulinarische Offenbarungen« in sich hinein, während die Pathologin versuchte, ihm schonungslos, aber vergebens den Infarkt als Folge von zu viel Fett, Alkohol und Zigaretten darzulegen. Schließlich wendete sich der beratungsresistente Schlemmer mit vollen Backen an Burma:

»Was hältst du davon, wenn wir alten Säcke mit dem jungen Gemüse hier eine Privatdetektei aufmachen?«

Er zeigte auf Elvira und die Zwillinge.

»So viel Kompetenz ...«

Kant und Thomalla, die mit halbem Ohr mitgehört hatten, riefen wie abgesprochen: »Keine Uniform!« (Kant)

»Keinen Papierkrieg mehr!« (Thomalla)

Lydia Kims Mandelaugen weiteten sich erschrocken und blickten zu Burma.

Dieser wurde sehr nachdenklich, blies einige Rauchwolken vor sich hin und sagte schließlich lächelnd mit Blick auf seine »Geschiedene«:

»Nee, Schlemmy. Meine kleine Lotosblüte und ich gehen erst mal in Rente und dann ab nach Paris! Macht ihr ruhig, was ihr für richtig haltet – aber ohne uns!«

Bitte beachten Sie auch die nachfolgenden Titel deutschsprachiger Autoren im CHORA Verlag

Michael Hellwig, Siegfried Baron (Hg.)
Weiterfliegen
eine Sprach-Bilder-Reise mit dem Tod
152 Seiten, mit Fotos von Siegfried Baron
ISBN 978-3-94-29634-72-3

Bestellungen bitte direkt an den Verlag über
post@choraverlag.de

Sterben und Tod werden in unserer Gesellschaft nach Möglichkeit eher verdrängt. Um so überraschender, wenn sich jugendliche Autorinnen und Autoren schreibend mit dem Thema auseinandersetzen.
Im Dialog mit Photographien des Künstlers Siegfried Baron, der auch ein Dialog zweier Generationen ist, entstanden Gedichte und Kurzprosa-Texte von großer Sensibilität und Ernsthaftigkeit zwischen Trauer und Trost.

Letzte Reise

Unmerklich beginnt sie
deine lange letzte Reise

Begleitet von den Engeln
deiner ewigen Träume

Sie erlösen dich vom Schmerz
befreien dich von Qualen

Tragen dich weit hinauf
in die Welt ohne Sorgen

Und singen dir leise
ihr wunderschönes Lied

Stefanie Göhner

Lässig, vollmundig, virtuos: Lebensgenuss-Lyrik vom Kölner!

Michael Domas
Herzmarinade. *Liebesgedichte*
188 S., Hardcover mit Schutzumschlag
ISBN 978-3-929634-74-7

Diese Gedichte wollen Liebe weder auf den Zähler noch auf den Nenner bringen, sondern sie feiern als Mannigfaltigkeit, der nur durch inhaltlichen und sprachlichen Abwechslungsreichtum beizukommen ist. Domas' lässiges Einnehmen von Rollen ist eine je auf den Schreibanlass neu gefundene Haltung mit starkem Formwillen. So gelangt er zu Gedichten ganz eigener Couleur. Reim und Metrum sind für ihn ebenso legitim wie rhetorische Stilmittel, die mal der kritischen Enthüllung dienen, mal Steigerung einer Anrufung sind.

Fasan

Ein edleres Geflügel find'st du nicht,
denn erst gut abgehangen schmeckt es wild.
Ich mach es dir zugleich so fein und mild,
es wird dir munden gleich wie – dies Gedicht.

Nur bissfest magst du Stangensellerie?
Dazu Orangen, bittersüß wie du,
und fetten Speck aus Colonata? Puh,
ich blase dir das große Halali.

Die Frage ist, wie bleibt der Saft im Fleisch?
Dressiere es! Und schiebe dann sogleich
den Braten in den heißen Umluftherd!

Spar nicht mit Salbei, Knoblauch nimm und reich-
lich Wein. Genießen wird nur, der begehrt,
was edel ist und eine Sünde wert.

Thomas Frahm
Träume ohne Schlaf
Bulgarische Frauengeschichten
152 S., Hardcover mit Schutzumschlag
ISBN: 978-3-929634-68-6

Wenn es stimmt, dass die Frau das Ausland des Mannes ist, sollte er da nicht in die Ferne schweifen, um ihr nahe zu kommen? Dort wird er frei zu erkennen, dass Nichtverstehen der Anfang menschlicher Einfühlung ist. Die 20 Geschichten dieses Bandes begreifen Staunen als Chance, genau hinzusehen und hinzuhören, Frauen zu erkennen als Geschichte, die sich ihrem Gegenüber erzählen will, und so sind mehr als die Hälfte der Texte dieses Bandes Ergebnisse des Zuhörens.

In den letzten drei Jahren war Katerina keinen einzigen Zentimeter gewachsen. Es war, als wolle sie dadurch eine stille, aber deutliche Verweigerung zum Ausdruck bringen. Ihre Klassenkameradinnen hatten angefangen zu rauchen, in Diskotheken zu gehen und sich entjungfern zu lassen von coolen Pubertätern, die um die Krone des schlechtesten Schülers wetteiferten und obszöne Zeichnungen in der Klasse herumgehen ließen wie Einladungskarten, um die Junghühner, bei denen es unten zu kribbeln begonnen hatte, zu einer spätabendlichen Fummelei auf irgendeiner kaputten Parkbank in einem verwaisten Winkel von Sofia zu animieren. Oft mit Erfolg. Katerina wollte das irgendwie auch, weil sie klug war und sah, dass man das in ihrem Alter wollen musste; aber leider hasste sie den Gestank von Zigaretten, den Lärm von Diskotheken und die dreckigen Sprüche der halbstarken Widerlinge, die sich auf den Gängen prügelten, in den Pausen zwischen zwei Unterrichtsstunden laute Rülpser von sich gaben und mit falsch gesungenen Hooklines aus den Rap-Kopien der bulgarischen Unterhaltungsmusik sich und den anderen zu beweisen versuchten, dass ihr Stimmbruch abgeschlossen war.«